云南工业发展研究系列丛书

云南资源型工业
安全发展研究

和段琪　蒋兴明　刘春学　著

北京
冶金工业出版社
2015

内容提要

本书从持续、健康、稳定、协调等宏观发展状态，以及生产要素、市场、组织结构等微观层面分析了云南资源型工业的安全发展现状，从采矿、选矿、冶炼、加工等四个门类和黑色金属、有色金属、煤、磷盐等四个行业进行了定量和定性研究，与相似省份进行对比分析，在此基础上提出了参考对策和建议。

本书可供经济地理学、工业地理学、产业经济学、区域经济与区域发展等领域的研究人员、管理和决策人员使用，也可供高等院校相关专业师生参考。

图书在版编目(CIP)数据

云南资源型工业安全发展研究/和段琪，蒋兴明，刘春学著. —北京：冶金工业出版社，2015. 10

(云南工业发展研究系列丛书)

ISBN 978-7-5024-7046-3

Ⅰ. ①云…　Ⅱ. ①和…　②蒋…　③刘…　Ⅲ. ①工业安全—研究—云南省　Ⅳ. ①F427. 74

中国版本图书馆 CIP 数据核字（2015）第 242252 号

出 版 人　谭学余
地　　址　北京市东城区嵩祝院北巷 39 号　邮编　100009　电话　(010)64027926
网　　址　www. cnmip. com. cn　电子信箱　yjcbs@ cnmip. com. cn
责任编辑　杨秋奎　美术编辑　杨　帆　版式设计　孙跃红
责任校对　禹　蕊　责任印制　牛晓波
ISBN 978-7-5024-7046-3
冶金工业出版社出版发行；各地新华书店经销；固安华明印业有限公司印刷
2015 年 10 月第 1 版，2015 年 10 月第 1 次印刷
169mm × 239mm；11 印张；208 千字；160 页
45. 00 元

冶金工业出版社　投稿电话　(010)64027932　投稿信箱　tougao@ cnmip. com. cn
冶金工业出版社营销中心　电话　(010)64044283　传真　(010)64027893
冶金书店　地址　北京市东四西大街 46 号(100010)　电话　(010)65289081(兼传真)
冶金工业出版社天猫旗舰店　yjgycbs. tmall. com
(本书如有印装质量问题，本社营销中心负责退换)

前 言

云南矿产资源丰富。资源型工业既是云南矿业支柱产业的重要经济表现，也是大部分县乡的经济支柱。深入分析研究资源型工业的安全发展具有理论价值和实践意义。

本书所指的资源型工业主要包括矿产资源开发中的采（矿）、选（矿）、冶（炼）、加（工）四个门类；针对云南实际情况，资源型工业包括黑色金属、有色金属、煤、磷盐等四个行业；在具体矿产上，包括黑色金属（铁）、有色金属（锡、铅锌、铜、铝）、煤、磷盐等。

本书从宏观、微观两个层面分析了资源型工业安全发展。宏观层面包括四个方面：资源型工业呈现出持续、健康、稳定、协调的发展状态。持续表征为供给与需求、速度与效益的均衡统一；健康表征为资源与环境、结构优化与创新发展的相互支撑；稳定表征为数量与质量、政府与市场的良性互动；协调表征为内需与外需、投资与消费的同步发展。微观层面包括三个方面：资源型工业的生产要素安全、市场安全、组织结构安全。生产要素安全从原材料安全、劳动力安全、资本安全、技术安全四个部分，市场安全从供需安全、市场结构安全两个部分，组织结构安全从组织安全、结构安全两个部分，系统进行了分析讨论。

本书通过对云南资源型工业的上述四个门类和四个行业的定量和定性研究，综合分析云南省资源型工业安全发展的现状、存在的问题，并做出适度的预测，同时与我国相似省区（如湖南、广西、陕西、江西、甘肃、青海等）进行对比分析。

资源型工业的运行过程，是生产要素的投入经由产业组织进行生产后投入到市场中一个动态过程。本书从微观层面分析了生产要素、市场、组织结构的安全发展。

生产要素即原材料、劳动力、资本、技术。原材料从资源储量、开采条件、矿石供需、材料供需四个方面进行研究，劳动力从劳动生产率、老龄化、其他地区产业吸引力、离职率和受教育程度五个方面进行研究，资本从权益资本、债务资本、机会成本三个方面进行研究，技术从技术研发、技术保护安全、技术转移引进安全三个方面研究。

市场安全发展研究的是采选、冶炼、加工三个环节的连接处。具体说来，从两个方面进行研究：一方面是买卖双方（即供需双方）的安全发展，供给安全发展主要是强调省外、国外对云南省资源型工业的供给，省内供给则在生产要素投入中进行论述；需求安全发展则是从资源型工业对下游和产品市场的控制力来判断。另一方面是交易行为，从市场结构的角度进行研究，主要研究市场结构是否符合该产业的特征。

组织结构安全发展从组织和结构两个方面来论述。组织安全发展从市场绩效和市场行为来研究，即从市场绩效判断整个资源型工业是否安全，并与全国比较，强调静态安全发展；同时，从政府政策、企业战略等方面分析了资源型工业的长期动态安全发展。结构安全发展从规模比例和协调能力两个方面研究，即从产业内各行业各部门的规模比例、空间协调能力来判断产业的安全发展。

本书是集体智慧的结晶，是全体研究人员的共同成果。在研究工作期间，分别组成云南财经大学研究小组、云南省政府办公厅研究小组、云南大学发展研究院研究小组共同参与研究。云南财经大学刘春学教授、朱立教授、谢洪忠副教授，玉溪师范学院王力宾教授，是开展研究工作、完成本书撰写任务的中坚力量。云南省人民政府办公厅、云南省科技厅、云南省工业和信息化委员会、云南财经大学等单位提供了大量帮助。云南大学发展研究院梁双陆教授在研究工作中提出大量的指导性意见，昆钢集团、云铜集团、云锡集团、云天化集团、云南冶金集团、云南煤化工集团、云南锗业公司、祥云飞龙公司等企业提供的基础数据是本书得以深入分析的条件。全书共分五章，具体撰写分工是：第1、2、5章由和段琪负责，第3章由蒋兴明负责，第4章由刘春学负责。王力宾、朱立、季正伟、雷荣林、李春雪、谭晓、谢洪忠、雷迪、李悦、赵泽宽、徐卫华、崔昊等参与了部分撰写工作。

在成书的过程中，叶燎原、龙江、刘绍忠、徐盛鹏、董华、王长勇、赵慧侠、李文荣、刘绍怀、汪戎、林文勋、杨先明、侯树谦、许云等专家都提出了很好的意见建议，在此表示由衷的谢意。

由于著者水平所限，书中疏漏之处，请广大读者批评指正。

著　者

2015年5月

目　录

图 目 录

表目录

1 资源型工业安全发展概述

资源型工业是指以资源开发利用为基础和依托，以能源和原材料生产及加工等上、中游行业为主体的产业。资源型工业基于资源条件确定发展方向，其突出特征是自然资源对产业贡献大，产业对自然资源的依赖性强。在资源型工业发展的生产要素构成中，自然资源占据主体核心地位，资源型工业体系和贸易体系甚至城镇发展都以资源开发利用为中心，由资源优势决定的资源型经济循环体系成为其显著特征。一般而言，从事煤炭、石油、化工、金属等矿产资源采掘和初步加工的企业均属于这一范畴。

资源型工业安全发展是经济安全发展的重要组成部分，资源型工业安全发展包含宏观和微观两个层面的含义。从宏观层面看，是指产业呈现出持续、健康、稳定、协调的发展状态；从微观层面看，是指实现生产要素安全、市场安全、组织结构安全。

1.1 宏观状态

1.1.1 持续表征为供给与需求、速度与效益的均衡统一

供给和需求的均衡统一是指供给和需求相等，不存在供需缺口的状态。速度和效益的均衡统一包含两层含义：首先，从效率层面来看，在给定的要素禀赋约束下，速度和效益均达到最优，不存在二者同时提升的方法，对其中任何一方的改进都会导致另一方的降低，即帕累托最优；其次，从公平层面来看，要素禀赋在二者之间的分配较为均衡，速度和效益均得到发展，不过于偏重任何一方。

1.1.1.1 供给与需求的均衡统一

A 资源型工业供需的具体含义

资源型工业的供需包含两方面的含义：一方面是指要素的供给和需求，即要素市场上资本、劳动力、技术、原材料等生产要素的供给和资源型工业对这些要素的需求；另一方面是指产品的供给和需求，即产品市场上资源型产品的供给和消费者对资源型产品的需求。

B 资源型工业如何实现供需均衡

供给和需求的均衡是市场运转良好的标志之一，供给与需求的结构失衡和动

力弱化，都将制约产业的持续发展。

供需均衡的实现，需要市场机制和政府政策两方面共同作用，且以市场机制为主。社会主义市场经济条件下，市场机制应该成为引导供需均衡的首要机制，供大于求时，价格下降，供给减少，需求增加，最终实现供需均衡；供不应求时，价格上升，需求减少，供给增加，最终实现供需均衡。但是，由于外部性和信息不对称容易导致市场失灵，市场机制也存在缺陷，因此，政府适时给予政策指引是必要的，政府可通过方针、政策、规划等“有形的手”对市场施加适度的干预，引导市场供求逐步趋于均衡。

供给和需求的均衡是长期、动态的均衡，并不是一成不变的静止状态。供给和需求相互引导，从不均衡到均衡的周期性变动是供需均衡的具体实现方式。

1.1.1.2 速度和效益的均衡统一

A 资源型工业速度和效益的含义

对资源型工业而言，发展速度反映工业总规模和总水平在一定时期内发展变化情况，一般采用工业总产值、工业增加值、工业产品实物量等指标的增长速度来反映。

资源型工业发展效益包含两方面的含义：其一，工业自身的运行质量，包括资产贡献率、资产负债率、流动资产周转率等多项指标，可用工业经济效益综合指数来衡量；其二，工业发展对社会发展、对人民生活提高的贡献，简言之，即工业发展对社会福利的贡献。

B 速度和效益如何实现均衡统一

资源型工业需要达到一定的发展速度才能实现自身利益，才能满足社会需求，但是，单纯追求发展速度而忽视效益的“粗放型”发展模式会导致资源过度消耗、环境污染、竞争力下降等诸多弊端。

速度和效益的均衡，主要依靠企业自身的决策来实现，政府政策也有一定的影响。市场经济条件下，企业依靠其对市场供给和需求的研究，了解市场形势及发展变化，最终形成自身的发展策略。企业自身的策略决定要素禀赋在速度和效益之间的分配，决定最终会达到怎样的发展速度及发展效益。政府政策引导主要基于以下原因：一方面，企业的发展策略一般只注重自身利益而不会考虑社会福利；另一方面，企业自身的能力是有限的，受到资金等各种因素的限制，难以完成速度的提升或效益的改进，需要政策予以支持帮助。

速度和效益的均衡是长期动态的均衡，由于各种因素的影响，资源型工业的发展速度和发展效益处于由不均衡到均衡的周期性变化之中，但是非均衡状态不应过度偏离均衡状态。

1.1.2　健康表征为资源与环境、结构优化与创新发展的相互支撑

1.1.2.1　"相互支撑"的经济学含义

产业发展中，各经济行为间相互支撑的含义是各行为之间产生了正效应。正效应有些是通过市场交易产生；有些不通过市场交易产生，即正外部效应。

1.1.2.2　资源与环境相互支撑

A　资源的含义和特点

据联合国环境规划署的定义：资源是在一定的时间和技术条件下，能够产生经济价值，提高人类当前和未来福利的自然环境因素的总称。狭义的自然资源是指实物性资源，即在一定社会经济技术条件下能够产生生态价值或经济价值，从而提高人类当前或可预见未来生存质量的天然物质和自然能量的总和。资源型工业发展所使用的资源为不可再生资源，其储量有限，地域分布不平衡。除此之外，自然资源还有一个较显著的特点是，其开采、加工、运输及消费都会对自然环境造成一定的负面影响。矿产资源的上述特点决定了必须在一定的技术条件下合理开发利用与保护，同时要尽量避免环境污染。

B　环境的含义、如何保护环境

按照《中华人民共和国环境保护法》，环境是指"影响人类生存和发展的各种天然和经过人工改造的自然因素的总体，包括大气、水、海洋、土地、矿藏、森林、草原、野生动物、自然遗迹、人文遗迹、风景名胜区、自然保护区、城市和乡村等"。经济活动会对环境带来诸多"负效应"，人类生存发展客观上要求对环境进行保护。通过环境保护，遏制环境破坏，减少自然灾害；促进自然资源合理、科学的利用；确保国民经济和社会的可持续发展。环境保护的具体措施包括实施绿色工程、建立自然保护区、实行绿色经济、提倡绿色消费等。

C　如何实现资源与环境的相互支撑

资源型工业的要素获取、生产过程和最终产品的消费都会对环境保护带来诸多"负效应"；与此同时，过高的环境保护标准也会制约传统资源型工业的发展，即环境保护也会对资源型工业产生"负效应"。为了使资源型工业发展和环境保护相互支撑，彼此产生更多的"正效应"，必须发挥政府的宏观调控职能，具体而言，包括以下措施：（1）合理规划产业布局，建立以资源型企业为主的产业链，使产业链上企业环环相扣，实现废弃物的循环利用；（2）建立严格的市场准入机制，禁止设立不符合环保标准的企业，同时设立淘汰高排放设备、工艺、技术的淘汰机制；（3）对污染较严重的资源型企业征收环保税，用于环保工作，同时，采取有效的措施鼓励企业技术创新，降低污染物排放，同时提升资源型企业的竞争力。

合理的宏观调控政策能够实现资源和环境的相互支撑，其具体形式为：一方面，以资源型企业为主的产业链上各企业的废弃物实现循环利用，将原本会破坏环境的排放物在产业链内部消耗，使资源型工业的发展对环境保护产生“正效应”；另一方面，使环境保护标准成为资源型企业技术创新、降低污染物排放的约束力量，技术创新能够提升资源型企业的市场竞争力，从而环境保护对资源型工业也产生了“正效应”。

1.1.2.3 结构优化与创新发展相互支撑

A 资源型工业结构优化的具体含义

对资源型工业而言，产业结构优化包括产业结构合理化和产业结构高度化两方面的含义。产业结构合理化包括两方面的内容：一是资源型工业的内部体系要完整，涵盖传统资源和新能源；二是各种类型（煤炭、石油、铁矿石等）的资源型企业之间比例关系协调，大、中、小企业分布协调，各企业之间分工明确，形成较完整的产业链。产业结构高度化是指产业结构从低级水平向高级水平发展的过程，这客观上要求产业创新，进一步说，产业结构高度化要求现有的产业结构存在各种创新机制以及创新激励。产业结构优化的第一要务以及核心在于分工合理、分工细化、分工明确。

B 资源型工业创新发展的具体含义

资源型工业的创新发展，主要是指技术创新，其三个有机组成部分为：原始创新、集成创新和引进消化吸收再创新。原始创新是基础层面的创新，其本质属性是原创性和第一性，相对于其他两种创新，原始创新风险最大；集成创新是指将已经存在的单项技术按照自己的要求进行系统的集成，形成新的产品或者生产工艺；引进消化吸收再创新是基于从外部引进（购买或转让）的、已经存在的技术，经过自身的消化吸收进行创新。由于创新需要大量人才和资金的投入，单个组织可能不具备某项创新所需的所有要素，需要多个机构“协同创新”，协同创新类似于“产业集群”，是以高等院校或企业等组织的研究机构为核心，政府、金融机构及其他相关机构为辅助组织，各组织之间分工明确，形成“创新机构集群”，共同协作进行某一项或多项创新。中国的资源型工业目前缺乏基础创新（比如钢铁冶炼中的某些核心技术），主要依靠引进消化吸收再创新，在技术上容易被发达国家钳制。

C 结构优化和创新发展如何实现相互支撑

从结构优化对创新发展的支撑来看：一方面，对于资源型工业而言，产业结构优化的核心在于分工的合理、细化、明确，分工促进了专业化，专业化则有利于技术创新；另一方面，产业结构优化的第二层含义，即产业结构高度化，为技术创新提供了激励。综合这两方面可以认为，结构优化为创新提供了动力，因此，产业结构优化为创新发展提供了“正效应”，结构优化支撑了创新发展。从技术创新对结构优化的支撑来看：毋庸置疑，技术创新能够推动产业结构升级，对于资源型工业而言，技术创新能够推动传统资源型企业进行改造，促进新兴资源型工业的兴起，促使企业淘汰落后的生产工艺、落后的产能，使得产业结构更加合理、不断升级，因此，技术创新为产业结构优化提供了“正效应”，支撑了产业结构优化。

综上所述，产业结构优化和创新发展互为因果、互为支撑、相互促进。

1.1.3 稳定表征为数量与质量、政府与市场的良性互动

1.1.3.1 “良性互动”的经济学含义

良性互动可用经济学的“最优化”概念来加以解释，包括“利润最大化”和“效用最大化”两方面的含义。数量与质量的良性互动，即资源型企业合理分配自己所拥有的各种要素禀赋，使数量（主要指产量）和质量（主要指产品质量）达到有效组合，实现自身的利润最大化；政府与市场的良性互动主要是指政府宏观调控与市场价格机制的协同作用，实现对资源型企业调节效用的最大化。

1.1.3.2 数量与质量的良性互动

A “数量”的含义及确定

资源型企业的数量主要指企业的产量，企业通过市场需求和利润最大化原则来确定产量。资源型产品市场是不完全竞争市场，市场中有许多同质企业，生产同类、有差异的产品，企业通过了解市场需求数量和需求结构，确定自己的产量，以最大化自己的利润。

B “质量”的含义及如何保证质量

质量是指资源型产品的质量，产品的质量会影响企业的销量进而影响企业的利润，由于市场中存在诸多同类产品，在价格相近的情况下，消费者会选择其中质量上乘的产品。为了获得更大的市场份额，实现利润最大化，企业必须实施产品差异化战略，使自己的产品质量优于市场中同类产品。质量的提升主要依靠投入资金、人力等研发要素进行科研活动。由于企业会受到成本限制，进而要素投入量也受到限制，此时，如何优化要素组合成为提升质量的关键。

C 数量和质量良性互动的过程

产量和质量都需要企业投入一定的资金、人力等生产要素来加以实现。受到成本的限制，企业在一段时间内的资金和人力等要素禀赋量通常是固定的，为了实现利润最大化，企业需合理分配要素投入，在产量一定的情况下，最大化产品质量。

可用图 1-1 来解释数量与质量的互动过程，微观经济学理论中该图称为“埃奇沃斯盒形图”。本书只分析最简单的二维的情况，即只有资本和劳动力两种要

素投入的情况，多种要素投入的情况可做类似解释。A 点代表产量的原点（即产量为零），B 点代表质量的原点（即质量为零），横线代表资本禀赋，竖线代表劳动力禀赋。从 A 点向 C 点的过程中，用于产量的资本增加，用于质量的资本减少；从 B 点到 D 点的过程中，用于质量的资本增加，用于产量的资本减少；从 A 点到 D 点的过程中，用于产量的劳动力增加，用于质量的劳动力减少；从 B 点到 C 点的过程中，用于质量的劳动力增加，用于产量的劳动力减少。每一条“等产量线”上产量相同，远离 A 点的等产量线所代表的产量更高；每一条“等质量线”上质量水平相同，且远离 B 点的等质量线代表更高水平的质量。“埃奇沃斯盒形图”中的每一点都代表一种要素分配方案，并且都代表一定的产量和质量组合。

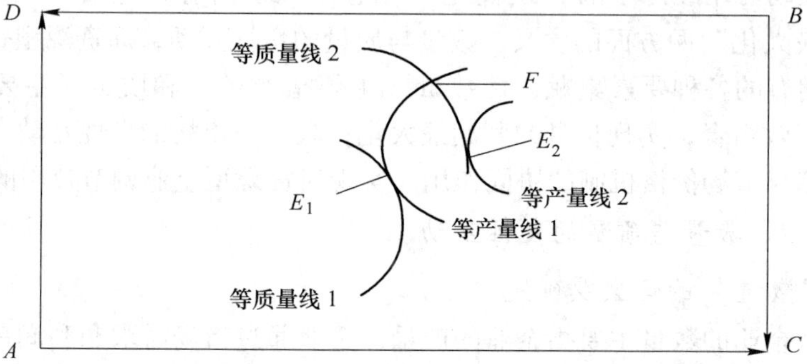

图 1-1 埃奇沃斯盒形图

数量和质量的互动过程如下：等产量线 1 和等质量线 2 的交点 F 代表一定水平的产量和质量的组合，但并不是最优组合，稍微改变一下要素组合方式，就可将均衡点移至 E_1 点或 E_2 点。E_1 点是等产量线 1 和等质量线 1 的切点，相对于 F 点而言，产量不变，而质量提升；E_2 点是等产量线 2 和等质量线 2 的切点，相对 F 点而言，质量不变，产量提升。E_1 点或 E_2 点即为“帕累托最优”点，在最优点上，若要提高产量或质量的任何一方，都必须降低另外一方。

综上所述，在既定的要素投入下，不同的要素组合所得到的产品产量和质量不同，企业应根据市场需求和利润最大化原则确定自己的产量，并尽可能提高产品质量。要素分配未达到最优状态时，改变要素分配方式，可以在不改变产量或质量中一方的同时提高另一方，甚至可以同时提高这两方面。资源型企业可以通过改变要素投入组合来寻找最优组合，实现数量和质量的良性互动。

1.1.3.3 政府与市场的良性互动

A 政府的作用及其形式

对于资源型工业发展而言，政府的作用在于通过宏观调控手段来促进其发展。政府宏观调控的手段包括行政手段、经济手段和法律手段。行政手段是通过采取行政命令、指示等强制措施来调节资源型工业的发展；经济手段是通过经济政策来影响市场参与者的利益进而调节资源型工业发展，主要包括财政政策、货币政策、产业政策、区域政策、收入分配政策和经济计划等；法律手段是通过制定经济法规来调节资源型工业活动的手段。国家宏观调控以经济手段和法律手段为主，以行政手段为辅，且以经济手段最为重要。各种宏观调控措施最终作用于市场主体，即资源型企业，通过影响、调节企业的行为而起作用。

B 市场的作用及其形式

市场经济条件下，市场机制是实现资源配置、调节经济运行的决定性机制。市场机制是通过市场价格波动、市场供求变化、市场主体竞争等来调节经济运行的机制。市场机制的三大要素是价格、供求、竞争：市场价格反映供求关系，通过价格信息来调节生产和流通，实现资源的有效配置；市场供给和需求之间的相互作用形成了市场价格，通过价格、供求等市场信号来调节经济；市场竞争包括价格竞争和非价格竞争，按照优胜劣汰的法则来调节市场运行。这三要素之间的相互作用形成了市场的自发调节机制，价格通过市场竞争得到贯彻，进而影响市场供求，供求又反作用于价格。市场机制正是通过这三大要素的组合和运动变化，影响市场参与者的经济利益，进而实现对资源型工业体系以及整个经济体系的调节作用。市场机制是一种自发的调节机制，是市场经济条件下对经济进行调节的主要机制。但是，市场机制并不是完美的，由于公共物品、外部性、自然垄断、信息不对称等因素的存在，市场失灵随处可见，市场失灵意味着市场机制无法实现资源的有效配置，并且会导致经济波动、失业、通货膨胀等问题。

C 政府和市场如何实现良性互动

对于资源型工业而言，同样存在市场失灵问题，这需要政府采取宏观调控手段加以弥补。虽然市场机制是市场经济条件下调节经济运行的主要机制，但是政府的宏观调控作用也不可忽视。政府调控和市场机制互为补充，二者相互协作、良性互动才能有效地调节经济运行。由于市场机制是通过“看不见的手”自发地进行调节，政府宏观调控是人为的调节手段，二者能否实现良性互动，关键在于政府宏观调控方式是否合适，调控手段的“度”和“量”是否适中，这需要政策制定者恰当分析、准确把握全国乃至全球的经济形势，适时采取合理的调控措施。政府宏观调控得当，能够弥补市场机制的不足，并能使政府调控和市场机制的效果均达到“最优化”，促进资源型工业的良好运行。

1.1.4 协调表征为内需与外需、投资与消费的同步发展

1.1.4.1 “同步发展”的经济学含义

同步发展可用经济学中“互补”的概念来解释，微观经济学提出“互补品”的概念，即两种商品需同时使用才能满足某一种需求。本书将“互补”的概念加

以引申，即两种或多种经济行为需协调、同步发展才能更好地促进经济发展。内需和外需、投资与消费是推动经济发展的主要动力，任何一方皆不可偏废，唯有协调、同步发展，经济发展的风险才能降低，经济发展才有强大的后劲。

1.1.4.2 内需与外需的同步发展

A 内需的含义及决定因素

内需是指国内需求，包括投资需求、消费需求和政府支出。对资源型工业而言，投资需求是指下游企业在投资方面的需求，下游企业将资源型工业品作为生产要素，通过投资实现扩大再生产、技术升级等；消费需求是指终端消费者将资源型工业的产品用于衣食住行等各方面的需求；政府支出是指政府通过财政支出，将资源型工业品用于道路修建、提供国防等公共服务方面的支出。以上三种需求，投资需求取决于下游企业目前的经营效益、对未来发展的预期等因素；消费需求取决于终端消费者偏好、购买力水平等因素；政府支出取决于政府根据本国产业发展现状，为充分履职而制定的财政预算。

B 外需的含义及决定因素

外需是指国外需求，主要指出口。这同样可分为国外的投资需求、消费需求和政府支出。国外的投资需求同样取决于国外下游企业的发展状况，消费需求取决于国外消费者的偏好和收入状况等，政府支出取决于外国政府的预算方案，此外，本国政府鼓励出口的政策、进口国的关税等贸易壁垒也会对外需造成一定的影响。由于国外的信息较之国内的信息更难获得，因此，开拓国外市场的难度大于国内市场，外需比内需更难确定。

综合以上两个部分，内需和外需包含了国内的投资需求、消费需求、政府支出及出口，这四部分恰好是国内生产总值核算的四个重要组成部分，从这个角度看，内需和外需无疑是促进资源型工业发展的主要动力。

C 内需和外需如何实现同步发展

内部需求和外部需求看似是可相互替代的两部分，实则互为补充，只有内需和外需同步发展，不偏重任何一方，资源型工业的发展才有长足的动力。为了协调发展内需和外需，资源型企业的管理层需要对国内外市场以及国内外政府的相关经贸政策有较详细的了解，充分搜集并利用信息，必要时，还可建立资源型企业之间的信息共享机制，制定系统的国内外市场开拓战略，实现内需和外需协调发展，使二者互为补充，促进资源型企业自身的发展。

1.1.4.3 投资与消费的同步发展

A 投资的含义、形式和重点

在资源型工业中，投资是指资源型企业为了获取未来收益而投入资产的行为。根据生产经营关系，投资可以分为直接投资和间接投资：直接投资是指企业将资本投向生产经营环节以获取利润，间接投资是指企业将资金投向各种金融资产以获得利息、股息等收入；根据投资方向，可分为内部投资和外部投资：内部投资是指企业将资金用于购置生产经营所需资产，外部投资是指企业以现金、实物、无形资产或者以购买债券、股票等有价证券投资于其他单位的方式；根据投资时间长短，可分为短期投资和长期投资：短期投资是一年以内可以收回的投资，长期投资一年以上才可收回。资源型工业是“国之重器”，其投资需慎重考虑“安全性”、“流动性”和“收益性”。从有利于实体经济发展的角度而言，资源型工业的投资应更多地用于扩大再生产以及产业的优化升级，最终提升自己的国际竞争力。因此，资源型工业的投资应该更加注重内部投资而不是外部投资、直接投资而不是间接投资，同时，资源型工业应将短期投资和长期投资结合进行而不偏重任何一方。

B 消费的含义、形式及面向的对象

对资源型工业而言，消费主要指对资源型工业品的消费，包括“生产的消费”和“生活的消费”两种类型。其中，生产的消费是指企业将资源型工业品作为生产资料用于再生产，这实际上是下游企业将资源型工业品作为生产资料进行投资的过程；生活的消费则是终端消费者将资源型工业品用于满足日常生活需求的消费过程。从马克思政治经济学的角度看，“生产的消费”中，资源型企业作为第一部类的企业从事生产；“生活的消费”中，资源型企业作为第二部类的企业从事生产。

C 投资和消费如何同步发展

对资源型工业而言，投资和消费都是拉动其发展的重要工具，投资可以扩大现有生产规模、开拓新的生产领域、提高企业的技术水平；消费则将企业的投资转化为货币资本，用于进一步的再生产过程。投资和消费二者互为条件，马克思在资本循环的公式中已经说明：只有经过投资，才能生产出消费所需的各种产品，满足消费的需求；只有经过消费，投资才能转化为货币资本，用于新一轮的投资。投资和消费二者不可偏废，需同步、协调发展，这需要资源型企业充分了解市场消费需求，进而制订合理的投资计划，消费者的需求变化时，要及时变更投资计划，以实现消费带动投资、投资满足并且促进消费的二者同步发展的目的。

1.2 微观行为

对于资源型工业而言，微观层面的安全发展包括生产要素安全、市场安全、组织结构安全三个方面。

1.2.1 生产要素安全

生产要素安全是指为实现资源型工业安全发展所必需的要素投入保障。

资源型工业的生产要素是指原材料、劳动力、资本、技术等投入。生产要素安全发展即向着更加优良的方向发展。具体来说，包含以下几个方面：(1) 资源型工业的主要原材料，即矿产资源蕴藏量丰富且便于开采运输，在本地区资源缺乏的情况下，具有稳定的外部供应渠道；(2) 劳动力供给有保障，劳动者素质得以提升，工作效率得以改进；(3) 资源型企业资产负债率得以改善，权益资本得以优化，资本成本降低；(4) 资源型企业的研发能力得到提升，技术保护的制度得以完善，力度不断加大，能够适度引进外部先进技术且不断消化吸收以提高自身的技术水平。

1.2.2　市场安全

市场安全是指为实现资源型工业安全发展所必需的市场总量与结构。

资源型工业的市场安全分为供需安全和市场结构安全两个方面。供需安全可从对外依存度、供给安全和需求安全三个层面来看：(1) 对外依存度主要指矿产资源的对外依存度，资源型工业的安全发展要求对外依存度较低；(2) 供给安全主要指矿石等原材料的供给安全，1.2.1 节对此已有所讲述；(3) 资源型工业的需求安全是指资源型产品市场需求安全，各种产品具有一定的市场占有量，可以顺利销售。

1.2.3　组织结构安全

组织结构安全是指为实现资源型工业安全发展所必需的合理组织结构。

资源型工业的组织结构可分为产业组织和产业结构两个方面：产业组织是指产业内企业之间的结构和关系，既包括大中小企业各自的比重和市场竞争关系，又包括生产经营同类产品的企业间相互分工和协作的关系；产业结构是指各产业的构成以及各产业之间的联系和比例关系。从以上概念可以发现，产业组织的研究范畴局限于一个产业内部，产业结构的研究范畴是多个产业。

资源型工业安全发展需要合理的组织结构。产业组织安全是指产业内大中小企业比重合理，形成合理的分工和协作关系，各企业相互协作形成产业集群，提升产业整体的竞争力；产业结构安全是指各产业之间供需均衡，规模比例合理，产业的区域布局合理，产业优势突出、行业之间形成互补。

合理组织结构的形成需要政策的积极引导。由于企业经营的目的是追求利润最大化，在仅仅依靠市场机制的情况下，企业之间、行业之间容易形成恶性竞争。适当的政策能够引导产业内部企业间形成合理的分工，同时形成合理的产业布局，使产业组织结构朝着安全的方向发展。

资源型工业安全发展能够保证经济和社会全面、稳定、协调和可持续发展。只有当前产业是安全的，能够避免和抵御外来和内在因素的冲击及威胁，才有可能为产业的发展提供稳定的保障和良好的前提；才能有效地吸纳生产要素的投入，充分发挥市场资源的有效配置作用，保证市场信号的正常传递；才能建立健康的产业组织机构以承担产业积累和快速发展的使命。只有实现了产业的长期发展，才有可能使得产业在一个动态的过程中实现自身的安全，即在发展的过程中不断提高自身的竞争力，避免在市场中被淘汰，在风云变化的市场竞争中，成为游戏规则的影响者甚至是制定者。产业的发展体现了不进则退的特点，在全球化生产要素流动和市场配置日益灵活的今天，全球市场竞争日益激烈，国内市场格局也面临着洗牌，如何使得云南省企业作为产业安全发展的具体承担者，能够激发出活力和创新能力，实现“防守”安全和“进攻”安全，是关系云南省未来数十年国民经济健康发展的重大课题。

产业安全是一个相对的概念，不同时期的安全评价标准是不同的，但是资源型工业安全发展的宏微观层面的内涵不会变。宏观层面安全发展是微观层面安全发展的总体指导思想，微观层面安全发展的最终目的是实现宏观层面的安全发展。

2 云南资源型工业生产要素安全发展研究

生产要素指进行物质生产所必需的一切要素及其环境条件。马克思指出："不论生产的社会形态如何，劳动者和生产资料都是生产的因素。"显然生产要素的根本是两种：一种是劳动者，一种是生产资料。现代西方经济学认为生产要素包括劳动力、土地、资本、企业家才能四种，随着科技的发展和知识产权制度的建立，技术、信息也作为相对独立的要素投入生产。这些生产要素进行市场交换，形成各种各样的生产要素价格及其体系。考察资源型工业的特点和各种生产要素的贡献，在资源型工业中最重要的生产要素有四个：原材料、劳动力、资本、技术。劳动力、资本、技术是传统西方经济学中的基本生产要素，而对于资源型工业来说，原材料是其生产的必要条件并且是这一特定产业的重要影响因素，资源型工业的发展是建立在原材料采选冶基础上的，没有了原材料的供应，资源型工业的发展也就无从谈起。生产要素是指构成社会生产的最基本因素或前提条件，是任何企业生产经营不可缺少的基本条件，劳动者与生产资料的结合，即成为现实的生产要素，是人类进行社会劳动生产所必须具备的条件，没有它们的结合，就没有社会生产劳动。因此经济的发展必须建立在各种生产要素不断投入和自身不断增长的基础上。

生产要素的安全发展分别从原材料、劳动力、资本和技术四个方面进行详细的阐述。需要指出的是，此处资源型工业生产要素的安全发展仅从云南省内生产要素的供给来进行阐述。

2.1 原材料安全发展

原材料即原料和材料。在加工业中，一般将来自采掘业和农业的未经加工的物品称作"原料"，把经过加工的原料称作"材料"。如铁矿石是冶炼钢铁的原料，钢铁是其他加工业的材料。原材料是生产要素的一种，是物的生产要素。

原材料是大部分工业企业进行生产的物质基础，对于这部分企业来说，离开原材料也就意味着无法进行生产经营活动。

原材料的安全指的是采选、冶炼、加工各个环节对其上游产业链有较强的影响力或者控制力。具体说来，首先是采选业能控制资源的开采，包括两层含义，一是有资源，二是资源能被开采及运输；其次是冶炼有原料可以用，采选矿石的供给能满足冶炼的需求，同时冶炼部门能对采选部门有较强的控制力和影响力；最后是加工环节，冶炼环节的材料供给能满足加工环节的材料需求，同时加工部门能对冶炼部门有较强的控制力和影响力。

2.1.1 资源储量

2.1.1.1 储量及分布

A 成矿条件

云南的成矿地质条件好，西部处于三江成矿省核心区，东部处于上扬子成矿省西部，成矿潜力巨大。

三江成矿省地处阿尔卑斯—喜马拉雅陆-陆碰撞造山带由近东西向急转为南北向的转折部位，是欧亚板块与印度板块之间地壳经过多旋回开-合构造演化形成的复杂拼合带，地质构造十分复杂，不同组成部分经历了不同的构造演化过程。三江地区的火山岩和侵入岩发育较好，岩石类型复杂多样，从超基性、基性到中酸性、碱性岩均有出露，岩浆活动贯穿各个地质时期，岩浆岩的时空分布受构造环境及其演化历史控制，岩浆活动本身又控制了许多金属矿床的形成和分布。三江地区形成了各具特色的矿床成矿系列类型，如铁铜铅锌银金、铅锌银、铬铁矿、铜钼多金属、锡钨多金属、煤-砂岩铜矿-盐类成矿系列类型等，已发现黑色、有色和贵金属及非金属矿产 30 多种，其中铜、铅锌、银、金、锡为优势矿种，有中国目前最大的铅锌矿（兰坪金顶）和锗铀矿（临沧），有腾冲-梁河锡-稀有金属矿集区、哀牢山金矿集区以及羊拉铜多金属矿集区。

上扬子成矿省处在滨太平洋成矿域（东）、特提斯成矿域（西）的夹持之中，区域成矿作用受其影响甚烈，北侧又被秦祁昆成矿域顶住，阻隔了秦祁昆成矿域成矿作用对本成矿省的影响。成矿省自身又具有前寒武纪基底、加里东褶皱基底和晚古生代地台盖层的三层结构，通过岩浆作用、构造变动、沉积和变质作用，在不同的构造层和不同时期的岩浆作用过程中形成不同的矿床类型和矿床成矿系列。区内矿产丰富、类型齐全，勘查工作程度总体上东高西低，规模达大型以上的著名矿床有大红山铜铁矿、东川铜矿、鲁甸乐马厂银矿、个旧锡矿、白牛厂银矿、大厂式锡多金属矿等，属全国主要的矿产富集区之一。

B 云南矿产资源的储量

云南矿产资源蕴藏非常丰富，有 142 种，是我国主要矿区之一。能源矿产有矿区 375 处，其中大型矿区 10 个；黑色金属矿产有 5 种，矿区 353 处，其中大型矿区 29 个；有色金属矿产有 12 种，矿区 353 处，其中大型矿区 29 个；稀有稀土分散元素矿产有 14 种（包括锗、镓、铟等），矿区 14 处，其中大型矿区 2 个；化工原料非金属矿产有 9 种，矿区 103 处，其中大型矿区 38 个。

根据《云南省矿产资源总体规划（2008 ~ 2015）》，云南有 62 种固体矿产保有资源储量排在全国前十位，其中能源矿产1种，金属矿产29种，非金属矿产32种，排在第一至第三的矿产中，磷、铅、锌、锡、铜、镍、铂族金属、金银、钛铁矿、铟、锗是云南既有资源优势、又有开发优势的矿产资源。铊、镉、镓等“小金属”也排在全国前5位。铝土矿是云南近年来新探明储量增长较快的矿种，开发前景较好（表2-1）。

表2-1 云南主要矿产资源储量

序号	矿产名称	矿区数	储量	基础储量	资源储量	资源储量居全国位次
1	煤炭	375个	52亿吨	80亿吨	271亿吨	7
2	铁（矿石）	111个	2.9亿吨	4.4亿吨	35.7亿吨	5
3	锰（矿石）	24个	0.5千万吨	0.9千万吨	9.2千万吨	3
4	铜（金属量）	174个	0.2千万吨	0.3千万吨	1.0千万吨	3
5	铅（金属量）	112个	0.2千万吨	0.3千万吨	0.7千万吨	1
6	锌（金属量）	106个	0.8千万吨	1.4千万吨	2.0千万吨	1
7	铝土矿（矿石）	29个	1.4千万吨	2.0千万吨	9.7千万吨	5
8	锡（金属量）	69个	0.3百万吨	0.6百万吨	1.3百万吨	1
9	钛铁砂矿（矿石）	11个	0.2千万吨	0.2千万吨	1.2千万吨	2
10	锗（金属量）	15个	0.3千吨	0.3千吨	0.9千吨	3
11	镓（金属量）	29个	0.05千吨	0.1千吨	8.4千吨	5
12	铟（金属量）	15个	0.02百吨	0.08百吨	40百吨	1
13	钼（金属量）	10个	2.6千吨	3.9千吨	106千吨	
14	铊（金属量）	5个	—	—	7.5千吨	1
15	钪（金属量）	—	—	—	—	—
16	镉（金属量）	20	2.6万吨	5.7万吨	16.7万吨	1
17	磷（矿石）	61个	3.2亿吨	7.8亿吨	40亿吨	1
18	钾盐（KCl）	1个	14.1万吨	48.1万吨	1649.2万吨	3
19	盐矿（NaCl）	15个	10.3亿吨	41.34亿吨	143.33亿吨	4

资料来源：云南省矿产资源总体规划2008～2015。

云南主要矿产资源的储量和分布特征如下：

（1）煤炭。云南的能源矿产以煤炭为主，还有较少量油页岩，基本没有油气。煤炭资源具有区位优势，是开发利用的主要矿产之一。截至2008年年底，全省上表矿区375处，保有资源储量约300亿吨，居全国第7位。具有成煤期多、煤类齐全、煤质好、分布不均衡的特点。主要分布于曲靖、昭通和红河，占全省煤炭资源储量的89%；其他州市也有少量分布，而临沧、西双版纳、德宏、迪庆、怒江分布极少，不足全省煤炭资源储量的0.33%。云南的煤炭开发程度较高，主要集中在宣威、富源、麒麟、宜良、寻甸、华坪、开远、泸西、禄丰、镇雄、威信（图2-1，表2-2）。

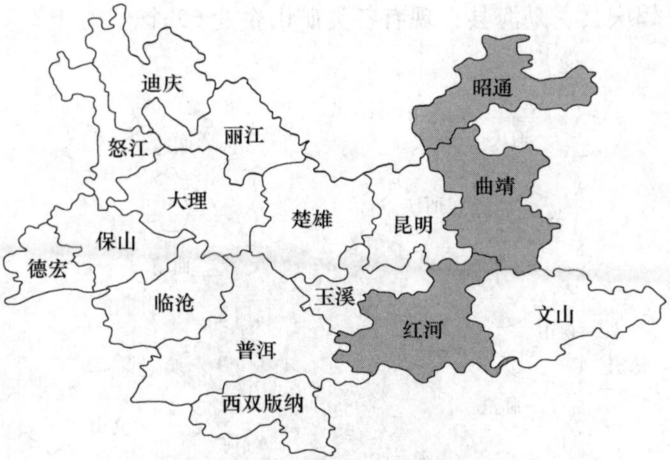

图 2-1 云南主要煤炭资源储量分布示意图

表 2-2 云南煤炭资源储量分布

地区	矿区数（个）	储量（亿吨）	基础储量（亿吨）	资源量（亿吨）	资源储量（亿吨）
云南省	375	51.6	78.6	203.7	282.3
曲靖市	146	33.3	48.9	62.4	111.3
昭通市	41	1.6	2.5	94.9	97.4
红河州	27	8.3	11.5	29.9	41.4
普洱市	17	0.3	0.5	0.7	1.2
楚雄州	17	0.6	3.0	7.1	10.1
昆明市	21	4.7	6.4	2.0	8.4
玉溪市	19	0.7	1.8	2.9	4.7
保山市	10	1.3	1.9	1.3	3.2
丽江市	15	0.3	0.6	0.8	1.4

资料来源：云南省 2008 年矿产资源年报。

(2) 黑色金属矿产。截至 2008 年年底，云南已查明的黑色金属矿产有铁、锰、铬、钛、钒五种，具有矿床类型比较简单，矿产地分布集中的特点（图 2-2，表 2-3）。铁矿矿区数有 111 处，保有资源储量 36 亿吨，居全国第 6 位，主要分布于澜沧县、安宁县、峨山县、新平县、禄丰县、武定县、石屏县、腾冲县、景洪县、宜良县、维西县，现有矿山企业 242 个。总的来看，云南铁矿具有分布广、小型矿床多、矿石类型复杂、矿石品位低的特点，且澜沧惠民铁矿、武定鱼子甸铁矿、彝良寸田铁矿、维西楚格札铁矿、维西扎村铁矿虽然资源储量大，但品位低，有害元素含量高、矿石类型差，目前尚无法开发利用。锰矿的上表矿区数有 24 处，保有资源储量约 1 亿吨，居全国第四位，主要分布于砚山县、建水县、石屏县、鹤庆县、勐海县，现有各类矿山企业65个。

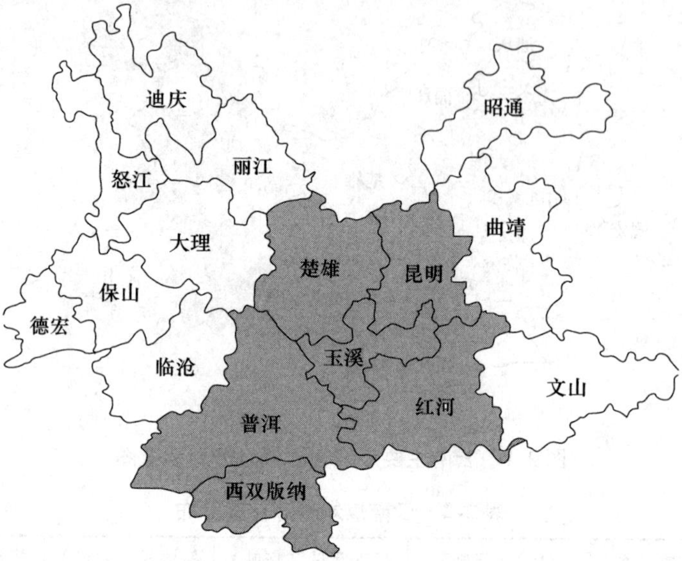

图2-2 云南主要黑色金属资源储量分布示意图

表2-3 云南黑色金属矿产资源储量分布

矿种	地区	矿区数（个）	储量（亿吨）	基础储量（亿吨）	资源量（亿吨）	资源储量（亿吨）
铁矿	云南	111	2.87	4.39	31.15	35.54
	普洱	3	—	—	20.18	20.18
	玉溪	23	2.43	3.18	3.28	6.46
	楚雄	13	0.02	0.06	2.60	2.66
	西双版纳	9	0.02	0.02	1.23	1.25
	昆明	18	1.11	0.18	1.04	1.22
	红河	22	0.02	0.04	1.01	1.05
	迪庆	4	—	0.48	0.27	0.75
锰矿	云南	24	0.05	0.09	0.83	0.92
	曲靖	1	—	—	0.05	0.05
	玉溪	1	—	—	0.01	0.01
	普洱	1	—	—	0.02	0.02
	红河	12	0.01	0.03	0.64	0.67
	文山	4	0.04	0.05	0.08	0.13
	西双版纳	3	—	—	0.03	0.03

资料来源：云南省2008年矿产资源年报。

（3）有色金属矿产。云南有色金属矿产资源丰富，具有面广点多、矿种齐全、品位较富、共伴生有益组分多、综合利用经济效益高等特点。截至2008年年底，已查明的矿产有铜、铅、锌、铝、镍、钴、钨、锡、钼、铋、汞、锑等12种（图2-3，表2-4）。铜矿是云南的优势矿种，全省上表矿区数177处，保有资源储量约1千万吨，居全国第3位，主要分布于昆明市、玉溪市、红河州、楚雄州、普洱市、迪庆州、大理州，占全省总储量的96.93%，规模较大的矿山集中分布在东川、易门、新平、个旧、大姚、牟定、禄丰、普洱、香格里拉和德钦，现有矿山企业215个。铅锌矿是云南优势矿种，具有资源储量大、资源富集集中，矿石品位较富，分布面广，可综合利用的有益元素较多的特点，上表铅矿区数121处，保有资源储量约700万吨，居全国第1位，锌矿上表矿区数112处，保有资源储量约2000万吨，居全国第1位。主要分布于曲靖、楚雄、红河、怒江、昭通、文山、保山和普洱，大型矿区主要有兰坪金顶铅锌矿区、会泽铅锌矿区、个旧锡多金属矿区、蒙自白牛厂银矿铅锌多金属矿区、马关都龙锡铅锌多金属矿区、龙陵勐兴铅锌矿、澜沧老厂铅锌矿区、彝良毛坪铅锌矿区等，现有各类矿山企业348个。锡矿是云南的优势矿种，资源丰富，综合利用程度高，上表矿区数71处，保有资源储量约130万吨，居全国第一位，主要分布于个旧、马关、腾冲、梁河等地，现有各类矿山企业102个，其中云锡集团是集采、选、冶一体的大型企业，是我国最大的锡矿企业，矿山资源采选综合利用率在90%以上。铝土矿是云南的又一优势矿种，上表矿区数29处，保有资源储量约1亿吨，居全国第5位，具有储量规模大、易开采、品级低的特点，主要分布于丘北、麻栗坡、西畴、砚山和文山。

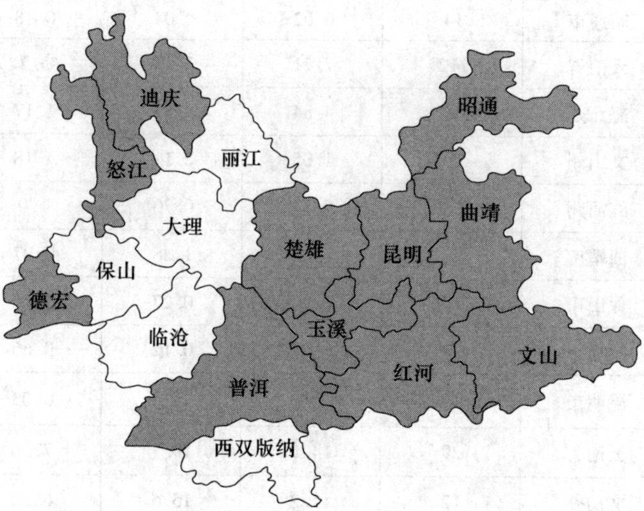

图2-3　云南主要有色金属资源储量分布示意图

表 2-4　云南有色金属矿产资源储量分布

矿　种	地区	矿区数（个）	储量（百万吨）	基础储量（百万吨）	资源量（百万吨）	资源储量（百万吨）
铜矿（铜金属量）	云南省	177	1. 45	2. 4	8. 09	10. 53
	迪庆州	12	0. 20	0. 34	2. 77	3. 11
	玉溪市	31	0. 49	0. 84	1. 57	2. 41
	昆明市	11	0. 31	0. 50	1. 16	1. 66
	红河州	27	0. 24	0. 37	0. 98	1. 35
	楚雄州	36	0. 12	0. 24	0. 65	0. 89
	普洱市	9	0. 02	0. 04	0. 32	0. 36
	大理州	13	0. 02	0. 04	0. 23	0. 27
	怒江州	8	0. 03	0. 04	0. 22	0. 26
铅（铅金属量）	云南省	121	1. 49	2. 76	4. 21	6. 97
	怒江州	11	0. 78	1. 47	0. 35	1. 82
	红河州	32	0. 20	0. 40	1. 25	1. 65
	迪庆州	6	0. 01	0. 01	0. 08	0. 09
	楚雄州	3	—	—	0. 95	0. 95
	曲靖市	9	0. 41	0. 71	0. 04	0. 75
	大理州	5	—	0. 004	0. 5	0. 5
	保山市	10	0. 07	0. 09	0. 31	0. 40
	普洱市	8	—	0. 03	0. 34	0. 37
	昭通市	14	0. 02	0. 04	0. 18	0. 22
锌（锌金属量）	云南省	112	7. 71	14. 1	5. 7	19. 8
	怒江州	9	4. 84	9. 53	1. 17	10. 7
	文山州	19	1. 05	2. 11	1. 18	3. 29
	红河州	23	0. 52	0. 70	1. 0	1. 7
	曲靖市	9	1. 02	1. 28	0. 07	1. 35
	保山市	12	0. 20	0. 27	0. 75	1. 02
	昭通市	17	0. 07	0. 12	0. 66	0. 78
	昆明市	2	—	—	0. 03	0. 03
铝（矿石）	云南省	29	14. 5	19. 7	77. 6	97. 4
	文山州	12	11. 2	15. 5	65. 2	80. 7
	昆明市	15	3. 28	4. 19	12. 1	16. 3

续表 2-4

矿　种	地区	矿区数（个）	储量（百万吨）	基础储量（百万吨）	资源量（百万吨）	资源储量（百万吨）
锡（锡金属量）	云南省	71	0.29	0.63	0.66	1.29
	红河州	30	0.19	0.28	0.41	0.69
	文山州	9	0.08	0.29	0.09	0.38
	保山市	17	0.01	0.02	0.11	0.13
	德宏州	2	0.01	0.01	0.02	0.03
	大理州	1	0.01	0.02	0.01	0.03

资料来源：云南省 2008 年矿产资源年报。

（4）化工原料非金属矿产。化工原料非金属矿产是云南的又一类优势矿产，具有分布集中、规模大、矿石质量好、勘查程度高、开采条件好等特点。截至 2008 年年底，已查明资源储量的矿种有磷、砷、盐矿、芒硝、电石灰岩、化肥用蛇纹岩、重晶石、钾盐、硫铁矿九种（图 2-4，表 2-5）。磷矿具有资源储量大，矿石质量好、品级高，易开采等特点，上表矿区数 65 处，保有资源储量 40.8 亿吨，居全国第 1 位，集中分布于昆明、玉溪、曲靖，现有各类磷矿企业 77 个，其中昆明和玉溪开发程度较高。盐矿上表矿区数 15 处，保有资源储量 143 亿吨，居全国第 3 位，主要分布于昆明、普洱、西双版纳，全省现有岩盐矿山 8 个。

图 2-4　云南主要化工矿产资源储量分布示意图

（a）盐矿；（b）磷矿

表 2-5　云南化工矿产资源储量分布

矿　种	地区	矿区数（个）	储量（亿吨）	基础储量（亿吨）	资源量（亿吨）	资源储量（亿吨）
磷矿（矿石）	云南省	65	3.3	7.9	32.9	40.8
	昆明市	42	2.3	5.8	19.3	25.1
	曲靖市	7	0.03	0.2	8.3	8.5
	玉溪市	13	0.9	1.9	4.6	6.5
盐矿（NaCl）	云南省	15	9.8	40.8	102.0	142.8
	西双版纳州	2	7.58	30.3	64.8	95.1
	普洱市	5	1.6	6.3	33.7	40.0
	昆明市	3	0.3	2.6	2.6	5.2
	楚雄州	3	0.3	1.1	0.9	2.0
	大理州	1	0.11	0.43	0.05	0.48

资料来源：云南省 2008 年矿产资源年报。

（5）稀有、稀土、分散元素金属矿产。截至 2008 年年底，已查明的稀有、稀土、分散元素矿产有锗、镓、铟等 13 种，除钽、铌、锶、锆英石、独居石矿外，其余均为有色金属矿产中的共伴生组分（表 2-6）。稀有、稀土、分散元素矿产保有资源储量中铟为约 4000 吨，居全国第 1 位。锗约为 900 吨，居全国第 3 位，镓约为 9000 吨，居全国第 5 位。铟、锗已成为云南的又一优势矿种，现有铟矿区 15 个，锗矿区 15 个，镓矿区 29 个。钛铁矿是云南既有资源优势，又有开发优势的矿产资源，主要分布在滇中和滇东，钛铁矿保有资源储量 1200 万吨，居全国第 8 位，矿区 11 个。

表 2-6　云南稀散矿产储量分布

矿　种	矿区数	储量	基础储量	资源量	资源储量
钛矿（钛铁矿）（矿物）	11 个	1.6 百万吨	2.5 百万吨	9.8 百万吨	12.3 百万吨
锗矿（金属量）	15 个	0.2 千吨	0.3 千吨	0.6 千吨	0.9 千吨
镓矿（金属量）	29 个	0.05 千吨	0.1 千吨	8.5 千吨	8.6 千吨
铟矿（金属量）	15 个	0.02 百吨	0.08 百吨	40.2 百吨	40.3 百吨
钼矿（金属量）	10 个	0.25 万吨	0.38 万吨	10.2 万吨	10.6 万吨
铊矿（金属量）	5 个	—	—	8.4 千吨	8.4 千吨
钪　矿	—	—	—	—	—
镉矿（金属量）	20 个	2.5 万吨	5.7 万吨	11.0 万吨	16.7 万吨

资料来源：云南省 2008 年矿产资源年报。

我国锗、镓、铟、钼、铊、镉、钪矿产基本上伴生于有色金属矿产和煤矿中，普遍含量很低，回收难度很大。其中锗、镓、铟、铊、镉主要分布在云南。云南稀散元素资源储量分布如图2-5所示，主要生产企业见表2-7。

图2-5 云南稀散矿产资源储量分布示意图

表2-7 云南8种小金属主要生产企业

金属	主要生产企业	简介
钛	云南新立有色金属有限公司、云南钛业股份有限公司	云南冶金集团下属新立有色金属有限公司正在建设6万吨/年氯化法钛白粉项目（配套项目8万吨/年高钛渣）、1万吨/年海绵项目、5000～10000吨/年钛材料加工项目及配套钛矿资源整合，主要产品为高钛渣、钛白粉、海绵钛、钛合金、钛材、钛粉、四氯化钛等，项目建设地点分别为云南省武定县、禄丰县和五华区。 云南钛业股份有限公司为昆钢集团下属子公司，中国以“钢—钛”的模式生产钛带卷的开拓者，主营钛及钛合金制品的研发、制造、销售和委托加工。目前已建成年产2万吨钛材加工项目，正在筹备钛锭项目
锗	云南临沧鑫圆锗业股份有限公司、云南驰宏锌锗股份有限公司	云南临沧鑫圆锗业股份有限公司2008年锗产品销量占全国总销量的43%，居国内第一，亚洲之首。2009年，锗金属产能39吨/年，居国内第一，扩建工程完工后产能将增至47.6金属吨。2012年生产计划为：自产锗30吨，区熔锗24吨。 驰宏锌锗2010年具有年产锗30万吨能力，锗产量约占世界产量的10%

续表 2-7

金属	主要生产企业	简　介
镓	—	—
铟	云南蒙自矿冶有限公司、云南华联锌铟股份有限公司、云南祥云飞龙	云南蒙自矿冶有限公司对金属铟的回收率达到85%。2005年投资4.5亿元，开展金属铟的提炼和加工项目，建成投产全国最大的年产50吨电铟生产基地。 华联锌铟，有铟锭60吨/年的生产能力，铟原材料制品年产能规模为14吨。 云南祥云飞龙铟原材料制品年产能规模为15吨，可实现产值为0.7亿元
钼	九顶山矿业有限公司	弥渡县九顶山矿业公司，技改一期形成日处理1500吨以上铜钼采选生产系统，年产钼精矿400吨。技改二期完成后，将成为辐射全省的钼金属深加工基地
铊	—	—
镉	剑川益云有色金属有限公司、驰宏锌锗	剑川益云有色金属有限公司2011年上半年生产精镉684吨。 驰宏锌锗800吨/年精镉综合利用项目已在试运行阶段
钪	—	—

资料来源：根据公司官网资料、年报、评级报告和债券募集说明书整理。

（1）钛：我国钛资源丰富，二氧化钛总储量达9.65亿吨，居世界第1位。截至2008年年底，云南省钛矿（钛铁矿）上表矿区13处，保有资源储量约1300万吨，居全国第2位。云南钛矿主要集中在以武定、禄丰、禄劝、富民为代表的滇中地区，储量占到了全省的70%以上，同时在产业发展上，滇中地区经过近10年的摸索，目前已经初步形成钛精矿、钛白粉、海绵钛、钛板材等工业体系。滇中与滇南区钛砂矿产出在禄劝—武定片；昆明西山区—富民片及建水—石屏片（滇南区）；滇西区产出在保山与勐海。滇中与滇南区已有不同程度开发，滇西区短期内尚难利用。其中武定西城、禄劝干坝塘、保山板桥、勐海的勐往与勐阿等五处已批准上表储量（资源量）约760万吨（工业储量500万吨），已计算储量（资源量）但尚未批准上表的20处矿床（段），共计1300万吨，其中禄劝—武定片约1200万吨，西山—富民片81万吨，建水—石屏片74万吨。

（2）锗：世界锗资源比较贫乏，可开采锗资源少，少有独立的矿床，锗多呈伴生矿，主要伴生在铅锌矿床中（约占70%），其次伴生在煤矿中，少数伴生在铜矿中。云南锗资源主要分布在临沧煤矿中和会泽铅锌矿中。截至2008年年底，云南探明储量580吨，主要伴生在巧家、罗平、会泽等地铅锌矿中，东川铜矿有伴生锗，临沧第三系褐煤盆地中有大型锗矿与煤矿共生。目前已发现的锗矿资源基本上已被现有锗生产企业占有。因为该行业资源性很强，除非新的锗矿资源被发现而新进入者领先占领，否则新进入者即便进入该行业也将受制于原材料供应。

（3）铟：铟主要伴生于锌、铅、锡等矿中。其他矿物如锡石、黑钨矿及普通的角闪石也常含有较多的铟。据美国地质调查局1999年调查统计，除中国以外的世界铟的储量为4700吨，而在中国仅与铅锌矿床共生的铟，其储量已超过1万吨，位居世界之首。截至2008年年底，云南探明资源量4000吨，83%储量集中在马关都龙锡锌矿，次为个旧锡矿伴生铟。

（4）镓：云南探明资源量8000吨，主要分布在昆明地区铝土矿、滇东铅锌矿、个旧锡矿中，均属伴生小型矿床。在自然界中镓常以微量元素的形式与铝、锌、锗等矿物共生。镓在锗石中含量较高，铝土矿和闪锌矿中也含有少量的镓。目前，在工业上，镓主要以副产品的形式从生产氧化铝过程中的铝酸钠循环液和炼锌工艺蒸馏残渣中提取，还可以从煤焦化烟尘中回收。

（5）钼：我国钼矿主要分布于中南地区，西南地区仅占4%。云南钼主要分布在祥云马厂箐。另外云南澜沧铅矿在深部发现有厚大钼矿体，有望新增钼资源储量50万吨。

（6）铊：云南省保有铊金属储量居全国第一，探明储量约8000吨，98%储量伴生在兰坪铅锌矿中，是全国已知最大的铊矿床，另外南华龙潭砷矿亦有铊矿伴生。

（7）镉：云南省保有金属储量居全国第一，96%储量集中在兰坪金顶铅锌矿及马关都龙锡矿中。

（8）钪：我国是世界钪蕴藏量较多的地区之一，但大多伴生于铝土矿、磷矿、钛磁铁矿中，独立钪矿床鲜有发现。2010年云南省有色地质局宣布在滇中地区发现大型独立钪矿床，估算钪资源量726吨，二氧化钪平均品位为66克/吨，已达大型独立钪矿床规模。预测本区及周边地区钪远景资源量在5000吨以上，甚至有望达到万吨以上超大型矿床规模。

C　云南矿产资源特征

云南矿产资源总量大、矿种多，但部分矿种不能自给。云南矿种齐全，有色金属和磷矿资源储量居全国前列，特别是铅锌锡及磷矿的保有资源储量在全国具有绝对优势，奠定了云南“有色金属王国”和“磷化工大省”的地位。但能源矿产中的石油、天然气稀缺，一些矿产有冶炼生产能力，但不能自给，如铝土矿、铜矿、富铁矿等。

云南矿产资源配置组合关联度好。云南的钢铁、有色金属、磷化工、非金属、建材等矿产资源齐全，品种配套，资源基本自成体系，总的资源组合关联度好，有发展深加工的优势和潜力；加之云南水电潜能巨大（居全国第2位），具有“矿电”结合，发展高耗能工业的优势。矿电结合发展，既可发展云南矿产资源，降低矿产品成本；又能开拓电力市场，提高矿产品竞争能力，使电力工业、矿业共同发展。

云南矿产资源富集区相对集中。云南矿产种类与矿产资源分布具有明显的区域性、成带性，反映了区域地质条件的差异和勘查程度的不同。如滇中和滇东，集中了全省绝大多数磷、铁、煤、优质玻璃石英砂岩、钛铁矿等矿产；锡、铅锌锑汞等矿产主要分布于滇东南和滇西地区；金矿分布在鹤庆—镇沅—墨江—金平一带和滇东南。

云南非金属矿质优量大。云南探明的非金属矿，其品位较高、储量较大、资源相对富集、多数具有良好的开采条件，开发价值较高，如磷矿、优质石英砂石、硅藻土、硅灰石、高岭土、水泥用灰岩、硅石等。非金属矿的开发潜力巨大，是今后矿业的潜在增长点。

云南稀有、分散元素高度富集，以共伴生形式成矿。云南独特的地质环境和良好的地质构造环境为稀有、分散元素的高度富集成矿创造了条件，造就了一批共伴生于其他矿床中的稀有、分散元素矿床。如兰坪金顶铅锌矿中的锶、铊、镉等，会泽铅锌矿中的锗、镉，个旧锡矿区中的铋、铌、铍、铟，蒙自白牛厂多金属矿和马关都龙多金属矿中的铟，文山州铝土矿中的镓等。

云南新的资源富集区潜力大，老矿山资源枯竭与外围资源丰盈并存。云南独特的地质环境，奠定了优越的成矿地质条件。近年来找矿取得重大成果，如迪庆州的铜矿、金平的金矿、威信的煤矿、昆明北部和东部的磷矿、文山州的铝土矿等一批大型矿产地。云南矿产资源开采历史悠久，部分老矿山面临资源枯竭和无后备资源接替的局面，但外围和深部尚有一定找矿远景。

云南难利用矿产种类多，资源储量大。云南矿产资源的矿石类型复杂，品位低，有害元素含量高。如元谋、弥渡、大理等地的铂族矿产资源储量102吨，元江、墨江一带的镍矿资源储量64万吨，澜沧惠民铁矿资源储量20亿吨等，都是大型矿产地，至今无法利用。另外，一些非金属矿产硅灰石、硅藻土、中低品位磷矿和部分菱铁矿资源储量很大，有资源优势，但由于选冶技术、开发成本等因素，开发利用程度非常低。

云南矿产资源经过长期的开发，许多矿种都被大量消耗，资源储量下降迅速，有的甚至几乎消耗殆尽（表2-8）。

表2-8 云南主要矿产资源消耗程度

矿 种	保有资源储量	累计查明资源储量	资源消耗量	资源消耗率
铁	44.42亿吨	45.80亿吨	1.38亿吨	3.02%
锰	13.5百万吨	26.7百万吨	13.2百万吨	49.44%
钛铁	10.3百万吨	10.4百万吨	0.2百万吨	1.92%
煤炭	190.67亿吨	197.04亿吨	6.37亿吨	3.23%

续表 2-8

矿　种	保有资源储量	累计查明资源储量	资源消耗量	资源消耗率
铜	7.4 百万吨	13.1 百万吨	5.7 百万吨	43.51%
铅	5.4 百万吨	83.3 百万吨	77.8 百万吨	93.40%
锌	17.8 百万吨	25.7 百万吨	7.9 百万吨	30.74%
铝土矿	59.3 百万吨	59.3 百万吨	0 百万吨	0.00%
锡	0.6 百万吨	0.8 百万吨	0.3 百万吨	37.50%
锗	0.8 千吨	1.5 千吨	0.7 千吨	46.67%
镓	2.7 千吨	5.2 千吨	2.5 千吨	48.10%
铟	3.7 千吨	4.8 千吨	1.1 千吨	22.92%
磷	24.72 亿吨	26.51 亿吨	1.80 亿吨	6.77%

资料来源：云南省矿产资源总体规划（2008～2015）（不完全统计）。

通过以上分析，可见云南的成矿地质条件好，西部处于三江成矿省核心区，东部处于上扬子成矿省西部，成矿潜力巨大；矿产资源蕴藏非常丰富，有142种，是我国主要矿区之一；有62种固体矿产保有资源储量排在全国前十位。云南矿产资源总量大、矿种多，富集区相对集中，矿产资源配置组合关联度好，但部分矿种不能自给，难利用矿产种类多、资源储量大。

经过长期的开发，云南许多矿产资源都被大量消耗，有的甚至几乎消耗殆尽。究其原因，主要是过分追求经济效益，盲目追求经济增长，造成资源过度开采，缺乏资源储备和保存的意识；因找矿力度跟不上，新的矿产资源补充不足；工业发展快速，对矿产品的需求强劲；同时在开采中存在采富弃贫的现象，尤其是私人的小厂和当地居民的自发性开采，导致浪费严重；采选技术落后，资源利用程度低，造成资源浪费。

总体来看，无论从成矿潜力、矿产资源种类和特点，还是从矿产资源储量来看，云南资源型工业的矿产资源储量及分布都比较安全。

2.1.1.2　开采运输条件

云南铁路以昆明为中心，有成昆、贵昆、南昆、内昆、昆玉、广大、大丽、昆河、昆石（咀）、蒙宝（秀）、鸡（街）个（旧）、草（坝）官（家山）等铁路。公路总里程达20多万千米，居全国第4位；高速公路、高等级公路以昆明为中心成辐射状，通达西双版纳、德宏等14个州市，至2008年，全省高速公路通车里程达2512千米，位居西部第一，未来规划将超过5000千米。经过云南省的国道有108（北京—昆明）、213（兰州—磨憨）、214（西宁—景洪）、原226国道（楚雄—墨江）、320（上海—瑞丽）、323（瑞丽—临沧）、324（福州—昆明）、326（秀山—河口）等8条；主要高速公路有7条，分别为G5（昆明—北京）、G85（昆明—重庆）、G56（瑞丽—杭州）、G60（昆明—上海）、G78（昆明—汕头)、G80（昆明—广州)、G8511（昆明—曼谷)；同时还有61条省道连接省内及国内外各大中城市（图2-6)。

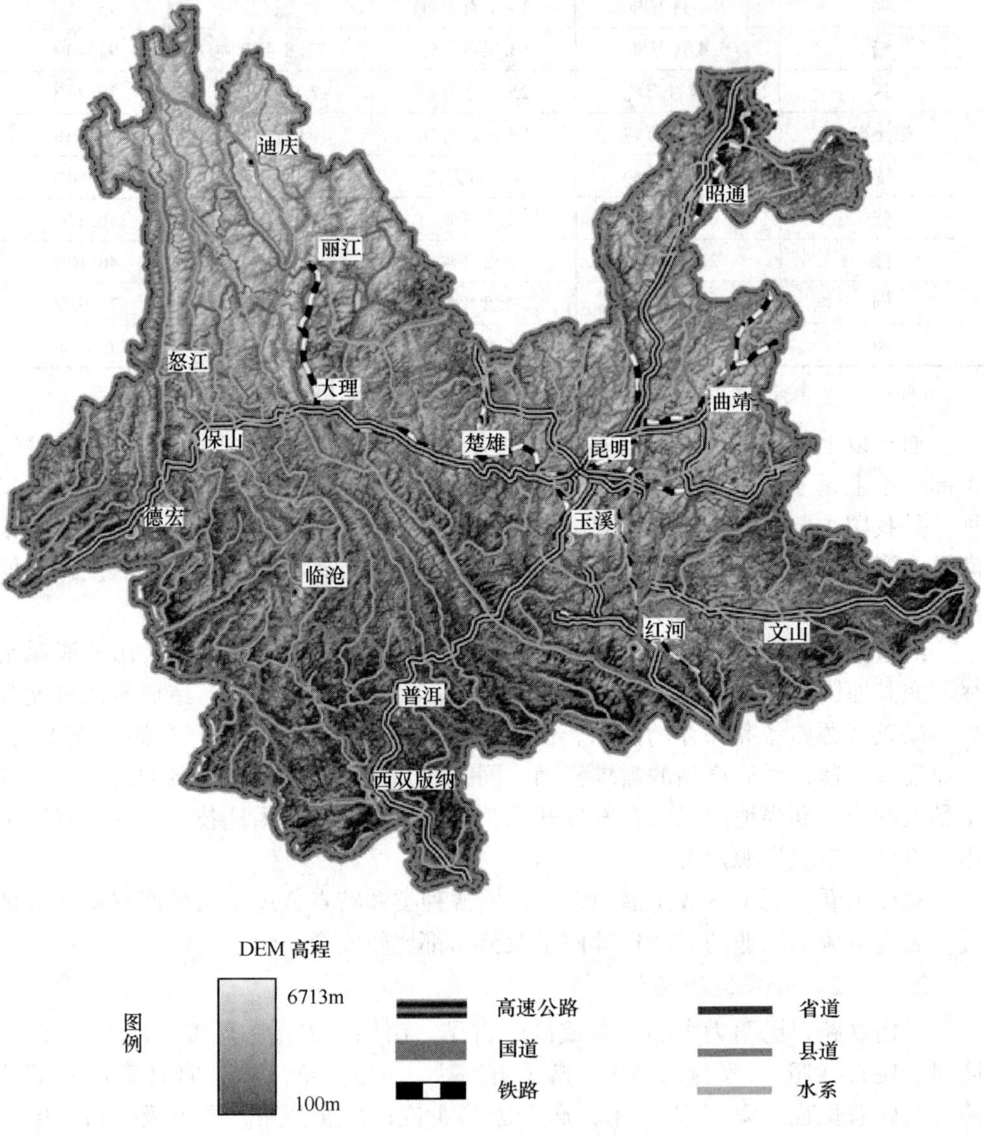

图2-6 云南地形交通示意图

云南省地形极为复杂，大体上，西北部是高山深谷的横断山区，东部和南部是云贵高原。整个云南西北高、东南低，有84%以上的面积是山地，高原、丘陵占10%，仅有不到6%的面积是坝子、湖泊之类。这种地形特点首先决定了公路、铁路建设的成本高，其次是导致了公路、铁路的运输速度较慢，运输条件先天不利。矿物的运输主要还是依靠铁路和水运，公路运输的成本过于高昂。目前云南省的铁路网最近的出海口主要是南昆线，但是从南宁到北部湾的防城港、钦州、北海等出海口城市的铁路并非干线网；而过境越南面临不可控的风险因素和较烦琐的手续，铁路网后天规划不足。

煤炭是云南的主要能源矿产，主要分布在曲靖、昆明、丽江、红河、楚雄、昭通等地，矿床类型简单，开采条件优越，交通相对便利，运输方便。

黑色金属矿产矿床类型比较简单，矿产地分布集中，主要分布在滇中、滇南、滇东南地区，其中资源储量大的澜沧惠民铁矿、武定鱼子甸铁矿、彝良寸田铁矿、维西楚格札铁矿、维西扎村铁矿等有害元素含量高、矿石类型差，目前尚无法开发利用，并且由于铁矿分布地区偏远，交通不便，相对来说开采条件和运输条件都不太好。

有色金属矿产种类较多，开发强度大，各方面的条件均比较好。铜矿主要分布于滇中、滇西地区，开采历史悠久，开采条件优越，主产区交通便利。铅锌矿资源储量大、资源富集集中，主要分布于滇东北、滇东南和滇西地区，矿石品位较富，分布面广，且相对集中，开采条件优越，运输条件较好。锡矿开采技术成熟，采选综合利用率高，主要分布于滇东南和滇西地区，交通便利，运输条件较好。铝土矿主要分布于文山地区，开采条件较好，运输便利。

化工原料非金属矿产资源储量大，矿石质量好、品级高，易开采，主要分布在滇中地区，运输条件好，但是经过多年的开采，一级品的富矿资源已趋近于枯竭，需要进一步加强勘探。

钛铟镓锗钼铊钪镉等“小金属”主要作为伴生组分分布在煤矿、铁矿、铝土矿、铅锌矿、锡矿等成熟矿区，开采和运输条件均较好，现在主要是在选冶加工技术上需要进一步提高和突破。

2.1.2 矿石

矿石开采量受制于资源储量，开采出来的矿石供给冶炼行业。矿石安全发展从采矿业能否提供足够的矿石、冶炼业对矿石的需求能否被满足两个方面分析。

通过 2000～2010 年云南省主要矿石产量表分析，可见近 10 年间云南矿石的产量供给不稳定，部分矿种波动较大。具体说来，铁矿石原矿、锰矿石成品矿、硫铁矿（折 S 35%）、磷矿石（折 P_2O_5 30%）、生铁、铜、原铝、铅、锌、黄磷增长较快；铜选矿产品、锡选矿产品增长缓慢；铅选矿产品、锌选矿产品、锡、锑不稳定，前期有增长甚至增长较快，后期产量降低。

供给增长的主因无疑是需求的增加，供给的快速增加也意味着需求的强势增长，而这和我国近 30 年 GDP 高速增长是分不开的。基础建设投资增加带来相关行业的强势需求，如铁矿石、铜等；铅、锌、锡、锑的产量不稳定主要是因为近几年的有色金属价格波动过大，不利于稳定生产，同时国家和云南出台一系列相关保护措施和收储的规定，此外人们环保意识的进一步增强，也导致对铅等的需求减少。

采选业的产业水平满足率只有34.2%，供给远远不能满足需要，严重失衡。采选业中的煤炭、黑色金属、非金属的产业水平满足率在50%~60%之间，供给不能满足需求，供需严重失衡；而有色金属采选业的产业水平满足率只有20.18%，严重不能满足需求，也是造成整个采选业供需严重失衡的主要因素。

2.1.2.1　云南资源型工业主要企业特点

（1）云铜集团是云南最大铜采选、冶炼加工企业，现拥有玉溪矿业、金沙矿业、楚雄矿冶、凉山矿业、星焰有色、景谷矿业、迪庆矿业、弥渡九顶山、云铜马关等大中型开采矿山，正在建设磨憨铜矿等多个矿山。云铜集团累计投入勘查资金6.8亿元，探获334铜资源量756万吨、333铜资源量577万吨、铅锌资源量10万吨，获得探矿权69个，采矿权36个；投入开发资金20多亿元，启动了羊拉、大坪掌、雪鸡坪、淌塘、景谷等多个大中型矿山的开发建设，全集团现已保有铜资源储量超过750万吨。云南铜业集团采取股份合作制的方式整合了迪庆羊拉铜矿，同时收购省内其他金属矿产出的铜精矿以及小冶炼厂的粗铜，目前全省电解铜全部集中到云铜集团，探明保有资源储量中60%的铜资源集中到云铜集团。

（2）云锡集团是我国最大锡生产加工企业和出口基地。截至2010年年底，锡保有资源储量56.9万吨，约占全国储量的36%，世界储量的10%。目前全省探明保有资源储量中74%的锡资源集中到云锡集团，该集团2007年全年锡生产规模已达7万吨，约占全球锡总产量的15%左右，成为全球最大的锡矿开采和加工企业。

（3）云南冶金集团是云南大型有色金属企业，涉及铅锌、铝、硅锰、钛五大板块，其中铅锌在国内具有较强的竞争优势。截至2009年年底共拥有铅锌矿石量3744万吨，保有金属量207万吨，保有资源储量1780万吨；文山铝土矿项目已探明储量1.3亿吨；锰保有资源储量896万吨，占全省10%左右；钛保有资源储量65万吨，占全省5%左右。该公司在省内有文山铝土矿、会泽铅锌矿、昭通彝良铅锌矿、勐糯铅锌矿、澜沧铅矿、斗南锰矿、建水锰矿、武定钛矿、禄丰钛矿几大矿山；在省外有内蒙古空甲乌拉铅锌矿、内蒙古查干铅锌矿、大兴安岭塔源二支线铅锌矿几大矿山；在国外有目前最大的尚未开发的塞尔温铅锌矿50%股权，有艾维尼亚公司澳大利亚矿山铅精矿12年采购权。

（4）云天化集团是拥有稀缺资源最丰富的化工公司，截至2011年已取得采矿权证的磷矿资源为5亿~6亿吨，长期储量超过15亿吨；下属子公司中寮矿业在老挝拥有8.5亿吨钾盐资源；集团及上市公司拥有9亿吨煤矿资源。集团拥有1000万吨磷矿、500万吨磷肥产能。经过云南省近几年的行政性整合，云天化集团拥有的磷矿资源量占到云南省的6成，占云南已颁发采矿权磷矿的比例超过50%。下属云南磷化集团拥有昆阳磷矿、晋宁磷矿、尖山磷矿、海口磷矿四座大型露天矿山。

（5）昆钢是云南唯一的国有铁矿生产企业，有丰富的铁矿资源，有较强的铁矿获取能力。昆钢对铁矿资源的整合力度不断加大，各矿山的发展速度不断加快，规模也随之扩张，大红山铁矿、上厂铁矿、大坡铁矿、马鞍山铁矿为昆钢集团的四大矿山，其中大红山铁矿有铁矿石储量4.5亿吨，占当前昆钢保有储量的90.4%。至2009年已拥有多个自营和控股的铁矿山，铁矿保有储量近8亿吨，占云南省20%左右。

（6）云南煤化工集团目前煤炭资源控制量约为35亿吨，所属煤矿拥有煤炭保有资源量15.67亿吨，控制了云南省13%的煤炭资源量，实际直接占有6%。云南煤化有一平浪煤矿、后所煤矿、羊场煤矿、田坝煤矿、恩洪煤矿、圭山煤矿、可保煤矿、陆东煤矿等。云南其他煤矿主要控制在滇东能源公司和小龙潭矿务局。

（7）云南锗业拥有大寨锗矿等云南临沧地区的特大优质锗矿，2010年合计资源储量超过720吨，占云南省77%，占中国锗金属保有储量19.7%，全球占比8%。

总体来看，云南资源型工业主要企业均控制较多的资源和矿石量，其中比较少的是昆钢集团、云煤化集团。

2.1.2.2 *矿石特点*

云南矿产呈现大型矿少且集中、中小型矿多且面广的特点，因此矿山以中小型为主，难采矿多，大型矿少。云南矿业企业中，民营小企业居多，以小矿为主。马龙有三家选矿厂，是铁矿石的主要供应商，选出来的铁矿2~3天就有人来谈价格，矿石比较紧俏。昆阳磷矿目前尚未面临资源枯竭的问题，但是已加大了资源勘探的力度，同时通过不断并购周围的矿山来保证资源的稳定供应，也开始在境外、省外购买矿山，在越南、澳大利亚、贵州等地进行相关项目的论证工作。驰宏锌锗公司在会泽的铅锌矿具有年60万吨的采选能力，矿业整体形势显现的是原材料供给不足，现在已经不出售原矿、矿石，尽可能外购矿石，建立冶炼厂以铅锌锭的形式销售。

随着科技的进步，对矿石品位的要求也越来越低。如磷矿近几年品位小于17.5%的矿就堆存，现在依靠新的技术可以实现低品位的磷矿资源开发利用，经过浮选后品位可以达到30%。

总的来看，云南资源型工业矿石供应不稳定，部分矿种波动较大；矿石供应量远远满足不了需求，尤其是有色金属矿石供不应求（表2-9，表2-10）。从目前来看，矿石供应进一步提升的空间有限，而且新发现的矿床到投产需要一个过程，因此是不安全的；但是从长期来看，企业在海外、省外找矿步伐加快，资源使用效率进一步提高以及采矿技术的不断发展等，矿石供应处于基本安全状态。

表 2-9　2000～2010 年云南主要矿石产量　　（万吨）

产品名称	2000 年	2005 年	2006 年	2007 年	2008 年	2009 年	2010 年
原煤	2215.61	6462.14	7339.08	7755.19	8657.43	8921.02	9763.38
洗精煤	207.71	488.10	683.23	670.91	871.47	826.25	990.63
焦炭	359.87	1213.72	1233.67	1184.40	1391.60	1456.52	1607.26
铁矿石原矿量	503.53	983.7	1515.38	1847.94	2103.04	2257.02	2464.52
锰矿石成品矿					59.55	105.66	140.74
铜选矿产品含铜量	9.20	13.27	19.51	24.83	24.44	21.49	28.35
铅选矿产品含铅量	13.86	10.98	15.29	11.10	15.86	12.89	13.16
锌选矿产品含锌量	22.04	50.49	62.77	61.16	77.52	62.26	60.62
锡选矿产品含锡量	4.31	4.06	3.93	4.41	4.7	5.47	4.83
硫铁矿（折 S 35%）	14.5	30.69	40.46	51.27	44.64	38.37	66.45
磷矿石（折 P_2O_5 30%）	921.11	1065.95	1413.6	1488.11	1883.19	2134.32	2315.69
原盐	49.43	67.78	79.55	82.87	93.33	89.19	123.76
十种有色金属	74.85	147.44	206.85	233.77	216.75	215.80	240.34
铜	16.06	32.41	37.01	40.17	31.35	29.86	34.09
原铝	13.83	39.26	46.57	57.87	53.11	60.75	67.61
铅	16.24	25.36	47.43	45.67	40.07	36.08	38.01
锌	23.50	41.97	65.91	79.11	80.76	79.06	89.13
锡	4.73	6.89	8.15	8.19	7.39	7.47	7.53
锑					2.62	2.29	2.45
黄磷					35.23	43.28	41.18
生铁	309.42	845.92	935.1	1202.77	1180.52	1294.3	1337.31
粗钢	183.71	513.41	635.38	883.85	901.31	1049.05	1293.77
钢材	183.71	486.93	588.06	789.99	836.62	973.3	1214.99
中小型型钢					9.53	12.42	37.37
棒材					95.77	155.9	220.25
钢筋					322.49	354.2	389.98
盘条（线材）					249.85	284.6	319.78
中板					20.15	11.21	12.94
铁合金					63.10	73.02	78.80

资料来源：云南统计年鉴 2001～2010。表中铜选矿产品含铜量等指的是矿石中的含铜量；十种有色金属下面的二级科目的铜、原铝等指的是金属的产量。

表 2-10 2007 年云南资源型工业采选、冶炼和加工部门的满足程度

部 门	需求（亿元）	供给（亿元）	产业水平满足率（%）
采选业	876.2	299.7	34.20
冶炼业	280.5	1359.7	484.80
加工业	595.1	736.0	123.68
其中：			
煤炭开采和洗选业	206.5	118.3	57.30
黑色金属矿采选业	74.7	43.2	57.90
有色金属矿采选业	536.2	108.2	20.18
非金属矿及其他矿采选业	58.9	29.9	50.74
炼焦业	90.3	110.5	122.36
炼铁业	48.7	89.7	184.19
炼钢业	32.1	46.1	143.66
铁合金冶炼业	5.1	40.4	799.67
有色金属冶炼及合金制造业	104.3	1073.0	1028.55
基础化学原料制造业	74.2	128.5	173.25
肥料制造业	134.5	196.7	146.25
钢压延加工业	362.4	293.9	81.10
有色金属压延加工业	24.0	116.9	486.96

资料来源：云南省投入产出表 2007（144 部门）。

2.1.3 材料

资源型工业的材料源自冶炼业，流向加工业。因此材料安全就是要使冶炼业生产的材料能满足加工业的需求。

总体上看，生铁、钢材等与建筑业相关的产品产量整体上是大幅增长的；合成氨、氮肥、磷肥等相对来说增长较慢，主要是因为这些产品服务对象主要是农业，而农业相对工业和服务业来说是天然增长缓慢的部门，这也与我国目前农村经济增长缓慢的实际相切合。

从 2007 年资源型工业冶炼部门和加工部门满足程度可以看出（表 2-10），冶炼业供给的材料过多，可以充分满足下游加工业的需求，尤其是铁合金冶炼和有色金属冶炼以及合金产生过多；加工业略大于下游深加工的需求，其中钢压延加工业不能满足需求，有色金属压延加工产出过多。

从部门来看，冶炼业的矿石供应不充足，基本安全；材料产品需求旺盛，是安全的；总体上可看作是基本安全。而对省内加工业来说，材料供给安全。导致这种冶炼业供给过多、加工业偏弱的直接原因是加工企业在加工，尤其是深加工

上利润微薄，根本原因在于企业技术工艺落后，缺乏竞争力。

根据调研，很多小型的资源型工业冶炼企业由于国家政策的改变而倒闭，使材料供应减少，增加了加工业获取材料的难度，比如生铁。就钛来说，目前全世界的钛资源主要集中在中国，中国的钛资源主要集中在云南和攀枝花，比如武定和禄丰都比较丰富，目前钛材料，主要是海绵钛，是过剩的。而对铜材料来说，云南铜冶炼业产能是过剩的。究其原因，一是云南有资源，因此资源利用量大、产量大；二是企业材料生产多，深加工少。我国铜产业的发展主要是依托资源和港口，云南虽然铜资源比较丰富，但在深加工方面却不如东南沿海的江苏、浙江、广东（既是生产地，又是消费地），我国80%的铜加工产业分布在这三个省份。云南铜产业链延伸在技术上没有问题，但在高端产品的生产上不可行，因为没有技术储备，经营管理经验不足，没有驾驭市场的能力，并且新的产业链延伸面临需要更多人才、资金等等，目前暂时还没有能力发展、延伸完备的产业链。

云南资源型工业的原材料安全发展特点如下：

（1）在资源储量及分布上，总体来看，无论从成矿潜力、矿产资源种类和特点，还是从矿产资源储量来看，云南资源型工业的矿产资源储量及分布都比较安全。

（2）在开采运输上，云南交通基础设施与开采技术基础均较好，矿产资源与交通设施耦合度高，整体开采运输条件较好。不足之处是云南地处偏远、地形陡峻，提高了矿产资源外运的成本。综合来看，由于这里主要强调省内的开采运输，因此云南资源型工业的矿产资源开采运输是安全的。

（3）在资源分布上，综合考虑储量及分布、开采运输，目前基本上是安全的，整体供应和物流不至于制约产业的发展；从长期来看，资源本身是不可能增多的，但是现在也加快了找矿的步伐和替代品的研发，因此长期的基本面判断不变。

（4）在矿石上，云南资源型工业的采选业既有充足的资源储量供应，又有强劲的矿石产品需求，是很安全的；而冶炼业则由于矿石的供给波动和供不应求，在矿石供应上是不安全的。总的来看，矿石供应不稳定，部分矿种波动较大；矿石供应量远远满足不了需求，尤其是有色金属矿石供不应求。从目前来看，矿石供应进一步提升的空间有限，而且新发现矿床到投产需要一个过程，因此是不安全的；但是从长期来看，企业海外、省外找矿步伐加快，资源使用效率进一步提高以及采选技术的不断发展等，矿石供应处于基本安全状态。

（5）在材料上，冶炼业供给的材料过多，可以充分满足下游加工业的需求，尤其是铁合金冶炼和有色金属冶炼以及合金产生过多；加工业略大于下游深加工的需求，其中钢压延加工业不能满足需求，有色金属压延加工产出过多。从部门来看，冶炼业的矿石供应不充足，基本安全；材料产品需求旺盛，是安全的；总体上可看作是基本安全。而对省内加工业来说，材料供给安全。总的来说，云南资源型工业的材料可以满足云南的需求，下游加工业生产能力不足，对省内材料需求不足，主要供给省外或国外，是安全的。

2.2 劳动力安全发展

劳动力，即人的劳动能力，是蕴藏在人体中的脑力和体力的总和。劳动力是任何社会生产所不可缺少的条件，人是生产力中最活跃的因素，因此劳动力也是生产要素中最重要、最活跃的因素，尤其是在知识经济蓬勃发展的当代，要解放和发展生产力，实现经济快速发展就离不开劳动力数量的优化和劳动力素质的提高。

劳动力安全是指采选、冶炼、加工各个部门劳动力供给能满足其劳动力需求，有三层含义：一是劳动力的数量安全，尤其是采选业的初级劳动人员，需要满足生产活动需求；二是人员稳定性，尤其是指管理人员和技术人员的稳定；三是地区劳动力的熟练程度，能满足企业在市场竞争中不被淘汰的基本熟练程度。

需要注意的是，资源型工业的人员构成包括两部分，第一部分是初级劳动力，这部分人员主要特点是数量庞大、学历水平较低、工资水平不高，主要是集中在采选部门；第二部分是高级劳动力，主要是科研人员、技术人员和管理人员，主要是集中在采选的技术、管理环节和冶炼、加工部门。从绝对数的比例来看，采选业中初级劳动力占了绝大多数，而冶炼和加工部门则是相对较少。本书从劳动生产率、人口老龄化、其他地区、产业吸引力、离职率和受教育程度五个方面来探讨劳动安全发展。其中劳动生产率、人口老龄化、受教育程度反映劳动力的总体状况；而其他地区、产业吸引力，主要是以平均工资水平来衡量，侧重于反映初级劳动力的情况；离职率则是侧重于反映高级劳动的情况。

2.2.1 人口老龄化

人口老龄化，是指总人口中老龄人口的比重相对于年轻人口所占比重而言，呈持续增长的趋势。简言之，是指老龄人口的比重日益增加的过程。当生育率、人口增长逐渐下降时，0～14 岁低龄组人口的比重也逐渐下降，而高龄组人口特别是 60 或者 65 岁以上人口的比重则逐渐上升，人口年龄中位数和平均年龄也不断提高，这种过程称为人口老龄化。

不同地区老年人口的数量及其在全省老年人口中的比重，多与其总人口规模密切相关。一般为总人口数量多其老年人口的数量也多，反之亦然。而老年人口系数（或称作老年系数）则不同，它不表示老年人口规模，而指一个地区老年人口在其总人口中的比重，衡量的是其人口结构的一种变化趋势。

20世纪90年代以来，云南人口老龄化的速度明显加快，人口老龄化会严重影响劳动力，尤其是初级劳动力的供给。随着20年来经济社会的发展，人口老龄化呈现了一些新的特点和变化，结合云南省第六次全国人口普查资料，具体情况分析如下。

云南人口老龄化进程明显加快。2010年云南省第六次全国人口普查数据显示，云南65岁及以上人口为350.6万人，占总人口的比重为7.63%（表2-11）。与2000年相比，老年人数共增加92.6万人，比重上升了1.54个百分点，十年增长35.89%，年均增长3.11%，增长率和年平均增长率远远高于全省同期总人口增长率（8.51%）和年均增长率（0.82%）。同时在云南总人口中，0~14岁少儿人口占总人口的比重由2000年的25.96%下降为20.73%，15~64岁人口由67.95%上升为71.64%，65岁及以上人口由6.09%上升为7.63%，年龄中位数由27.94岁后移至32.86岁。

表2-11　2000年、2010年云南老年人口情况

地　区	老年人口系数（%）			占全省65岁及以上人口比重（%）		
	1990年	2000年	2010年	1990年	2000年	2010年
云南省	4.90	6.09	7.63	100.00	100.00	100.00
城镇	—	1.30	2.49	—	21.32	32.64
乡村	—	4.79	5.14	—	78.69	67.36
昆明市	5.80	6.56	8.28	13.92	14.71	15.38
曲靖市	4.52	5.79	7.44	11.96	12.26	12.42
玉溪市	5.72	7.04	8.78	5.72	5.66	5.77
保山市	5.71	7.21	8.70	6.61	6.56	6.22
昭通市	4.36	5.54	6.88	10.23	9.85	10.11
丽江市	5.05	5.89	7.72	2.83	2.57	2.74
普洱市	4.50	5.56	7.26	5.51	5.35	5.27
临沧市	4.37	5.49	7.10	4.84	4.96	4.92
楚雄州	5.36	6.92	8.50	6.89	6.82	6.51
红河州	4.80	5.92	7.41	9.68	9.47	9.51
文山州	4.53	5.86	7.14	7.77	7.43	7.17
西双版纳州	3.71	5.01	6.24	1.63	1.93	2.02
大理州	5.33	6.77	8.31	8.83	8.65	8.14
德宏州	4.13	4.88	6.27	2.10	2.05	2.17
怒江州	4.16	5.25	6.09	1.01	1.00	0.93
迪庆州	4.60	5.28	6.57	0.80	0.72	0.75

资料来源：云南省人口老龄化结构状况报告。

云南老年人口城乡、地区差异明显。全省65岁及以上人口较多的是昆明市、曲靖市、昭通市、红河州、大理白族自治州、文山州，均超过25万人，占全省65岁及以上人口比重都在7%以上，这6个州市同时也是总人口占全省总人口比重前六位的州市。

人口老龄化作为一个人口发展过程，深受社会经济条件和人口自身发展特点的影响，从而在时间和空间上表现出明显的差异性。2010年，云南有65岁及以上老年人口350.65万人，其中城镇有114.43万人，乡村有236.21万人。城镇、乡村老年人口分别占全省老年人口总数的32.64%、67.36%。城镇、乡村的老年人口系数分别为2.49%、5.14%，乡村的老年系数明显高于城镇。

2010年云南省老年人口系数为7.63%，与2000年相比上升1.54个百分点。人口的年龄类型已由2000年“五普”时的成年型晚期进入了老年型初期。分地区看，各地老年人口系数较2000年均有较大程度的增加，大部分州市的人口类型都已进入老年型行列，但各地仍有一些差异。最高的玉溪市已经达到8.78%，已率先进入“老年型中期”行列，而老年人口系数最低的是怒江州，为6.09%，两者之间相差了2.69个百分点。老年人口系数较高的地区还有保山市(8.70%)，此外还有昆明市（8.28%）、楚雄州（8.50%）和大理州（8.31%），这三个州（市）的老年人口系数也都在8%以上，而只有昭通市（6.88%）、西双版纳州（6.24%）、德宏州（6.27%）、迪庆州（6.57%）以及最低的怒江州(6.09）等五个州市在7%以下。

根据调研，目前许多资源型工业企业的从业人员主要还是年轻人，有些小型企业的员工平均年龄不到23岁。根据2010年资料，云铜员工的年龄构成比较合理，30岁以下、30~40岁、40岁以上员工的比例接近3:3:3，年龄梯度搭配合理；云冶的员工比例相对老化，30岁以下员工比例只有17.47%，30~40岁员工约占50%，40岁以上员工比例为32.9%，企业人员年龄梯度不太合理，不太安全。从2008~2010年的情况来看，云铜的年轻化趋势明显，年轻人的比例增加；云冶相对起伏较大，趋势不明显（表2-12和表2-13）。

表2-12　云冶、云铜2010年员工年龄构成情况

公司名称	云南冶金集团		云铜集团	
年龄构成	人数（人）	占比（%）	人数（人）	占比（%）
50岁以上	2577	9.63	1195	5.47
40~50岁	6230	23.27	5567	25.50
30~40岁	13285	49.63	7061	32.35
30岁以下	4675	17.47	8005	36.67
合　计	26767	100.00	21828	100

表 2-13　云冶、云铜 2008～2010 年员工年龄构成情况　　(%)

公司名称	云南冶金集团			云铜集团		
年龄构成	2008 年	2009 年	2010 年	2008 年	2009 年	2010 年
50 岁以上	10.38	11.22	9.63	—	3.74	5.47
40～50 岁	18.69	27.13	23.27	—	24.77	25.5
30～40 岁	26.23	53.50	49.63	—	34.32	32.35
30 岁以下	44.70	8.15	17.47	—	37.16	36.67

资料来源：云南铜业（集团）有限公司2010 年度第一期短期融资券募集说明书、云南冶金集团股份有限公司2010 年度第一期短期融资券募集说明书。

通过以上对人口老龄化的分析，可见云南人口老龄化呈现以下特点：

（1）云南人口老龄化的速度明显加快，将会严重影响到劳动力，尤其是资源型工业所需要的大量初级劳动力的供给。（2）云南乡村的老年人口系数明显高于城镇，农村提供大量一般劳动力的能力正在逐渐减弱。（3）云南老年人口主要分布在昆明、曲靖、昭通、红河、大理、文山，同时这 6 个州市老年人口系数也都在 7% 以上，而这些区域正是云南资源型工业的主要集聚区，影响资源型工业所需一般劳动力的当地供给。（4）2010 年云南省老年人口系数为 7.63%，进入了老年型初期。分地区看，大部分州市的人口类型都已进入老年型行列，其中玉溪已进入“老年型中期”行列，还有保山（8.70%）、昆明（8.28%）、楚雄（8.50%）和大理（8.31%）的老年人口系数也都在 8% 以上。同时云南老年人口高龄化趋势开始显现，云南高龄老年人口占 65 岁及以上人口的比重已上升到 16.36%。一方面大面积的人口老龄化整体上影响了劳动力的供给，另一方面老龄化也减少了其他行业的劳动力供给。

从整体上来看，云南人口向老龄化方向发展；但从云南矿业企业来看，40 岁以下从业人员占绝大多数，社会老龄化趋势对大企业的劳动力供给并未产生太大的影响。究其原因，一是老龄化社会尚需要一定的时间才会显示；二是中国面临严峻的就业压力，仍有相当多的待业者，尤其是大学生；三是企业有很多的选择空间。

总体来说，人口老龄化的影响需要较长的时间才能显现出来，目前人口老龄化的影响暂时还看不出来，短期也影响不大，因此整体上认为人口老龄化的影响是安全的。

2.2.2 受教育程度

受教育程度是反映整个行业或企业劳动力效率的重要方面，受教育程度不能反映和决定个人能力和贡献，主要意义是反映一个整体知识文化程度。本书从主要公司高管、员工、采掘业三个方面来分析。

2010 年云南资源型工业主要企业的高管受教育程度如下：

（1）昆钢集团：董事、监事及高级管理人员共25人。董事长1人（研究生，高级经济师），副董事长1人（本科，高级经济师），总经理1人（研究生，高级工程师），董事7人（大专2人，研究生1人，本科3人，中专1人；高级工程师2人，工程师1人，经济师1人，高级政工师1人）；监事5人（本科5人；会计师2人；经济师2人），副总经理5人（本科2人，博士1人；高级工程师1人，研究员、高级会计师1人）

（2）云铜集团：董事、监事、高级管理人员共21人。其中董事长1人（在职研究生，高级经济师），副董事长1人（硕士，高级工程师），董事5人（硕士2人；本科3人；高级会计师1人，高级经济师1人，高级环保工程师1人，高级统计师1人），独立董事4人（博士、教授1人，硕士1人，本科2人；高级经济师2人，高级会计师1人），监事5人（硕士1人，本科3人，中专1人；高级政工师2人，政工师1人，高级会计师1人），董事会秘书兼总监1人（本科），副总经理4人（硕士2人，本科2人；高级政工师1人，高级工程师1人，经济师1人，高级工程师1人）。

（3）云锡集团：董事、监事、高级管理人员共21人。其中，董事长1人（硕士，高级工程师），副董事长2人（博士1人，硕士1人；高级工程师2人），董事4人（研究生课程进修班结业4人；高级政工师1人，高级经济师1人，高级会计师1人，高级工程师1人），独立董事4人（博士后1人，硕士2人，本科1人；教授级高工1人，中国注册会计师1人），监事5人（研究生课程进修班结业4人，硕士1人；高级政工师2人，高级会计师1人，高级工程师2人），副总经理4人（本科2人，硕士1人，研究生课程进修班结业1人；会计师1人，高级工程师3人），董事会秘书1人（大专，会计师）。

（4）云南煤化工集团：董事、监事和高级管理人员共13人。董事长1人（在职研究生，高级工程师），总经理1人（本科，高级工程师），党委3人（大专1人，本科1人，在职研究生1人；高级政工师3人），监事5人（大专1人，本科3人，研究生1人），副总经理3人（大专1人，本科1人；高级工程师1人，高级会计师1人，工程师1人）。

从各主要资源型工业企业员工受教育程度的具体情况来看，其特点如下（表2-14）：

（1）2010 年末云铜集团并表企业全部劳动关系人员 26251 人。在岗职工 21828 人，研究生及以上学历人员 245 人，占总人数的 1.12%；本科学历 2499 人，占总人数的 11.45%；专科学历 3912 人，占总人数的 17.92%；中专 1917 人，占总人数的 8.78%；高中技校学历 5375 人，占 24.62%；初中及以下7880

表 2-14 云南省资源型工业企业和外省企业受教育程度人数及比例

公司名称	职工总人数	大专以上		大专		大专以下		技术	
		人数（人）	比例（%）	人数（人）	比例（%）	人数（人）	比例（%）	人数（人）	比例（%）
云南铜业（集团）有限公司	21828	2744	12.57	3912	17.92	15172	69.51	4568	21.34
云南铜业股份有限公司	12236	1454	11.88	2416	19.75	8366	68.37	1411	11.53
云南盐化股份有限公司	3899	310	7.95	710	18.21	2879	73.84	845	21.67
云南鑫圆锗业股份有限公司	704	71	10.09	124	17.61	509	72.30	65	9.23
云南锡业股份有限公司	15297	860	5.62	2001	13.08	12436	81.30	1313	8.58
云南冶金集团股份有限公司	26767	6301	23.54	5381	20.10	15085	56.36	17333	64.76
云南云天化股份有限公司	10499	1276	12.15	2125	20.24	7098	67.61	821	7.82
云南铝业股份有限公司	3920	659	16.81	1029	26.25	2232	56.94	270	6.89
云南煤化工集团有限公司	31885	—	—	—	—	—	—	5524	17.32
湖南有色金属控股集团有限公司	46150	17048	36.94	16245	35.20	12857	27.86	7984	17.3
江西铜业集团公司	27562	3397	12.32	4590	16.65	19575	71.02	1487	5.4
西部矿业股份有限公司	10953	1274	11.63	1250	11.41	8429	76.96	—	—
神华集团有限责任公司	163745	23969	14.64	33405	20.40	106371	64.96	—	—
广西华锡集团股份有限公司	11000	—	—	—	—	—	—	3224	29.31
铜陵有色金属集团股份有限公司	15498	—	—	—	—	—	—	1558	10.05

资料来源：云天化国际、云铝股份、云锡集团股份、云铜股份、云盐股份 2008 ~ 2010 年年度报告，云南铜业（集团）有限公司 2012 年度第一期短期融资券募集说明书。

人，占 36.1%。

（2）云南铜业股份有限公司 2010 年职工共 12065 人，其中生产人员 8278 人。按学历分，大学及以上 1454 人，大专 2416 人，中专 1057 人，高中（技校）以下 7138 人。大学及以上学历占全部职工总人数的 12%，大中专学历占 29%，高中（技校）以下占 59%。

（3）云铜冶炼总厂是高新技术企业，职工总数 2700 人，其中大专以上 1000 人，占 37.04%。云铜锌业是高新技术企业，职工总数 1037 人，其中大专以上研发人员为 146 人，其中博士 1 人，硕士 14 人，占职工总人数的 14.08%。

（4）云锡集团 2010 年职员共 15297 人。其中研究生及以上学历 35 人，占 0.23%；大学本科 825 人，占 5.39%；大学专科 2001 人，占 13.08%；中专 572 人，占 3.74%；高中（含职高）4701 人，占 30.73%；初中及以下 7163 人，占 46.83%。

（5）贵研铂业股份有限公司集中了我国贵金属冶金、材料、化学、化工、加工、分析检测和经营管理等多学科各类专才，拥有一支以中国工程院院士为首的稳定的科研生产队伍，公司现有员工 330 人，其中高级工程师以上的技术人员占公司总人数 30% 以上，大专以上学历者占 80.37%。

（6）云南冶金集团有“国突、国贴”专家 13 人，“省突、省贴”专家 75 人，省委联系专家 7 人，省级创新团队 3 个。2010 年，云冶职工人数为 26767 人，各类技术专业人员 1.7 万余人，其中正高（教授）职称 102 人，副高级职称 734 人；其中高级技师 61 人，技师 1691 人，高级工 4859 人。从全集团来看，大学本科以上有 400 人，占 1.5%，大学本科有 5901 人，占 22%，大专学历有 5381 人，占 20%。

（7）云南煤化工集团及下属企业 2010 年从业人员共 31885 人，其中在岗职工人数为 29943 人，非在岗 882 人，其他从业人员 1060 人。本部及其下属企业共有专业技术人员 5524 人，占全部从业人员总数的 17.32%，其中，正高级 2 人，副高级 147 人，中级职称 1225 人，初级职称 3716 人，未聘任的其他专业技术人员 434 人。按类别分：工程技术人员共 3478 人，卫生技术人员 491 人，经济人员共 495 人，会计人员 412 人，政工 484 人，其他专业的人员共 164 人（含统计、教学、农业、档案、翻译等）。本部及其下属企业共有技术工人 23257 人。按技术级别分：技师以上职称的有 877 人，占技术工人总数的 3.8%；高级工 5595 人，占技术工人总数的 24%；中级工 7833 人，占技术工人总数的 33.7%；初级工 8952 人，占技术工人总数的 38.5%。

（8）祥云飞龙公司 2010 年有员工 8000 人，其中教授、高级工程师 33 人，占0.4%；中、初级各类专业工程技术人员800多人，占10%。

(9) 云天化股份有限公司2010年末有职工10499人。其中，硕士学位52人，占0.5%；大学学历1224人，占11.66%；大专学历2125人，占20.24%；中专以下学历7098人，占67.61%；有449人有中高级技术职称。总体看来，大专及以上比例为32.39%。

(10) 云南盐化股份有限公司2011年末有员工3899人，其中在岗员工3617人。在全部员工中，本科以上学历310人，占7.95%；大专人数710人，占18.21%；中专392人，占10.05%；高中及以下2487人，占63.79%。

(11) 云南铝业股份有限公司2010年末有员工3920人。其中，本科及以上员工659人，占16.81%；大专1029人，占26.25%；中专541人，占13.80%；中专以下1691人，占43.14%。总体看来，专科及以上比例为56.86%。

(12) 云南锗业公司2011年在职员工人数为704人。其中，本科以上71人，占10.09%；大专124人，占17.61%；中专及以下509人，占72.3%。

(13) 云南钛业人员构成以大中专毕业生为主，经过半个月的培训期就能上岗，研发人员是自主培养，学历层次偏低，以大专为主。

从省外情况来看，湖南有色的职工受教育程度远高于云南各主要企业，江西铜业、西部矿业、神化集团、华锡集团、铜陵有色等相似省份的主要资源型工业企业职工受教育程度与云南主要资源型工业企业比较接近。

综上所述，云南省有各种高级人才引进计划，但都是科技人才，忽视了管理人才。而企业的企业家、高素质的经理人，往往比高技术人才更能决定一个企业的命运，更能影响一个产业、一个地区的发展。从上面的资料可知，大部分企业的高管、决策层都是在工作很长一段时间后再去获得较高的学历，高管受教育普遍较高。从整个公司的总体受教育程度来看，仍以初高中为主，考虑到员工年龄偏大等原因，受教育程度较高。

采矿业的受教育程度的分析主要使用人口普查数据，由于第六次人口普查的数据尚未完成，因此采用第五次人口普查的数据进行说明，选取农林牧渔业、采掘业、制造业、建筑业进行对比分析。

对比表2-15可以看出，采掘业受教育程度主要集中在小学和初中，其他三个行业的受教育程度也是集中在小学和初中；若以高中及以上为标准，则制造业受教育水平最高，其次是建筑业，再者是采掘业，最后是农林牧渔业，采掘业的受教育程度较低。

根据调研，目前资源型工业企业务工人员的招聘主要是以大中专毕业生为主，经过半个月的培训期就能上岗，人员相对稳定，流动性较小。

表 2-15 云南分性别、受教育程度的部分行业人口统计 (人)

行 业	农林牧渔业		采掘业		制造业		建筑业	
	小计	男	小计	男	小计	男	小计	男
总 计	1957235	1002642	21274	17546	106506	68168	45362	39012
未上过学	305135	99458	1059	822	2475	1213	1057	782
扫盲班	122491	35427	288	241	575	290	251	188
小 学	1048232	556228	8292	7437	25296	17238	14637	12805
初 中	435903	280520	8192	6660	47424	30818	21008	18714
高 中	36447	24810	1979	1331	16640	9662	4285	3501
中 专	7297	4691	864	585	7606	4594	2163	1546
大学专科	1337	952	498	368	4588	2917	1376	998
大学本科	384	280	116	98	1861	1401	573	466
研究生	9	6	4	4	41	35	12	12

资料来源：云南省第五次人口普查资料。

从各个公司、第五次人口普查的资料来看，高管受教育程度普遍较高，总体员工受教育程度较高，采掘业员工受教育程度较低。整体上资源型工业受教育程度较低，这是由于行业、公司主要业务是在采矿上，反过来过多的采矿人员会阻碍企业向冶炼加工方向发展，对国企尤为明显。其中科研人员比例偏低，高级管理人员不够。

综合看来，受教育程度是基本安全，但是低学历的初级劳动力过多；从长期来看，随着社会整体受教育水平进一步提高，可认为是安全的。

2.2.3 劳动生产率

劳动生产率指劳动者在生产中的效率，即在生产过程中劳动者在一定时间内创造一定数量产品的能力，用劳动者所生产的产品数量和所消耗的劳动时间之比表示。劳动生产率是社会生产力发展水平的标志。

提高劳动生产率与节约单位产品的劳动消耗，是两个具有同等经济内容的相同的概念，它们都表现了劳动消耗和产量的对比关系。劳动生产率水平可以用单位劳动消耗量所生产的产品产量表示，也可以用生产单位产品所消耗的劳动量来表示。即：

$$\text{劳动生产率} = \frac{\text{产品生产量}}{\text{劳动消耗量}} \quad \text{或} \quad \text{劳动生产率} = \frac{\text{劳动消耗量}}{\text{产品生产量}}$$

前者称为正指标，劳动生产率与单位劳动时间内的产量成正比，单位时间内所生产的产品越多，劳动生产率水平越高；后者称为逆指标，劳动生产率与单位产品所消耗的劳动时间成反比，单位产品所消耗的劳动时间越少，劳动生产率的水平越高。正指标被广泛用来说明工业企业、工业部门的劳动生产率水平，可以按照不同的人员范围和不同的产量指标来计算；逆指标多用于企业内部劳动管理和劳动计划方面，更多地用在劳动定额管理方面。其中劳动消耗量通常只用工时或工日来表示；产量可以用实物表示，也可以用定额工时表示，因为劳动时间的消耗通常都是按各种产品分别计算的。劳动生产率是一个综合性经济指标，可以从不同角度反映劳动生产率的水平及其变动的情况，按不同人员和不同的产量指标计算劳动生产率。按不同人员范围计算的劳动生产率公式如下：

$$全员劳动生产率 = \frac{工业总产值}{全部职工人数}$$

上式反映了全部职工在一定时间内每人平均提供的工业产品产值。

本书选取2001～2010年全国及云南省的工业、资源型工业及其内部各部门的总产值和职工人数，计算得出劳动生产率，并进行比较分析。

总体上看，2001～2010年云南工业、资源型工业的劳动生产率均低于全国工业平均水平，从资源型工业内部来看，黑色金属工业、有色金属工业、磷盐工业都超过或者接近于全国工业、云南工业的平均水平，而煤工业在整体上拖了资源型工业的后腿，大幅落后于平均水平（图2-7）。

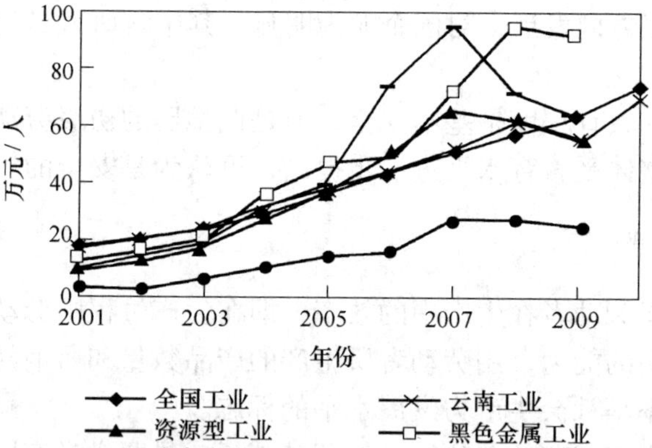

图2-7 云南资源型工业劳动生产率

总体来看（表2-16），各行业采选部门的劳动生产率不仅低于全国、云南的平均水平，也低于各行业的平均水平，尤其是煤工业的采选部门更是大幅度低于本行业的劳动生产率；从行业来比较采选部门的劳动生产率，黑色金属工业最高，磷盐工业其次，再次是有色金属工业，最低的是煤工业。黑色金属工业的采选部门劳动者熟练程度最高，煤工业最低。

表 2-16 全国及云南省工业、资源型工业的劳动生产率比较 （万元/人）

年 份	2001	2002	2003	2004	2005	2006	2007	2008	2009	2010
全国	17.54	20.07	24.75	30.46	36.49	43.02	51.45	57.42	62.09	73.19
云南省工业	16.31	19.25	23.47	31.45	37.72	47.42	52.38	61.00	55.92	69.81
资源型工业	10.75	13.39	17.20	28.72	36.18	50.45	65.00	61.47	55.69	—
采选业	4.64	5.56	6.57	11.67	13.87	20.99	26.50	24.37	23.25	—
冶炼业	15.58	17.74	21.50	33.43	42.96	69.41	-	83.11	77.82	—
加工业	12.63	17.02	14.78	40.32	53.25	62.09	-	102.19	89.96	—
黑色金属工业	12.77	15.32	20.18	36.48	47.13	48.34	72.42	95.94	92.00	—
采选业	7.49	8.18	8.63	16.95	16.77	21.71	37.40	52.77	52.45	—
冶炼业	13.30	15.59	17.76	30.60	35.47	40.55	—	81.74	80.86	—
加工业	13.99	17.34	23.24	56.03	82.94	75.15	—	145.34	137.02	—
有色金属工业	12.97	15.27	18.38	30.57	40.77	74.51	95.46	72.43	63.42	—
采选业	5.88	6.61	6.94	13.35	19.43	35.21	38.43	36.72	30.42	—
冶炼业	17.24	19.24	22.85	34.67	45.82	84.65	—	79.67	72.63	—
加工业	35.61	40.88	48.60	108.86	138.43	310.93	—	239.51	99.86	—
煤工业	3.74	3.50	6.46	11.03	14.24	15.45	27.27	26.56	24.54	—
采选业	3.50	3.19	5.57	8.31	9.10	10.11	14.64	15.37	14.80	—
加工业	9.60	11.48	21.85	32.25	46.93	46.21	98.42	107.25	107.28	—
磷盐工业	10.85	14.78	18.66	28.73	36.05	43.66	43.15	71.17	64.74	—
采选业	4.14	6.04	7.96	11.86	18.46	31.14	35.71	43.59	47.43	—
加工业	12.13	16.33	20.27	31.69	38.72	45.86	44.22	76.42	68.32	—

资料来源：中国统计年鉴 2002 ~ 2011，云南统计年鉴 2002 ~ 2011，云南工业经济信息资料 2001 ~ 2009。

从各行业的冶炼、加工部门的劳动生产率来看，2001 ~ 2010 年间提高迅速。资源型工业冶炼、加工劳动生产率从最开始的低于全国工业和云南工业的平均水平到最后高于、部分行业大幅高于全国和云南的平均水平。总体趋势上，加工业的劳动生产率要高于冶炼业，具体说来，黑色金属工业的冶炼加工部门劳动生产率最高，其次是煤工业的冶炼部门，再次是有色金属工业的冶炼加工部门、最后是磷盐工业的加工部门。

劳动生产率是产值和职工人数的比值，采选业需要的是大量的初级劳动力，处于产业链最前端，并且生产的矿石是低附加值产品，意味着劳动生产率低，单位劳动所创造的价值低，代表的是较低的生产力水平。而冶炼加工部门包含了更多的技术人员、研发人员，这个过程中完成了产品的附加值增值，并且随着技术的进步，越来越多的机械设备运用到生产中，需要的工人减少，这就大大提高了劳动生产率，单位劳动所创造的价值高，即代表了较高的生产力水平。

根据调研，目前云南资源型工业的采矿技术力量主要集中在设计院中，与实际操作关系脱节。采矿技术人员本身就缺乏，而且采矿条件艰苦，技术人员流失严重，导致采矿生产效率降低。现阶段，大中型矿山主要是国有的，国有矿山有自己的管理团队，采矿由技术人员指挥，施工人员承包开采，但施工人员缺乏采矿技术，仍会造成效率低；同时由于云南中小型矿多，民营、非矿业企业也投资到矿山中去，且数量大，其本身就没有经验，技术落后，管理水平落后，更加剧了低效率开采的产生。

而分行业来看，黑色金属工业最高，其次是全国的平均水平，接着是云南平均水平，最后是煤工业。从分行业分部门分析中，可以看出煤工业的冶炼部门劳动生产率是很低的，说明云南煤工业大部分是卖矿，甚至都不是材料，从而造成效率低下；就其他几个行业来说，冶炼加工比值偏低，采选过高。

劳动生产率代表了劳动者的熟练程度，也反映了一定时期、一定区域内的整体生产水平，从劳动力安全发展的角度来讲，云南省劳动力熟练程度偏低，处于价值链的底部，这是不利于安全发展的。究其原因，最直接的是企业战略和企业行为，矿业需求大量的初级的劳动力，从而无法刺激高级劳动力进入，也就不能淘汰低端的劳动力，低端的劳动力也就没有动力去提升自己的能力；此外政府政策导向、环境等都会产生影响，但是这都是一个缓慢的过程，远不如企业战略来的快速。因此，虽然现在云南省已有了各种政策来招揽人才，但是要实现整体的提高，仍是一个缓慢的过程。

综上所述，劳动生产率偏低，是不利于安全发展的，根据未来发展趋势判断，总体上不会有太大的改变，因此可认为劳动生产率是不安全的。

2.2.4 其他地区、产业的吸引力

一般说来，人口迁移的因素主要是自然环境因素、社会经济因素和政治因素三种，其他地区、产业的吸引力，其表现形式也是人口迁移，不过侧重点在经济因素，主要通过同行业不同地区、同地区不同行业的工资水平来判断。需要注意的是人们在被调查的时候往往倾向于低报自己的工资、收入水平，另外工资水平不能等同于收入水平，更不能同可支配收入画等号。初级劳动力主要集中于采选业，因此主要选取采矿业和其他类似行业进行对比。

工资水平是在一定时期内职工平均工资的高低程度。职工平均工资的高低，是衡量职工工资收入高低的主要指标，也是反映职工生活水平的重要尺度。

近年来云南的人均工资、人均年收入都有了显著的增长，但与全国相比还有很大的差距，2010 云南职工年平均工资为 3 万元/人、农村居民家庭年总收入为 5954 元/人，约为职工年平均工资的 1/5。但总体来看，无论是云南的职工工资还是农村居民收入，均低于全国水平，劳动力成本具有优势。

从云南工资收入水平的分布来看，2010 年云南职工年平均工资超过每人 3 万元的地区有 5 个，分别为昆明、曲靖、玉溪、怒江和迪庆，其中地处滇西北地区的怒江和迪庆情况特殊（表 2-17）。可以看出，职工年平均工资高的地区主要还是集中在滇中地区，滇中以外的其他地区的职工工资收入都比较低。农村居民家庭年收入超过全省平均水平的地区有 7 个，主要集中在滇中地区的昆明、玉溪、楚雄，滇西的大理、保山，以及滇南的红河、西双版纳，其他地区的农村家庭年总收入均很低。总的来看，农村居民家庭总收入在全国来说还很低，云南的劳动力成本很低。

表 2-17　云南各地区居民年平均收入　（万元/人）

地区	全部职工平均工资		农村居民家庭收入	地区	全部职工平均工资		农村居民家庭收入
	2005 年	2010 年	2010 年		2005 年	2010 年	2010 年
昆明市	1.91	3.44	0.86	楚雄州	1.49	2.91	0.61
曲靖市	1.63	3.25	0.58	红河州	1.48	2.73	0.68
玉溪市	1.82	3.02	0.88	文山州	1.49	2.70	0.39
保山市	1.30	2.32	0.60	西双版纳州	1.43	2.19	0.72
昭通市	1.47	2.88	0.37	大理州	1.52	2.90	0.62
丽江市	1.52	2.95	0.45	德宏州	1.26	2.55	0.54
普洱市	1.24	2.71	0.57	怒江州	1.75	3.12	0.26
临沧市	1.34	2.64	0.47	迪庆州	2.08	3.96	0.39

资料来源：云南统计年鉴 2002～2011。

一方面劳动成本低，企业会雇佣大量的劳动人员，当劳动人员需求大时，可采取涨工资或其他福利等措施来促进就业；工资水平高，工作稳定，会吸引大量就业人员。

选取 2001 年、2003 年、2005 年、2007 年、2009 年、2010 年的采矿业、农林牧渔业、制造业、建筑业进行对比。选择这几个行业是因为其均属于劳动密集型行业，同时学历要求差异不大，劳动力在这些行业中转移的阻碍较小。

通过表 2-18 对比可以看出，四个行业中，采矿业平均工资相对较高，仅低于制造业，10 年平均整体上低于全省平均工资水平，这表明就工资水平而言，采矿业在这些行业还是有吸引力的。

表 2-18 2001～2010 年云南部分年份、部分行业年平均工资对比

行业	2001 年		2003 年		2005 年		2007 年		2009 年		2010 年	
	名次	平均工资（万元）	名次	平均工资（万元）	名次	平均工资（万元）	名次	平均工资（万元）	名次	平均工资（万元）	名次	平均工资（万元）
全省合计	2	1.05	1	1.29	2	1.61	2	2.05	1	2.69	1	3.02
农林牧渔业	5	0.71	5	0.98	5	1.12	5	1.39	5	1.65	5	1.70
采矿业	4	0.89	3	1.09	3	1.58	3	1.90	3	2.38	3	2.73
制造业	1	1.09	2	1.26	1	1.72	1	2.06	2	2.44	2	2.95
建筑业	3	0.91	4	1.05	4	1.33	4	1.44	4	1.77	4	2.15

资料来源：云南统计年鉴 2002～2011。

在考虑人们择业倾向的时候，除了工资水平之外，安全因素、距离因素在初级劳动力中是两个相当重要的因素，这三个因素的权衡主要是还是取决于工资水平和满足基本生活需求费用的比较，包括吃、穿、住、教育费用等，在满足这几个方面需求的情况下，人们是更倾向于选择低工资、高安全性、近距离的工作。选取云南省一类区的最低工资作为个人最低吃、穿、住等的标准，假设为一个三口之家，一个人平均负担 1.5 个人。现阶段，云南省一类区最低工资为 950 元/月，负担 1.5 个人的最低标准为 17100 元。

工资水平在一定时期内是固定的，但是生活成本会随着通货膨胀持续增长。农、林、牧、渔业的工资水平低于最低生活成本，意味着在这种情况下，劳动力会大量流出，流向其他行业。在实际中，劳动力的转移也是从农村，即传统的农、林、牧、渔业，流向采矿、制造、建筑等高工资的部门，这也意味着，相对而言，采矿业能获得较为稳定的劳动供给。

就其他地区的工资水平来看，通过 2001 年、2005 年、2010 年全国和部分省区采矿业平均工资对比分析，可以发现，云南采矿业的平均工资水平低于全省平均工资水平，而全国的采矿业工资水平高于全国工资水平；同时云南省的采矿业工资水平仅高于湖南，在选取的几个省份中位于倒数第二位（表 2-19）。从 2001 年、2005 年、2010 年三年综合来看，云南省采矿业的工资水平虽然一直都有所增加，但是增速远低于其他省份，因此排名一直是下降的。

工资水平排名不断下滑意味着相对其他地区来说居民可支配收入的减少、生活水平的下降，也意味着云南采矿业的吸引力下降，长此以往会导致该部门的劳动力流向其他地区，不利于行业的发展。

导致工资水平下降的原因是多方面的，不合理的收入分配制度，如最低工资保障标准过低、企业盈利状况差等；而更重要的是在竞争中不进则退，其他省份的增长速度高于云南省，这也就意味着即使绝对数提高，但是相对数仍然是下降的。

表 2-19 2001 年、2005 年、2010 年全国和部分省区采矿业年平均工资对比

地 区	2001 年		2005 年		2010 年	
	名次	采矿业（万元）	名次	采矿业（万元）	名次	采矿业（万元）
全国平均	3	0.96	2	1.82	3	4.42
山西	7	0.87	3	1.66	1	5.23
广东	5	0.92	1	2.15	2	4.73
甘肃	2	0.98	10	1.18	4	4.33
陕西	4	0.94	4	1.55	5	4.24
青海	1	1.2	8	1.36	6	4.03
广西	9	0.73	5	1.49	7	2.87
江西	10	0.71	9	1.31	8	2.8
云南	6	0.89	5	1.49	9	2.72
湖南	8	0.77	7	1.44	10	2.49

资料来源：中国统计年鉴 2011。

工资水平的差异不能完全决定一个地区对人员、尤其是高级人才的吸引力，但是可以作为反映吸引力的一个重要指标，尤其是对初级劳动力吸引力的一个重要指标。

目前，面临着工作环境差、工资低的情况，许多劳动力，尤其是大学生，在矿山经常干不了多久就会离职，宁愿回大城市找个和自己专业不相关的工作。例如，前几年有两名大学生毕业后到曲靖某国企去工作，待遇不是很好，月工资为1500 元左右，而刚参加工作的本科生都要下一线厂矿，工作辛苦，干了一年就回大城市干个体户，收入也是 1500 元左右，但就是不愿意去厂矿工作。这样企业要留住人，尤其是一线熟练的技工是不容易的。

年轻人普遍存在责任心不强、不能接受批评、不能吃苦、时间观念不强的问题，因此人员流动性非常大，经常是干一段很短的时间就离开，也没有正规的离职手续，对企业的正常经营活动造成很大的影响，尤其是很多来实习的大中专生，实习期有 1200 元的月工资，基本上不愿意留下来，培训完就走。特别是那些小规模的资源型工业加工企业，很难留住人，比如某企业招了 70 个人，目前只剩下 56 人还留在厂里；而附近的另外一个企业，招了 100 人，现在只有 20 人留在厂里。针对这种情况，企业目前不愿意招刚毕业的年轻人，主要是招在本地已经成家的人来保证人员的稳定性。

而对于规模大的企业来说，情况相对好很多。比如某磷矿，近几年每年的工资整体上是以 10% 的幅度增长，帮员工购买了“五险两金”，也搞了集资建房，基本可以满足全体职工的需要；房子落实之后，很多人也买了车，上班期间每天都有饭补；因为一线采场工作条件比较差、工作比较辛苦，一线工人比行政部门

员工的工资高，但新进的员工必须要有在基层采场工作的经验，一两年后才可以调回行政部门。由于住房、福利等综合条件比较好，该企业的员工基本保持稳定，尤其是近几年基本上是流入不流出，除非员工有更好的出路，同时企业的云南本地人比较多，稳定性强。

再比如某铝材加工企业，为了留住人才、保持员工队伍的稳定采取了一系列的措施，通过和政府政策结合在一起提高了人员的各种待遇和福利。与政府合作出资兴建廉租房，以零成本或者低成本提供给职工，解决住房问题；同时针对未来的个人发展做出清晰的规划，比如为普通技术人员考取技师职称提供指导和帮助，这样可以提高员工收入也提高了公司的技术水平；最后就是改善工作环境。

从以上的论述中可知，云南城镇和农村的工资水平差异大，有利于吸引农村劳动力向城市转移，在省统计局的调研中，也了解到云南省的劳动力迁移有不同于其他省份的特点，其他省份一般是从农村到中心镇或县，再到地级市或者省会城市，而云南省的特点是直接从农村就到昆明了，是一种跳跃式迁移。这从侧面佐证了城市对农村劳动力的吸引力强。

云南的平均工资水平低于其他省区，而采矿业的工资不仅低于全省的平均工资水平，也低于其他省的工资水平。分行业来讲，采矿业在类似的劳动密集型行业中的工资水平处于中等，高于农、林、牧、渔业，意味着劳动力，尤其是从事传统耕作的农村劳动力，向采矿业转移的可能性很大，可见初级劳动力的供给是充足的、安全的。

从根本上来说，初级劳动力的供给充足，主要来源于合理化的社会分工和工人的自我认同，而不仅仅是靠工资来吸引劳动力。这个长期的不安全因素的考虑已超过 10 年、20 年的范畴，故在本书的评价中不列入。

总的来看，资源型工业工资水平比其他行业高，能够吸引其他地区和行业劳动力，是安全的；但综合来看，仍存在较大的隐患，因此可认为是基本安全的。

2.2.5 离职率

离职率的分析主要是针对公司的管理人员和高级技术人员。离职率是以某一单位时间（如以月为单位）的离职人数，除以工资在册的月初月末平均人数然后乘以 100%。以公式表示如下：

$$离职率 = 离职人数 \div 工资在册平均人数 \times 100\%$$

离职人数包括辞职、免职、解职人数，工资册上的平均人数是指月初人数加月末人数然后除以 2。离职率可以用来测量人力资源的稳定程度。之所以离职率常以月为单位，乃是由于如果以年度为单位，就要考虑季节与周期变动等因素，故较少采用。

若离职率过大，一般表明人事不稳定，劳资关系存在较严重的问题，而且导致企业生产效率低，增加企业挑选、培训新进人员的成本；若流动率过小，又不利于企业的新陈代谢，保持企业的活力。但一般蓝领员工的流动率可以大一些，白领员工的流动率要小一些为好。

云南资源型工业企业工资中等偏低，不是很高，普通人员尤其是新进人员流动性很高，主要受待遇、个人发展计划等原因影响；技术人员相对较好，但是人员配备少、层次低，除非是高薪，一般博士是不愿意去的；最稳定的是管理人员，因为他们在企业已经做了一段时间，各方面都稳定下来了。

国有企业员工的流动主要是待遇问题，尤其是在技术人员身上的体现比较明显。由于民营企业待遇相对较好，许多国有企业普通技术人员工资比不上私营企业的工资高，面临着技术人员流失的风险。目前技术人员留在国企的比例还是很高的，主要还是因为国企稳定，比如面对金融风暴私企会裁员但是国企就不会。还有部分企业采用股权激励的方式，能有效地激发高管的积极性，同时也保证了高管人员的稳定性。

云南资源型工业的主要企业都是国企，企业组织管理人员，尤其是高管人员稳定性高，离职率不高甚至偏低。从当前和可预见的未来看，离职率是安全的。

通过对劳动力安全发展从劳动力的总体供给（人口老龄化）、素质（受教育程度）、效率（劳动生产率）安全、初级劳动力安全（其他地区、行业吸引力）和高级劳动力安全（离职率）五个方面的分析，可以看出云南资源型工业的劳动力安全发展主要有以下特征：

（1）云南人口老龄化的速度明显加快，部分地区已进入“老年型中期”行列，从整体上影响劳动力的安全发展。

（2）云南省乡村人口的老龄化高于城镇人口，特别是云南资源型工业聚集的滇中、滇南、滇西地区的人口老龄化突出，从区域分布上影响劳动力的安全发展。

（3）老年人口主要分布在农林牧渔业，从事资源型工业能力有限，同时老年人口高龄化趋势日益显露，间接影响劳动力安全发展。

（4）资源型工业企业的高管受教育程度普遍较高，员工总体受教育程度相对较高，采掘业员工受教育程度较低，在劳动力素质上一定程度的影响劳动力安全发展。

（5）云南资源型工业的劳动生产率低，从劳动熟练程度上影响劳动力的安全发展。

（6）资源型工业工资水平较高，能够吸引其他地区、行业的劳动力，是安全的，但综合来看，仍存在较大的隐患。

（7）云南资源型工业的主要企业都是国企，其政府背景决定了企业组织管理人员，尤其是高管人员的稳定性，离职率不高甚至偏低。

从整体分析来看，老龄化的趋势不可避免，将导致劳动力的减少，这需要一个较长的时间才能体现出来，目前劳动力，尤其是初级劳动力的供给还是过剩的。劳动力熟练程度不高，长此以往，企业竞争力缺乏，必然导致劳动力的使用量进一步下降，从而导致劳动力外流等，使数量减少，又进一步使企业无法招到合适和足够的员工，会提高企业成本，形成恶性循环。从受教育程度来看，采矿业教育水平偏低，集中在小学和初中，从长期来看，会不断提高。从其他地区产业的吸引力来说，云南省工资水平低于全国，并且在选取的几个对照的省份中，排倒数二三位，这意味着劳动力外流的趋势，同时考察本省几个不同行业，可以发现矿业企业的工资水平是高于农林牧副渔业的，意味着大量的从事传统农业的劳动力能转移到该行业中去。而从离职率来看，资源型工业的主要企业均为国企，国企的浓厚行政色彩，决定了中高层管理人员的稳定性。

2.3 资本安全发展

资本是企业为购置从事生产经营活动所需的资产的资金来源，是投资者对企业的投入，出现在资产负债表的右侧，分为债务资本与权益资本，分别归债权人和公司所有者（股东）所有，企业对其资本不拥有所有权。资产不同于资本，其是企业用于从事生产经营活动以为投资者带来未来经济利益的经济资源，出现在资产负债表的左侧，归企业所有。企业的所谓法人财产权，就是指企业对其控制的资产拥有的所有权。

资本是经济发展的催化剂，能实现企业规模扩大和带动社会的经济总量成倍增加。本书对资本安全发展的研究从债务资本和权益资本两个方面考虑，债务资本则是看负债率是否过高，权益资本考虑私人、省外、港澳台和国外资本所占有的比例是否过高，同时引入机会成本来综合考虑资本的使用效率。除了经济效益外，进一步从政治、战略高度来分析外资对产业的影响。

2.3.1 债务资本

债务资本的安全发展可以从资产负债率和资产成本两个方面进行分析。

资产负债率又称“负债比率”、“举债经营比率”，是指企业负债总额与资产总额的比率，表示公司总资产中有多少是通过负债筹集的。该指标是评价公司负债水平的综合指标，同时也是一项衡量公司利用债权人资金进行经营活动能力的指标。但是，如果举债很大，超出债权人心理承受程度，企业就借不到钱。因此从企业的财务指标来分析对其获得资金的影响。

从财务学的角度来说，一般认为我国理想化的资产负债率是40%左右，上市公司略微偏高些，但上市公司资产负债率一般也不超过50%，欧美国家认为理想化的资产负债率是60%左右，东南亚认为可以达到80%。其实，不同的企业应该有不同的标准。企业的经营者对资产负债率强调的是负债要适度；债权人总希望把钱借给那些负债率比较低的企业，因为如果某一个企业负债率比较低，钱收回的可能性就会大；而投资人通常认为，如果投资收益率大于借款利息率，那么投资人就不怕负债率高，因为负债率越高赚钱就越多。

云南省工业和资源型工业的负债总额10年间大幅增长，云南省工业从2001年的1400亿增加到了2009年的4382亿，2009年是2001年的3倍；而资源型工业从2001年的385亿增加到了1819亿，增加了3.7倍；与全国比较来看，云南省工业负债的增速低于全国平均水平，相差不大，但是资源型工业负债的增速大幅高于全国和云南省工业的平均水平。主要是因为资源型工业在全国经济快速发展的背景下不断地扩大产能，行业规模扩大，发展迅速，从而导致投资增加，借贷增多。

从资源型工业的各部门来看，采选业的负债总额十年间增加了4.5倍，而冶炼业增加了4.2倍，加工业只增加了2.6倍；从绝对数来看，冶炼业的负债总额大于采选业和加工业之和（表2-20）。说明采选业发展迅速，冶炼业、加工业发展较慢，同时冶炼业和加工业的盈利水平不高。

表2-20 2001~2009年全国、云南工业和云南资源型工业负债总额

年 份	2001	2002	2003	2004	2005	2006	2007	2008	2009	9年增速
全国工业	7.98万亿	8.59万亿	9.95万亿	12.05万亿	14.15万亿	16.73万亿	20.29万亿	24.89万亿	28.57万亿	258%
云南工业	1400亿	1475亿	1665亿	1879亿	2068亿	2638亿	3174亿	4168亿	4382亿	213%
资源型工业	385亿	427亿	514亿	610亿	794亿	1034亿	1287亿	1495亿	1819亿	372%
采选业	77亿	78亿	81亿	109亿	160亿	192亿	244亿	356亿	427亿	454%
冶炼业	177亿	198亿	162亿	235亿	335亿	489亿	665亿	754亿	920亿	420%
加工业	130亿	160亿	299亿	265亿	193亿	351亿	377亿	384亿	471亿	261%
黑色金属工业	78亿	92亿	119亿	172亿	226亿	266亿	273亿	383亿	399亿	409%
有色金属工业	138亿	135亿	158亿	212亿	288亿	435亿	565亿	631亿	786亿	472%
煤工业	35亿	36亿	44亿	54亿	73亿	80亿	156亿	215亿	264亿	666%
磷盐工业	135亿	160亿	191亿	171亿	191亿	250亿	292亿	263亿	367亿	173%

资料来源：中国工业经济统计年鉴2002~2009，云南工业经济信息资料2001~2010。

从资源型工业的各行业来看，十年间，煤工业的负债总额增幅最大，为6.66倍，其余依次是有色金属4.72倍、黑色金属4倍、磷盐工业1.7倍；从绝对数来看，有色金属工业的负债总额远远高于其他工业。

从2001～2010年全国、云南工业和云南资源型工业资产负债率来看，全国工业的资产负债率水平稳中有降，年均保持在57%左右，云南省总体资产负债率水平维持在55%左右，资源型工业的负债率不管是分年份来看还是年均来看，都高于全国和全省的平均水平，部分年份甚至高出10个百分点。主要是因为资源型工业的投资大、周期长，借贷规模相对于其他的工业部门要高；同时结合负债总额，可以看到债务总额快速的增加但是资产负债率却增幅不大甚至下降，说明资产总额的增加比例和债务增加的比例相对持平，甚至快于债务增加的比例；而从绝对数来看，同比例增长下，资产增加的额度为负债的数倍，意味着投资快速增加，行业整体发展迅速，前景看好（表2-21和图2-8）。

表2-21　2001～2010年全国、云南工业和云南资源型工业资产负债率　（%）

项　目	2001	2002	2003	2004	2005	2006	2007	2008	2009	年均
全国工业	58.97	58.72	58.96	58.28	57.81	57.46	57.48	57.71	50.42	57.95
云南工业	54.14	54.19	54.88	52.66	52.18	54.86	54.40	58.01	57.10	55.22
资源型工业	62.61	63.68	63.46	56.80	59.38	60.87	56.63	56.76	61.17	59.39
采选业	63.71	65.33	66.66	46.03	51.51	45.75	47.90	47.25	50.45	50.14
冶炼业	58.90	61.72	61.75	63.02	64.25	65.77	58.56	67.66	67.94	64.24
加工业	67.68	69.65	63.59	57.22	55.80	65.90	60.19	50.21	61.01	57.27
黑色金属工业	55.04	59.01	61.18	45.55	47.36	60.40	51.07	56.15	56.03	54.04
采选业	76.51	84.82	87.60	27.00	24.23	36.52	35.72	35.43	45.87	37.01
冶炼业	54.51	58.29	68.28	64.89	68.83	76.00	64.95	77.95	75.04	68.74
加工业	45.42	41.47	57.57	48.61	50.38	67.86	50.32	56.08	50.75	53.69
有色金属工业	61.86	59.45	58.78	61.67	66.69	60.34	59.96	62.87	63.64	62.04
采选业	68.00	69.49	64.60	62.39	61.83	47.03	52.96	52.45	50.78	54.28
冶炼业	61.97	64.17	59.81	61.94	62.86	63.77	61.61	66.07	66.97	64.08
加工业	25.60	34.45	28.53	47.84	51.41	61.59	57.46	52.38	58.32	49.46
煤工业	67.37	68.99	73.61	66.97	67.11	58.17	46.75	58.46	60.29	58.72
采选业	67.47	68.96	72.96	65.23	68.49	57.58	54.73	56.33	57.01	59.92
加工业	65.61	69.49	78.61	72.44	64.59	59.24	41.73	61.76	65.07	56.89
磷盐工业	69.24	69.71	67.15	63.13	59.82	63.12	63.28	45.68	62.85	60.91
采选业	55.45	39.30	42.90	45.70	54.31	46.36	49.12	40.34	43.36	45.07
加工业	70.74	72.59	68.86	64.69	60.42	65.25	65.29	46.80	66.62	63.13

资料来源：中国工业经济统计年鉴2001～2009，云南工业经济信息资料2001～2009。

从资源型工业的各部门来看，采选业的资产负债率整体上呈下降趋势；前文

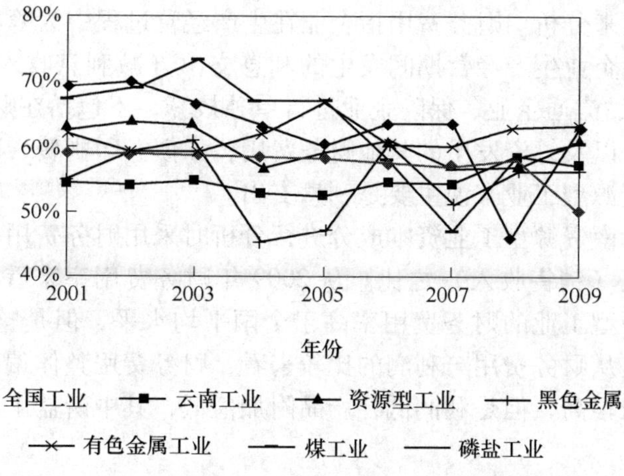

图 2-8 云南资源型工业资产负债率

提到，采选业的负债总额十年间增加了4.5倍，除了表明采选业的快速发展迅速、投资增加之外，更体现了采选业的高利润、债务偿还能力强，这也是吸引投资快速增加的重要因素。

从资源型工业的各行业来看，年均资产负债率最高的是有色金属工业，其次是磷盐工业、煤工业和黑色金属工业。有色金属工业发展最快，债务规模快速增长但是负债率的提升不大；磷盐工业的负债率大幅增加，债务规模增长有限，债务偿还能力下降（即盈利能力下降），行业发展状况变差；而煤工业债务规模的增长是最大的，增加了6.66倍，但是资产负债率是比较低的，在几个行业里面的发展最好。

从主要企业来看，云天化集团、驰宏锌锗、昆钢集团、昆钢股份资产负债率较低，保持在50%左右，是安全的；云锡集团、云南冶金集团保持在60%左右，比较适中，比较安全；而云铜集团保持在85%左右，最高，不安全（表2-22）。

表 2-22 2008～2010 年云南主要公司资产负债率 （%）

年份	云天化集团	云锡集团	云铜集团	云南冶金集团	驰宏锌锗	昆钢集团	昆钢控股
2008	53.75	61.75	79.58	60.09	52.13	34.72	42.17
2009	44.52	62.48	88.19	58.57	40.50	42.68	45.68
2010	53.54	56.24	89.42	61.38	47.43	49.31	53.43

资料来源：云天化国际、云锡集团股份、云铜股份、驰宏锌锗、昆钢控股2008～2010年年度报告，云南冶金集团、昆钢集团2008年、2009年、2010年度审计报告。

资本成本，亦称资金成本，是指企业取得和使用资本所支付的各种费用，如果资本成本太高，会使原本有竞争力的企业背上沉重的负担，影响企业的生存，可以用财务费用来分析。财务费用指企业在生产经营过程中为筹集资金而发生的各项费用，包括企业生产经营期间发生的利息支出（减利息收入）、汇兑净损失（有的企业如商品流通企业、保险企业进行单独核算，不包括在财务费用中）、金融机构手续费，以及筹资发生的其他财务费用，如债券印刷费、国外借款担保费等，对于云南资源型工业来说主要是利息支出。

本书在对云南资源型工业资本成分进行分析时采用财务费用率，即财务费用与主营业务收入（销售收入）之比。从2009年财务费用率来看（表2-23），云南省工业和资源型工业的财务费用率高于全国平均水平，但是整体处于低水平，是安全的。但是从财务费用与利润的比较来看，财务费用整体偏高，说明资源型工业的销售收入很高，但是利润低，产品附加值低，其中磷盐工业的利润甚至出现了负值。

表 2-23　2009 年全国和云南工业财务费用率

行业分类	主营业务收入（亿元）	财务费用（亿元）	利息支出（亿元）	利润（亿元）	财务费用率（%）	财务费用与利润之比（%）
全国工业	542500	59000	53200	36800	1	16
云南工业	4968.08	93.90	87.48	396.99	2	24
资源型工业	2199.82	40.56	37.36	108.42	2	37
采选业	402.29	8.53	7.37	51.88	2	16
冶炼业	1073.40	19.13	17.64	44.47	2	43
加工业	723.11	12.89	12.33	12.03	2	107
黑色金属工业	680.46	7.12	6.85	34.60	1	21
采选业	83.67	2.25	2.18	12.66	3	18
冶炼业	246.47	1.78	1.68	7.10	1	25
加工业	350.32	3.10	2.99	14.83	1	21
有色金属工业	797.06	17.63	15.61	41.15	2	43
采选业	83.94	3.10	2.26	9.70	4	32
冶炼业	680.58	14.29	13.11	30.39	2	47
加工业	32.54	0.24	0.24	1.05	1	23
煤工业	326.90	4.71	4.39	29.36	1	16
采选业	180.55	1.64	1.54	22.38	1	7
加工业	146.36	3.07	2.85	6.97	2	44
磷盐工业	392.62	11.07	10.47	3.10	3	357
采选业	52.37	1.52	1.37	6.96	3	22
加工业	340.25	9.56	9.10	-3.86	3	-248

资料来源：云南工业经济信息资料2009。

一般说来，银行贷款的筹资费用率不超过0.5%，但发行债券、股票的筹资费用则相对较高，发行费用率一般不低于5%。近年来由于受金属价格和金融危机等因素影响，贷款利率波动较大，调整频率高。2002~2011年，中国金融机构法定贷款利率的调整波动较大，总体上涨，加大了资本成本。

目前，企业的资产负债率在60%左右，还贷压力比较大。如某企业的生产应当说是比较先进的，但是中央和地方政府没有相应的扶植政策，在土地和税收上也没有优惠。

从企业的情况来看，根据2010年数据，财务费用率最高的是云天化股份，其余依次是云南冶金集团、昆钢集团、驰宏锌锗、云锡集团股份、云铜股份、昆钢控股。从财务费用和利润之比来看，最高的是昆钢集团，其余依次是云南冶金集团、云铜股份、云锡集团股份、昆钢控股、云天化股份、驰宏锌锗，见表2-24。由上述可知，企业的财务费用较低，但是财务费用支出呈现两极分化的情况，部分企业的财务费用远高于自身利润数倍。

表2-24 云南资源型工业主要企业近年来财务费用率和财务费用利润之比 （%）

企业名称	财务费用率			财务费用与利润之比		
	2010年	2009年	2008年	2010年	2009年	2008年
云天化集团股份	5.41	5.56	5.41	34.13	25	34.13
云锡集团股份	1.87	2.25	2.79	48.85	101.1	337.3
云铜股份	1.75	3.44	3.62	113.4	276.3	-32.11
云南冶金集团	3.72	3.25	2.97	179.37	281.59	183.02
驰宏锌锗	2.28	2.3	2.75	23.9	33.63	87.3
昆钢集团	2.81	2.72	3.87	271.51	164.91	411.3
昆钢控股	1.71	1.59	2.29	35.52	31.88	67.33

资料来源：云天化国际、云锡集团股份、云铜股份、驰宏锌锗、昆钢股份2008~2010年年度报告，云南冶金集团、昆钢集团2008~2010年度审计报告。

总体来看，云南资源型工业的负债总额近十年间增加了3.7倍，负债总额的增速大幅高于全国和云南省工业的平均水平。主要是因为资源型工业在全国经济快速发展的背景下不断地扩大产能，行业规模扩大，发展迅速，从而导致投资增加，借贷增多。在部门上，负债总额集中在采选业和有色金属业。从负债总额的增速上看，主要是煤工业的增幅最大，达到6.67倍。

虽然财务费用与利润之比过高，企业盈利能力不强，但资产负债率与资本成本的表现均较好，考虑到利润是扣除利息支出之后的纯利润，综合考虑，认为云南资源型工业的债务资本是安全的。

2.3.2 权益资本

权益资本的安全发展可以通过考查私人、省外和国外资本的比例，以及股权控制力来对其进行分析。

2001～2009年私人资本，或民营资本，在资源型工业及其内部各部门的比重见表2-25。可见私人资本在资源型工业中的比例不高，主要是因为云南省的工业是由矿业、烟草支撑的，而这两大行业主要还是国有企业占主导地位。分行业来看，煤工业私人资本所占比重是最大的，在40%左右，主要是因为煤炭的开采相对简单，开采出来后直接就可以卖出，甚至在某些情况下不需经过洗选就可以直接进入消费领域，投资周期短、见效快、相对风险较低，而随着工业发展，煤炭需求强劲，市场前景好，因此吸引了大量的私人资本进入；而黑色金属工业和有色金属工业资金投入的回收周期长，市场价格不稳定，私人资本抗风险能力相对较弱，因此参与的较少，一般20%左右。

表2-25 云南资源型工业各部门私人资本占实收资本的比例 （%）

年 份	2001	2002	2003	2004	2005	2006	2007	2008	2009
云南省工业	6	8	9	10	12	14	13	15	15
资源型工业	6	7	11	12	12	18	14	17	17
采选业	2	3	7	3	3	4	8	15	14
冶炼业	8	10	28	30	26	37	18	24	23
加工业	5	6	5	8	9	14	15	12	13
黑色金属工业	1	4	7	7	9	10	7	10	10
采选业	4	9	23	1	2	1	1	2	2
冶炼业	1	3	35	49	28	28	14	23	26
加工业	6	15	1	4	4	18	11	13	11
有色金属工业	10	13	21	22	21	29	25	20	18
采选业	4	5	11	9	13	6	13	12	14
冶炼业	15	17	26	25	23	38	31	24	20
加工业	0	3	6	13	9	6	5	7	6
煤工业	6	4	8	10	15	20	10	39	39
采选业	3	3	5	7	5	11	20	44	40
加工业	52	15	65	31	46	62	6	29	38
磷盐工业	5	5	7	12	14	12	15	11	13
采选业	0	0	1	2	3	5	3	2	5
加工业	6	6	7	14	16	14	17	12	15

资料来源：云南工业信息资料2001～2009。

由于外资是以最大限度占领我国市场、获取超额利益为目标制定其发展战略，很少兼顾我国的社会效益，其投资行为与我国的一些产业结构调整和优化政策主旨相悖，因此需要高度关注外资的影响，一般可以用外资股权控制力来考察。

外资股权控制力可以用外商投资企业年底外方的注册资本与外商投资企业总注册资本之比来衡量，该比率越高，说明产业发展受外资影响越大，也就越不安全。

本书根据对2001～2008年云南资源型工业实收资本中外资（港澳台资本和外国资本）的比例分析，可以看出，2001年以来外资所占比例呈逐渐减小的趋势，从2001年的4%以上减小到2008年的4%以下，期间的波动比较大。但总体来看，云南资源型工业的外资比例较小，不到3%（图2-9，表2-26）。

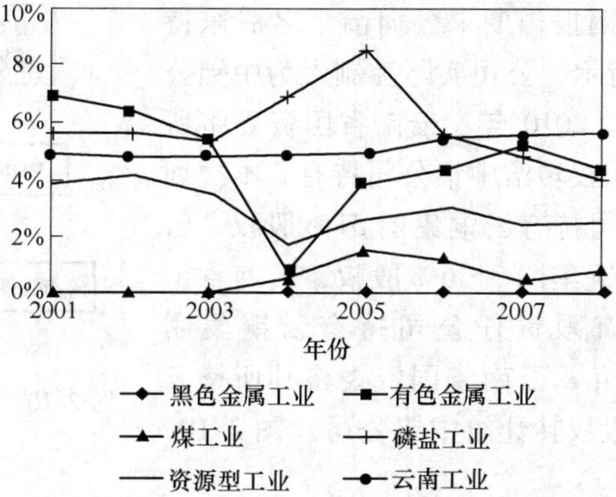

图2-9 云南资源型工业外资及港澳台资本比例

表2-26 2001～2008年云南各资源型工业中外资及港澳台资本占实收资本的比例 （%）

年 份	黑色金属工业	有色金属工业	煤工业	磷盐工业	资源型工业	云南省工业
2001	0.00	6.97	0.00	5.69	3.87	4.98
2002	0.05	6.44	0.00	5.66	4.11	4.81
2003	0.04	5.49	0.00	5.28	3.55	4.89
2004	0.02	0.83	0.54	7.00	1.84	4.77
2005	0.09	3.80	1.52	8.64	2.60	4.91
2006	0.10	4.30	1.20	5.63	2.95	5.37
2007	0.07	5.17	0.46	4.93	2.48	5.54
2008	0.12	4.40	0.83	3.98	2.53	5.65

资料来源：云南工业信息资料2001～2009。

云南是我国较早在资源型工业中引入外资的省区之一。国土资源部将云南省确定为首家“外商投资勘查开采矿产资源的试点省”，并将相应的审批权直接授予省地矿主管部门。也出现了有的外资矿业公司在与地方企业组建合资公司后，通过不断追加投资，增加股份，达到以少额资金控制公司的目的。除外资矿业公司，甚至国外的独立探矿人也进入云南探矿，这些外国独立探矿人介于盗矿淘金客和初级勘探公司之间，对云南资源型工业的发展造成了一定的影响。另外，在与外资进行高端产品合作时，由于过分依赖外方市场，当外方退出合作后，很难找到合适的市场。

云南资源型工业资本安全发展也可以从资源型工业主要企业的股权配置来分析。

云铜股份：云铜报告期末公司前十名股东持股情况如图 2-10 所示，公司实际控制人为中铝公司，属于国有企业。2010 年，云南省国资委将所持云铜集团 2% 的股权转给中铝公司持有。本次划转完成后，中铝公司持有云铜集团 51% 股权，云南省国资委持有云铜集团 31.6% 股权，云南省工业投资控股集团有限责任公司持有云铜集团 17.4% 股权。2011 年，云南省国资委将其所持云铜集团 7% 的国有股权转让给中铝公司（图 2-10，表 2-27）。

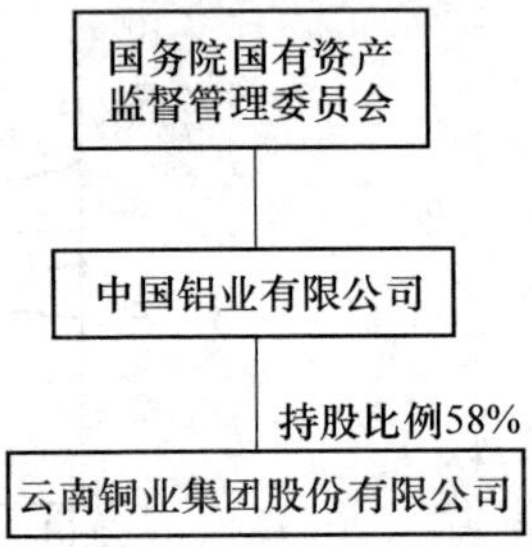

图 2-10　云铜集团股权配置

表 2-27　云南铜业股份 2008～2010 年前十大股东持股情况

年份	股东性质	持股比例	股东名称
2008	国有法人	54.30%	云南铜业（集团）有限公司
	其他	2.79%	富邦资产管理有限公司
	其他	1.58%	中国农业银行-中邮核心成长股票型证券投资基金
	其他	0.96%	中国农业银行-大成创新成长混合型证券投资基金（LOF）
	其他	0.61%	中国长江电力股份有限公司
	其他	0.55%	中国工商银行-易方达价值成长混合型证券投资基金
	其他	0.50%	中国人寿保险股份有限公司-分红-个人分红-005L-FH002深
	其他	0.42%	中国工商银行-融通深圳100指数证券投资基金
	其他	0.42%	中国农业银行-富国天瑞强势地区精选混合型开放式证券投资基金
	其他	0.39%	中国人寿保险（集团）公司-传统-普通保险产品

续表 2-27

年份	股东性质	持股比例	股 东 名 称
2009	国有法人	54.30%	云南铜业（集团）有限公司
	其他	0.86%	中国农业银行-中邮核心成长股票型证券投资基金
	其他	0.66%	中国建设银行-银华核心价值优选股票型证券投资基金
	其他	0.56%	中国人寿保险股份有限公司-分红-个人分红-005L-FH002深
	其他	0.56%	中国工商银行-融通深圳100指数证券投资基金
	其他	0.52%	中国工商银行-广发稳健增长证券投资基金
	其他	0.51%	中国工商银行-南方成份精选股票型证券投资
	其他	0.48%	上海浦东发展银行-广发小盘成长股票型证券投资基金
	其他	0.48%	交通银行-华安策略优选股票型证券投资基金
	其他	0.46%	中国工商银行-景顺长城精选蓝筹股票型证券投资基金
2010	国有	54.30%	云南铜业（集团）有限公司
	其他	0.89%	中国工商银行-诺安平衡证券投资基金
	其他	0.65%	中国农业银行-中邮核心优选股票型证券投资基金
	其他	0.64%	中国银行-易方达深圳100交易型开放式指数证券投资基金
	其他	0.53%	中国工商银行-融通深圳100指数证券投资基金
	其他	0.45%	中国工商银行-广发大盘成长混合型证券投资基金
	其他	0.43%	中国工商银行-易方达价值成长混合型证券投资基金
	其他	0.38%	中国农业银行-富国天瑞强势地区精选混合型开放式证券投资基金
	其他	0.37%	中国人民人寿保险股份有限公司-分红-个险分红
	其他	0.29%	中国银行-嘉实沪深300指数证券投资基金

资料来源：云铜股份2008～2010年年度报告。

云天化股份：云天化2008～2010年前十大股东持股情况见表2-28，截至2011年上半年报告期末，云天化股份公司的最大股东为云天化集团责任有限公司，其性质为国有法人，且为省内资本，所占比例为47.50%，通过分析可以看到，省外资本达到15%及以上，省内资本处于相对控股状态。云天化集团控股60.81%云天化股份公司，而云天化集团为云南省国资委100%控股的国有独资公司，因此云天化股份的实际控制人为云南省国资委。

表 2-28 云天化股份 2008～2010 年前十大股东持股情况

年份	股东性质	持股比例（%）	股东名称
2008	国有法人	60.81	云天化集团有限责任公司
	未知	1.31	中国民生银行股份有限公司-华商领先企业混合型证券投资基金
	未知	0.95	中国建设银行-银华富裕主题股票型证券投资基金
	未知	0.56	中国建设银行-银华核心价值优选股票型证券投资基金
	未知	0.49	中国银行-银华优质增长股票型证券投资基金
	未知	0.47	中国农业银行-富国天瑞强势地区精选混合型开放式证券投资基金
	未知	0.42	代增鸿
	未知	0.4	中国银行-大成蓝筹稳健证券投资基金
	未知	0.37	中国建设银行-银华-道琼斯 88 精选证券投资基金
	未知	0.32	招商银行股份有限公司-上证红利交易型开放式指数证券投资基金
2009	法人	55.83	云天化集团有限责任公司
	未知	1.4	中国工商银行-南方隆元产业主题股票型证券投资基金
	未知	1.27	同德证券投资基金
	未知	1.22	招商银行股份有限公司-光大保德信优势配置股票型证券投资基金
	未知	1.01	中国银行-富兰克林国海潜力组合股票型证券投资基金
	未知	0.97	中国建设银行-华夏红利混合型开放式证券投资基金
	未知	0.94	中国光大银行股份有限公司-光大保德信量化核心证券投资基金
	未知	0.59	全国社保基金-零二组合
	未知	0.47	交通银行-华夏蓝筹核心混合型证券投资基金（LOF）
	未知	0.41	申银万国-汇丰- MERRILL LYNCHINTERNATIONAL
2010	法人	55.83	云天化集团有限责任公司
	未知	2.65	中国银行-嘉实主题精选混合型证券投资基金
	未知	1.88	中国工商银行-建信优化配置混合型证券投资基金
	未知	0.97	中国建设银行-华夏优势增长股票型证券投资基金
	未知	0.88	中国工商银行股份有限公司-嘉实主题新动力股票型证券投资基金
	未知	0.68	中国工商银行-招商核心价值混合型证券投资基金
	未知	0.68	中国建设银行股份有限公司-博时策略灵活配置混合型基金
	未知	0.68	证券投资基金-全国社保基金零二组合
	未知	0.56	中国银行-海富通股票证券投资基金
	未知	0.55	中国工商银行-国投瑞银瑞福分级股票型证券投资基金

资料来源：云天化股份 2008 年、2009 年、2010 年年度报告。

云锡集团股份：云锡集团前十名股东情况如图2-11和表2-29所示，由于云南省国有资产监督管理委员会持有云南锡业集团（控股）有限责任公司100%的股权，而云南锡业集团（控股）有限责任公司又持有云南锡业集团有限责任公司60.55%的股权，所以云南省国有资产监督管理委员会为云锡集团公司的实际控制人。

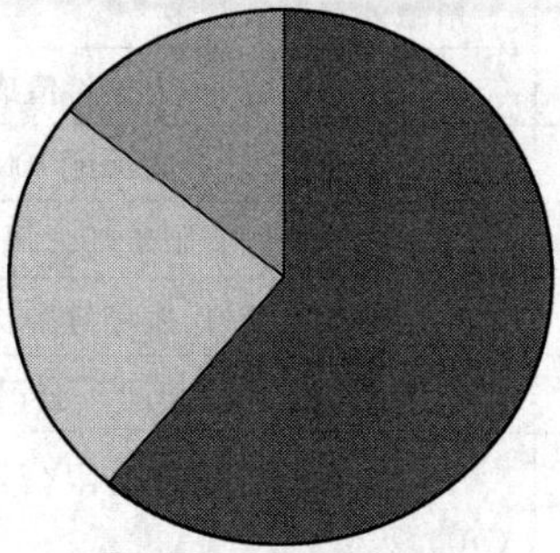

图2-11 云锡集团股权结构

表2-29 云南锡业股份2008～2010年前十大股东持股情况

年份	股东性质	持股比例	股东名称
2008	国有股东	51.59%	云南锡业集团有限责任公司
	其他	1.81%	融通新蓝筹证券投资基金
	其他	1.43%	中国工商银行-广发稳健增长证券投资基金
	其他	1.34%	中国光大银行股份有限公司-光大保德信量化核心证券投资基金
	其他	0.77%	中国农业银行-富国天瑞强势地区精选混合型开放式证券投资基金
	其他	0.60%	中国建设银行-华宝兴业行业精选股票型证券投资基金
	其他	0.52%	中国建设银行-国泰金马稳健回报证券投资基金
	其他	0.51%	兴业银行股份有限公司-光大保德信红利股票型证券投资基金
	其他	0.47%	中国工商银行-融通深证100指数证券投资基金
	其他	0.42%	王晓冬
2009	国有法人	51.59%	云南锡业集团有限责任公司
	境内非国有法人	1.74%	中国工商银行-广发稳健增长证券投资基金
	境内非国有法人	1.68%	中国光大银行股份有限公司-光大保德信量化核心证券投资基金
	境内非国有法人	1.36%	中国人寿保险股份有限公司-分红-个人分红-005L-FH002深

续表 2-29

年份	股东性质	持股比例	股东名称
2009	境内非国有法人	1.23%	招商银行股份有限公司-光大保德信优势配置股票型证券投资基金
	境内非国有法人	0.92%	中国工商银行-广发大盘成长混合型证券投资基金
	境内非国有法人	0.76%	中国建设银行-华夏盛世精选股票型证券投资基金
	境内非国有法人	0.60%	裕隆证券投资基金
	境内非国有法人	0.60%	中国工商银行-易方达价值成长混合型证券投资基金
	境内非国有法人	0.60%	中国工商银行-融通深证 100 指数证券投资基金
2010	国有法人	50.51%	云南锡业集团有限责任公司
	境内非国有法人	1.64%	中国工商银行-广发稳健增长证券投资基金
	境内非国有法人	0.83%	中国人寿保险（集团）公司-传统-普通保险产品
	境内非国有法人	0.76%	中国人寿保险股份有限公司-传统-普通保险产品-005L-CT00 深
	境内非国有法人	0.73%	中国人寿保险股份有限公司-分红-个人分红-005L-FH002 深
	境内非国有法人	0.70%	中国银行-易方达深圳 100 交易型开放式指数证券投资基金
	境内非国有法人	0.69%	中国建设银行-富国天博创新主题股票型证券投资基金
	境内非国有法人	0.55%	中国工商银行-融通深证 100 指数证券投资基金
	境内非国有法人	0.47%	交通银行-华安策略优选股票型证券投资基金
	境内非国有法人	0.44%	中国银行-工银瑞信核心价值股票型证券投资基金

资料来源：云锡集团股份 2008 年、2009 年、2010 年年度报告。

云南钛业是昆钢控股下属企业，第一大股东是昆钢控股，其余两大股东为科技投资、天速投资，这两家公司是科技厅的下属投资公司。

重组昆钢股份后，昆钢集团定位于为下属子公司为武钢昆钢股份提供生产所需的铁矿石等部分原材料，以及生产运营所需的大部分燃料、动力、运输等服务。虽然武钢集团已成为昆钢股份的第一大股东，但昆钢股份的上游仍主要依赖于其第二大股东昆钢集团。昆钢集团在武钢昆钢股份整个产业链中起着举足轻重的地位，昆钢集团未来经营与武钢昆钢股份的关联度较强，武钢昆钢股份的发展将极大地推动昆钢集团的发展。

综合云铜股份、云锡集团股份、云天化等的前十大股东持股情况，可见省内资本处于相对或者绝对控股状态，从性质上来说，国有资本处于相对或者绝对控股状态。

总体来看，云南资源型工业的权益资本中私人资本比例不太高，整体约为20%左右，但其中煤工业的私人资本比例较高，达到了40%；港澳台和外国资本的比例很小，不到3%；主要资源型工业企业均为国有或省内国有资本控制，整体上是安全的。

2.3.3 机会成本

机会成本只在资源同满足人民的需要相比是有限的，即所有的需要不能充分满足的情况下才出现。若资源是无限的，就没有必要牺牲他种经济活动以进行某种经济活动，一切都可以随心所欲地进行，单个活动的机会成本（即资源的另一个最佳使用的价值）就将是零了。显然，在现实的资源稀缺上，机会成本都是正数。机会成本的意义在于社会和个人进行有效的选择。

政府对资源型工业的投入资本主要体现在两个方面，一是持有主要矿业企业的股权，二是对主要矿业企业的各种补助，包括无偿给予的货币性资产或非货币性资产。一般说来，政府的资本扶植有利于企业的发展，但是也会造成企业过度依赖，表现在政府投入资本的效率不高，无法起到有效的扶植作用。本书从贷款利率和投资回报率来分析云南资源型工业的机会成本。

2009 年和 2010 年云南资源型工业主要企业分别获得了 5.35 亿元和 2.69 亿元，具体金额见表 2-30。

表 2-30 2009 年和 2010 年云南资源型工业主要企业获政府补助情况 （万元）

年份	昆钢集团	云铝	云铜	云锡集团	云天化	云冶	合计
2009	6115.43	8984.5	3786.04	5562.89	26069.08	2934.26	53452.21
2010	2583.45	842.34	1411.63	2250.93	3160.06	16597.19	26845.6

资料来源：昆钢股份、云铝股份、云铜股份、云锡集团股份、云天化股份、云南冶金集团 2010 年年度报告。

从云南资源型工业及其各行业的利润率来看，远不及银行的贷款利率，而且此处的贷款利率是央行的利率，考虑到商业银行的调整权力和当前银根紧缩的宏观背景，实际上资金放贷的利率远不止于此，这也意味着投入资本或者资金的机会成本很大，投入这些行业的资本所得还不如进行放贷所得。可见资源型工业企业的效率低下，政府投入的机会成本过大（表 2-31）。

表 2-31 云南资源型工业各行业利润率和贷款利率对比

行业分类	云南省工业	资源型工业	黑色金属工业	有色金属工业	煤工业	磷盐工业	六个月以内贷款利率	五年以上贷款利率
9 年平均利润率（%）	7.16	4.87	5.74	4.91	5.57	4.43	5.6	6.55

资料来源：云南工业信息资料 2001～2009；贷款利率来源于建设银行 2012 年 7 月 6 日公布。

投资回报率，又称“资产回报率”，是企业税后净利润与资产总额的比率，或企业销售净利润率与总资产周转率的乘积。计算公式为：

投资回报率 = 税后净利润/资产总额

投资回报率用于衡量企业利用资产盈利的综合效果，即投入资本的盈利能力，且由于剔除了因投资额不同而导致的利润差异的不可比因素，因而具有横向可比性，有利于判断各行业、企业经营业绩的优劣；此外，投资利润率可以作为选择投资机会的依据，有利于优化资源配置。但是这一评价指标的不足之处是缺乏全局观念。当一个投资项目的投资报酬率低于某投资主体的投资报酬率而高于整个企业的投资报酬率时，虽然企业希望接受这个投资项目，但该投资主体可能拒绝它；当一个投资项目的投资报酬率高于该投资主体的投资报酬率而低于整个企业的投资报酬率时，该投资中心可能只考虑自己的利益而接受它，而不顾企业整体利益是否受到损害。

从 2001 ~2009 年云南资源型工业各行业的年投资回报率（表 2-32）可见，云南省的年均投资回报率为 4.84%，资源型工业年均投资回报率为 5.09%，差别不大；而从历年的情况来看，除了 2002 年的个例外，整体波动不大；既有波动也和我国宏观经济走势比较吻合，比如从 2007 年的 6.66 个百分点降到了 2008 年的 4.3 个百分点，正是金融危机爆发从而导致我国宏观经济走势疲软。分部门来看，采选业的投资回报率是最高的，普遍在 8% 左右；其次是冶炼业，为 4.2%；再次是加工业，为 4%。这也与云南省的实际情况相同，企业主要盈利点来自采选部门；从行业来看，煤工业最高，其次是有色金属工业、黑色金属工业，最后是磷盐工业。其中有色金属采选业达到了 11%。

表 2-32 云南资源型工业各行业 2001 ~2009 年投资回报率 （%）

年 份	2001	2002	2003	2004	2005	2006	2007	2008	2009	年投资回报率
全国工业	3.50	3.96	4.83	—	6.05	6.70	7.69	7.09	7.00	6.41
云南省工业	3.18	2.69	3.56	6.04	5.75	6.45	6.66	4.32	4.69	4.84
资源型工业	0.75	0.51	2.20	7.40	5.79	8.34	7.95	3.95	3.65	5.09
采选业	0.42	-0.74	2.45	8.26	7.95	12.74	10.94	9.23	6.13	8.07
冶炼业	1.85	1.81	2.93	4.61	3.79	8.49	8.27	0.05	3.28	4.21
加工业	-0.71	-0.63	1.68	9.25	6.17	4.67	4.95	4.43	1.56	4.00
黑色金属工业	1.89	1.58	3.68	10.05	2.64	3.15	5.89	4.76	4.86	4.72
采选业	-0.02	-1.18	2.18	9.81	3.66	6.93	6.22	8.62	5.17	6.45
冶炼业	2.10	1.76	3.85	6.50	-0.85	-1.37	5.46	6.41	3.48	3.15
加工业	0.57	1.63	3.72	11.33	3.71	3.76	6.02	0.51	5.65	4.80
有色金属工业	1.47	1.69	2.92	4.85	7.07	13.3	11.29	-0.57	3.33	5.56
采选业	1.34	1.72	4.05	10.35	15.55	24.15	18.22	7.96	3.98	11.04

续表 2-32

年 份	2001	2002	2003	2004	2005	2006	2007	2008	2009	年投资回报率
冶炼业	1.65	1.81	2.65	4.05	5.01	10.79	10.02	-2.90	3.13	4.34
加工业	-1.99	-0.93	3.72	0.44	0.90	4.41	-0.52	-4.21	5.38	1.16
煤工业	-0.08	-2.85	1.35	5.05	6.06	6.35	5.23	10.07	6.69	6.29
采选业	-0.23	-3.27	0.59	4.68	6.52	4.06	6.72	12.10	8.60	6.89
加工业	2.44	3.48	7.17	6.22	5.23	10.52	4.30	6.92	3.91	5.38
磷盐工业	-0.70	-0.62	0.73	7.70	8.69	5.83	5.50	6.97	0.53	4.21
采选业	-0.39	0.55	4.69	6.45	11.23	11.58	11.33	6.90	7.34	7.69
加工业	-0.73	-0.73	0.45	7.81	8.41	5.10	4.68	6.99	-0.79	3.72

资料来源：中国工业经济统计年鉴 2001～2009，云南省工业经济信息资料 2001～2009。

就投资回报率而言，其整体水平低于最低贷款利率。分部门看，只有采选业高于最低贷款利率；分行业来看，只有有色金属工业和煤工业高于最低贷款利率。可见，投资回报率并不高。

从最开始的权益资本里面也证实了该问题，投资回报率偏低，私人资本没有进入的积极性，体现在权益资本结构里面就是国有资本占据绝对的地位。而从机会成本的角度来考虑，投资回报率过低，意味着沉淀资金的价值没有得到有效的利用，创造的效益过低。

从云南资源型工业主要企业的投资回报率来看，根据 2010 年的情况，回报率最高的是驰宏锌锗，达到了 5.02%，其次依次是云天化股份、云锡集团股份、昆钢控股、云铜股份，最低的是昆钢集团（图 2-12，表 2-33）。

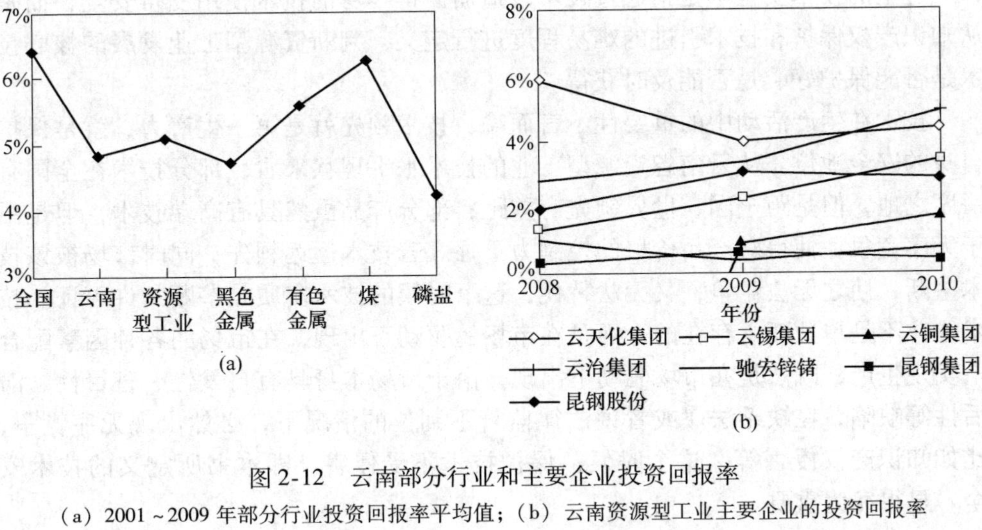

图 2-12 云南部分行业和主要企业投资回报率

（a）2001～2009 年部分行业投资回报率平均值；（b）云南资源型工业主要企业的投资回报率

表 2-33 云南资源型工业主要企业 2008 ~ 2010 年的投资回报率 （%）

年份	云天化股份	云锡集团股份	云铜股份	云冶股份	驰宏锌锗	昆钢集团	昆钢控股
2010	4.55	3.49	1.79	0.81	5.02	0.44	2.94
2009	4.13	2.33	0.96	0.39	3.34	0.68	3.14
2008	6.11	1.34	-13.38	1.03	2.88	0.33	1.97

资料来源：云天化国际、云锡集团股份、云铜股份、驰宏锌锗、昆钢股份 2008 ~ 2010 年年度报告，云南冶金集团、昆钢集团 2008 ~ 2010 年度审计报告。

总的来看，云南资源型工业的机会成本较大，利润率和投资回报率均低于银行最低贷款利率，只有有色金属和煤工业的投资回报率高于银行最低贷款利率。资金的机会成本过大，意味着该产业无法有效吸引资本的流入，也就无法快速发展，甚至原有的资本都会撤出到其他回报率更高的行业。目前投入资本的存量大，考虑到资源型工业为云南省的支柱产业，政府会投入大量资本支持，不至于出现大量资本撤出的情形，也可能吸引大量的民间资本参与进来，因此认定机会成本为基本安全。

2.4 技术安全发展

技术是劳动者以科学理论为指导，以生产实践为基础，将科学知识转化为认识与改造自然、变革社会、获得物质生活资料的物质、精神、信息手段的总和（各种工具、设备、经验、工艺、信息的体系）。狭义的技术亦即工程技术，是泛指根据生产实践经验和自然科学知识发展而成的各种工艺操作方法与物化的各种生产手段和物质装备。

这里的技术安全不是指通过技术改造而使得本身的技术使用变得安全，而是从知识产权保护和技术引进的难易程度进行定义，判断资源型工业发展的核心技术是否能保护好、是否能及时获得。

技术在生产活动中的重要性不言而喻，技术领先就是第一生产力，就是保护自身的安全地位。从云南省资源型工业的技术水平现状来看，部分技术在全国有一席之地，但是距全国、世界领先有差距；部分产品虽然具有高端技术，但是由于无序竞争，使得对产品价格的控制力不强。若技术远远领先，同时市场被该技术垄断，使之无法竞争，又无法替代，这个时候的技术实质是垄断的许可证。技术往往不是单独孤立存在的，而是在市场的驱动下出现，在市场的各种因素配合下实现生产，既然是在市场驱动下出现，由于市场本身具有自发性、盲目性、滞后性等缺陷，在缺乏法律或者说法律监管不到位的情况下，必然出现无序竞争，比如知识产权侵害等，这个时候，保护技术不受侵害，即本书所定义的技术安全，显得尤为重要。

2.4.1 技术研发

2.4.1.1 拥有核心技术

目前单独针对核心技术进行的研究偏少，主要是把核心技术作为核心能力的组成部分进行解释，核心技术指能够支撑多种业务发展的关键性技术（普拉哈拉德、加里·哈默尔，1989）。按照这样的界定，一项技术如果只对一项业务具有推动作用，即使它对这项业务再重要，也不能称为核心技术；同样，如果一项技术能够作用于多种业务，但对这些业务的作用都仅仅是边缘性的，则这项技术也同样不能被称为核心技术。

本书所定义的核心技术指企业通过特有的技术要素和技能或各种要素和技能的独特组合来创造具有自身特性的技术，同时本书所指的关键技术定义为在企业生产过程中必不可缺的技术。

核心技术是决定企业经营成败的根本，企业应该围绕核心技术的获得、应用和发展去设计发展战略，而不是只盯着短期的利润目标。对云南省资源型工业而言，核心技术直接影响了企业的短期盈利能力，而长远来看，核心技术决定了云南资源型工业未来的发展方向、生产布局和对产业链的控制能力。

云南主要的资源型企业都掌握了部分关键技术和核心技术，有些甚至是世界领先的技术，为云南资源型工业延长产业链、提高后续工业的价值奠定了坚实的技术基础。

云锡集团在锡矿采、选、冶、锡化工、锡材深加工、砷化工和贵金属研究等方面具有全国乃至世界领先的技术开发能力，拥有自主知识产权，有先进的采、选、冶生产装备，锡选冶技术和设备居世界领先水平。2009 年，云锡集团公司完成了 20 个技术创新项目的综合研究和实施。

云南冶金集团拥有“高铁硫化锌精矿加压酸浸技术”、“ISA-YMG 铅熔炼技术”、“铝电解大型整流设备新技术”、“CHYG-30 型预焙铝电解槽技术”等一批具有自主知识产权的专有核心技术，并在生产实际中得到了成功应用。云南冶金集团在“十二五”期间将建设 2 个多晶硅深加工和配套技术中心项目，建设集团硅材料技术研发中心。

云南铜业集团在矿山采选技术达到国内先进水平，铜冶炼技术达到国际先进水平。“富氧顶吹铜熔池熔炼技术”在 2007 年获“国家科学技术进步二等奖”、“云南省科技进步一等奖”。云铜“铜冶炼行业低浓度二氧化硫废气治理及设备”项目获国家环保总局颁发的“环境保护科学技术三等奖”、“云南省科技进步二等奖”。

云南煤化工集团现已形成从资源控制到资源加工，从初级产品到终端高附加值产品的完整的煤化工产业链。获得了一步法甲醇制汽油技术专利，拥有的 5.5

米侧装捣固焦炉技术、焦炉气制甲醇技术、褐煤液化（煤制油）技术、碎煤熔渣气化技术等一批技术处于国际国内领先地位。

2011 年，云天化集团签署了 10 万吨/年湿法磷酸精制装置整体技术转移合同。云南磷化在 2011 年取得了一系列科研成果，包括利用中低品位矿石生产一级钙镁磷肥，中低品位胶磷矿浮选技术研究及产业化开发取得了重大突破。

昆钢重装集团 2010 年建成年产 8000 吨离心复合轧辊厂，实现了离心复合轧辊制造技术的产业化，填补了云南省离心复合轧辊生产技术的空白。

祥云飞龙公司先后研发出的“低品位氧化矿浸出工艺”、“硫化锌精矿焙砂与氧化锌矿联合浸出工艺”等 7 项专利技术，形成了一套拥有自主知识产权的生产技术和工艺流程。利用国内首创的“低品位氧化矿浸出工艺”，使常规工艺难以处理的低品位废矿变废为宝，特别是锌的有机溶剂萃取技术，每年可处理 30 万吨的工业废渣。

根据调研的内容来看，自主研发的关键技术数量偏少，但都是在目前生产线中应用的主要技术之一，取得了较好的经济效益，同时这些技术也支撑了企业的战略发展，可以认为属于企业的核心技术。

云天化集团、云锡集团、云南冶金集团等公司注重购买或者研发新技术，并且及时投入生产，但是从整体上来说，技术开发费用占各大公司利润的比例偏低，各个公司对技术的投入水平不足。从短期来看，通过购买技术能快速地获取新技术，获得暂时的技术优势地位，但是从长期来看，这对企业本身的技术开发能力是弊大于利的。一方面，企业科研人员会因忙于研究购买来的新技术，而没有时间去开发自己的原创性技术，长此以往会损害科研人员积极性，造成科研人员离职率高，损害企业的开发能力；另一方面，真正的技术不能靠购买得到或者说不能一直保持技术的领先优势。

总体看来，云南资源型工业拥有很多的关键技术，但能支撑企业发展战略的核心技术偏少，层次偏低。

其原因是企业对研发的投入不够，企业集团改制不彻底，容易滋生官僚主义，同时国企人员过于稳定等，不利于创新。

2.4.1.2 研发能力

研发能力指的是企业现实的研究开发能力，是企业当前的技术和研发能力。研发能力体现了过去一个阶段的技术积累情况，同时也体现了未来技术发展水平的可能性。

从科技项目、新产品开发项目、R&D 项目、参加项目人员、科学家和工程师等指标可以看出，云南资源型工业的科技项目主要集中在有色金属工业和冶炼业。从 2004 ~2008 年的变化情况来看，云南资源型工业在科技项目、新产品开发项目、R&D 项目、参加项目人员、科学家和工程师等方面的增加都主要集中在黑色金属工业和采选业。

整体上，云南资源型工业的技术水平有了较大的发展，科技项目主要集中在有色金属工业和冶炼业，近年来黑色金属工业和采选业的技术项目和科技人员也有了较大幅度的增加，为云南资源型工业的发展奠定了良好的技术基础（表2-34）。

表2-34 云南资源型工业企业科技项目情况

年份	行业	科技项目数（项）	新产品开发项目数（项）	R&D项目数（项）	参加项目人员（人）	科学家和工程师（人）	高中级技术职称人员（人）	参加项目人员实际工作时间（人年）
2004	资源型工业	405	198	201	4633	2616	2135	2999
	黑色金属工业	42	18	1	689	461	438	363
	有色金属工业	273	158	175	3095	1502	1171	2065
	煤工业	7	0	3	55	43	35	15
	磷盐工业	83	22	22	794	610	491	556
	采选业	43	7	12	816	490	466	555
	冶炼业	226	141	138	2740	1222	909	1769
	加工业	136	50	51	1077	904	760	676
2008	资源型工业	727	247	347	8363	5864	—	—
	黑色金属工业	109	49	32	1415	1118	—	—
	有色金属工业	458	164	285	4963	3277	—	—
	煤工业	15	2	5	167	91	—	—
	磷盐工业	135	30	25	1732	1307	—	—
	采选业	123	26	61	1537	1158	—	—
	冶炼业	413	154	251	4165	2860	—	—
	加工业	191	67	35	2661	1846	—	—

资料来源：云南经济普查年鉴2004、2008。

云南资源型工业的技术研发能力也可以通过主要大型企业的情况来了解。

（1）云铜集团。“十五”期间，投入创新和技改资金30多亿元，获省部级科技成果奖18项，申报国家专利84项，科技贡献率达30%。云南铜业在2009年通过技术创新，使得一批涉及有色工业的科技成果在国家和省、部获得各种奖项，其中“从含铟粗锌中高效提炼金属铟的技术”、“难处理氧化铜矿资源高效选冶新技术”获国家技术发明二等奖，“富氧顶吹铜熔池熔炼技术”获国家科技进步二等奖；“有色金属特种功能粉体材料制备的关键技术与开发应用”、“高性能新型瓦斯催化传感器技术开发”获云南省技术发明二等奖，“国产铝板带生产线新工艺开发”获云南省科学技术进步二等奖；“光电子产业锗系列产品开发关键技术研究”、“低温低电压铝电解新技术”等被列为“十一五”国家科技支撑计划项目。

（2）云南冶金集团。2000年以来，共获国家科技进步奖2项，省部级科技成果奖46项，获授权专利64项。2009年云南冶金集团共获国家和省、市科技项目立项14项。其中“低温低电压铝电解新技术”被列为国家科技支撑计划项目，“漩涡柱铅闪速熔炼节能示范工程”被列为国家发改委2009年重点节能示范工程项目，“新型医用钛材和粉末冶金制备工艺研究”被列为国家科技部项目。“富氧顶吹-鼓风炉强化还原-大极板、长周期电解炼铅新工艺及产业化”获国家科技进步二等奖。

（3）云锡集团。近年来先后取得了400多项科研成果，其中国家级52项、省部级404项、国家专利122项。“甲基硫酸亚锡”、“氨基硫酸镍”等工程化项目，硫酸亚锡提质提级研究，选冶联合锡精矿产品结构调整生产技术研究等重大项目实施取得阶段性成效。贵研铂业公司有三项产品获得“国家重点产品”称号。

（4）云天化集团。2006～2009年在研及新开项目38项，完成验收16项；申请国家发明专利20项，获发明专利授权7项，获云南省科技奖励2项。2009年，云天化集团技术中心通过国家考核。2009年“云南省磷矿采选工程技术研究中心”通过省科技厅认定授牌，确立了省内行业的领先地位。云南磷化“国家磷资源开发利用工程技术研究中心”列为2010年全国29个国家工程技术研究中心组建项目计划之一。

（5）昆钢集团。研究开发钛板生产技术，玉溪钢铁已基本掌握高炉冶炼钒钛磁铁技术和提钒炼钢技术，并进行了系列产品研发工作，开展了微波技术处理焦化废水剂和配方研究；2009年，“双机架炉卷轧机引进消化和再创新”技术获云南省科学技术二等奖，“洗净力热轧带肋钢筋研发及产业化”技术获云南省科学技术奖三等奖。

（6）浩鑫公司目前的铸轧坯料生产超薄铝箔工艺是国内先进水平，该项技术系公司自主研发。该工艺下面包含四项技术，用铸轧坯料生产超薄铝箔工艺中的铝液清洁技术、用铸轧坯料生产超薄铝箔工艺中的合金成分窄幅技术、用铸轧坯料生产超薄铝箔工艺中的润滑剂清洁方法、用铸轧坯料生产超薄铝箔工艺中的加工及热处理方法，该四项技术都已经取得了专利证书。铝箔行业特点决定了大部分技术工艺是自主研发的，基本上没有从外引进技术。

浩鑫公司在面对2007年的金融危机时，得益于自己有过硬的技术而生存下来。面对竞争对手，一是在关键的指标参数上提高行业准入门槛；二是提高产品工艺、降低成本，提高良品率，提供更好的产品；三是创造品牌效应，获得ABB、NOKIA公司的供应商资质认可，树立良好的企业口碑。说到底，不可能阻止别人在生产技术上的追赶，最根本的办法还是自己跑得快，不断引领先进技术。

总体看来，云南资源型工业具有较好的研发能力。云南资源型工业的科技活动主要集中在有色金属工业和冶炼业，近年来黑色金属工业和采选业的科技项目有较大幅度的增加；各主要资源型工业企业均有较好的科技研发能力，有些研发项目被列入国家科技支撑计划，具有全国先进和国际先进水平；但是研发标志性、开创性技术方面还不够强，需要进一步加强投入和完善制度。

2.4.1.3 研发基础

研发基础指企业潜在的研发能力，可以从企业的科技活动情况、企业人员情况、企业经费情况来了解。

根据云南经济普查资料，2008 年云南资源型工业企业的数量是 2004 年的 1.8 倍，而其中有科技活动的企业数是 2004 年的 1.4 倍，整体上资源型工业企业从事科技活动的比例有所下降（表 2-35）。

表 2-35 云南资源型工业企业科技活动分布情况 （个）

年份	工 业	企业数	有科技活动	有 R&D 活动	有新产品开发	有科技机构
2004	资源型工业	698	58	31	16	28
	黑色金属工业	191	9	1	3	2
	有色金属工业	203	23	17	6	11
	煤工业	104	5	2	0	2
	磷盐工业	191	20	11	7	12
	采选业	198	16	7	2	8
	冶炼业	280	16	11	3	8
	加工业	220	26	13	11	12
2008	资源型工业	1221	81	47	35	33
	黑色金属工业	201	16	10	7	2
	有色金属工业	320	38	27	18	18
	煤工业	498	7	4	2	4
	磷盐工业	237	20	7	7	8
	采选业	662	23	14	8	14
	冶炼业	336	30	23	13	9
	加工业	268	29	11	14	10

资料来源：云南经济普查年鉴 2004、2008。

从科技活动的构成来看，2008 年有 R&D 活动、新产品开发、科技机构的企业数分别是2004 年的1.5 倍、2.2 倍、1.2 倍，可见企业的科技活动重点放在了新产品的开发上，减少了 R&D 活动和科技机构的设置，这说明企业的科技活动重点更加贴近生产、更加追求研究成果的实际应用和市场效益，而减少了具有高风险的研发活动。因此需要注意加强与专门从事 R&D 活动的科研机构的联系，使企业的产品开发活动能够有强大的研发基础支持，避免新产品开发的后劲不足，从而能迅速应对市场的变化，顺应市场的需求。

从行业和部门的情况来看，科技活动企业比例较高的为有色金属工业、冶炼业、加工业。2008 年与2004 年相比，有科技活动企业的比例增加较大的为冶炼业和黑色金属工业，分别达到9% 和 8%；有 R&D 活动企业数的比例有较大增加的为黑金属工业和冶炼业，分别达到5% 和 7%；有新产品开发企业数的比例有较大增加的为有色金属和冶炼业，分别达到6% 和 4%。可见黑色金属工业企业比例在 R&D 方面增加较大，有色金属工业企业比例在新产品开发方面增加较大，冶炼业则在 R&D 和新产品开发方面均有较大的增加。而有科技机构的企业比例则均存在不同程度的减少。

根据云南经济普查资料，云南资源型工业科技人员占年均从业人员的比例为2.14%，比例较低（表2-36）。行业上有色金属工业科技人员比例相对较高，为3.93%；煤工业科技人员比例相对较低，为0.17%；黑色金属和磷盐工业的科技人员比例与资源型工业科技人员的比例接近。部门上，冶炼业科技人员比例相对最高，为3.29%；加工业次之，为1.68%；采选业最低，为1.11%。

表 2-36 云南资源型工业企业科技活动人员情况

年份	行业	年均从业人员数（人）	科技人员		科学家和工程师（人）	高中级技术职称人员		R&D 人员	
			合计（人）	占年均从业人员比例%		合计（人）	占科技人员比例（%）	合计（人）	占科技人员比例（%）
2004	资源型工业	268057	5738	2.14	4633	1105	19.26	3501	61.01
	黑色金属工业	65860	843	1.28	689	154	18.27	354	41.99
	有色金属工业	98325	3869	3.93	3095	774	20.01	2580	66.68
	煤工业	39283	67	0.17	55	12	17.91	5	7.46
	磷盐工业	59401	921	1.55	794	127	13.79	524	56.89
	采选业	83226	924	1.11	816	108	11.69	636	68.83
	冶炼业	105872	3485	3.29	2740	745	21.38	2272	65.19
	加工业	78959	1329	1.68	1077	252	18.96	593	44.62

续表 2-36

年份	行业	年均从业人员数（人）	科技人员		科学家和工程师（人）	高中级技术职称人员		R&D 人员	
			合计（人）	占年均从业人员比例%		合计（人）	占科技人员比例（%）	合计（人）	占科技人员比例（%）
2008	资源型工业	—	10409	—	8363	1825	17.53	4467	42.91
	黑色金属工业	—	1686	—	1415	261	15.48	500	29.66
	有色金属工业	—	6255	—	4963	1116	17.84	3608	57.68
	煤工业	—	234	—	167	37	15.81	110	47.01
	磷盐工业	—	2113	—	1732	376	17.79	249	11.78
	采选业	—	1842	—	1537	243	13.19	675	36.64
	冶炼业	—	5289	—	4165	980	19.26	3061	57.87
	加工业	—	3278	—	2661	602	18.27	731	22.30

资料来源：云南经济普查年鉴 2004、2008。

科学家和工程师的人数以有色金属工业最高，煤工业最少，黑色金属与磷盐工业居中；冶炼业最多，采选业最少，加工业居中。2008 年科学家和工程师的人数在各行业和部门均有较大增加，但位次没有变化。

2008 年云南资源型工业的高中级技术职称人员占科技人员比例为 17.53%，比 2004 年略有下降。行业上变化不大，在 15.48%~17.84% 之间。部门上，冶炼业和加工业比较接近，分别为 19.26% 和 18.27%；采选业较低，为 13.19%。

2004 年 R&D 人员占科技人员比例为 61.01%，比例较高，其中各行业和部门的比例变化不大，均在 40%~70% 之间，只有煤工业较低，只有 7.46%。

通过以上关于云南资源型工业企业和人员在科技活动方面的情况分析可知：云南资源型工业职工水平总体较低，有色金属工业、冶炼业科技人员比例、科学家和工程师的人数相对较高，煤工业、采选业相对较低。企业从事科技活动的比例有所下降，重点在新产品的开发上，企业的科技活动重点更加贴近生产，更加追求研究成果的实际应用和市场效益，而减少了具有高风险的研发活动。具体来看，黑色金属工业企业比例在 R&D 方面增加较大，有色金属工业企业比例在新产品开发方面增加较大，冶炼业则在 R&D 和新产品开发方面均有较大的增加。这与各行业的终端产成品的科技含量特点、分布相一致。

根据云南经济普查年鉴，云南资源型工业总体的科技活动经费筹集有了极大的增加，从 2004 年的 7.2 亿元增加到了 2008 年的 27.5 亿元，增长了近 3 倍。分行业来看，增加幅度较大的是有色金属工业、磷盐工业、煤工业，而黑色金属工业的科技活动经费筹集下降了 35% 左右。分部门来看，冶炼业和加工业的科技活动经费增加迅速，而采选业的科技活动经费增加的幅度相对较低（表2-37）。

表2-37 云南资源型工业分行业工业企业科技活动经费筹集情况

年份	行业	经费总额（万元）	比例（%）				
			企业资金	金融贷款	政府资金	国外资金	其他资金
2004	资源型工业	71748	80.21	14.86	4.83		0.10
	黑色金属工业	38507	77.27	21.71	1.02		0.00
	有色金属工业	22764	81.82	7.47	10.61		0.10
	煤工业	143	100.00				
	磷盐工业	10334	87.37	5.81	6.34		0.48
	采选业	14426	39.98	55.46	4.41		0.16
	冶炼业	20633	81.36	9.98	8.66		0.00
	加工业	36689	95.39	1.64	2.84		0.14
2008	资源型工业	275033	89.47	6.70	3.47		0.35
	黑色金属工业	25278	91.32	5.93	0.76		1.98
	有色金属工业	126953	88.87	5.08	5.79		0.26
	煤工业	2460	74.31	18.29	1.30		6.10
	磷盐工业	120342	89.88	8.44	1.68		0.00
	采选业	23973	84.65	7.53	5.31		2.51
	冶炼业	122694	88.91	5.26	5.55		0.27
	加工业	128365	90.98	7.92	1.10		

资料来源：云南经济普查年鉴2004、2008。

同时企业的科技活动投入积极性提高，在科技活动经费中所占的比例有了较大的提高，2008年企业自有资金所占比例由80.21%增长到了89.41%，而金融贷款资金和政府资金的比例都存在不同程度的下降。具体来看，黑色金属工业及采选业的企业资金比例增加的幅度较大，分别为14.05%和44.67%。

从科技经费支出情况来看，云南资源型工业的科技活动经费支出由2004年的7.95亿元增加到了2008年的29.52亿元，增长约3.7倍。各行业和部门的科技经费支出均有不同程度增加，其中科技经费支出总额增加较大的为有色、磷盐、冶炼，分别增加了5倍、8倍、6倍。从科技活动经费占主营业务收入比例来看，云南资源型工业上升幅度较小，从2004年的1.04%上升到了2008年的1.15%，虽然除黑色金属工业和采选业外，其余各行业和部门科技经费支出比例均呈上升态势，特别是磷盐工业，上升了1.59%，但总体看，科技经费支出占主营业务收入比重仍很低，仅在1%上下波动。从内部经费支出占科技活动经费支出的比例来看，企业内部经费支出占绝大多数，多在90%以上，科技活动经费支出以企业内部形式为主（表2-38）。

表2-38 云南部分行业科技经费支出情况

时间	行业	主营业务收入总额（亿元）	科技活动经费支出		内部经费支出	
			总额（亿元）	占主营业务收入比例（%）	总额（亿元）	占科技活动经费支出比例（%）
2004	资源型工业	765.27	7.95	1.04	5.23	96.64
	黑色金属工业	244.40	3.9	1.6	5.50	99.39
	有色金属工业	293.58	2.57	0.88	8.35	92.79
	煤工业	42.68	0.02	0.05	0.37	82.30
	磷盐工业	182.82	1.27	0.69	2.97	95.78
	采选业	102.27	1.69	1.65	2.06	97.72
	冶炼业	343.20	2.27	0.66	7.05	93.21
	加工业	317.57	3.99	1.26	10.56	98.15
2008	资源型工业	2557.45	29.52	1.15	1.15	97.13
	黑色金属工业	750.97	4.61	0.61	0.62	95.32
	有色金属工业	978.41	13.71	1.40	1.40	97.85
	煤工业	356.44	0.28	0.08	0.08	91.01
	磷盐工业	469.34	10.72	2.28	2.35	97.11
	采选业	469.24	3.97	0.85	0.85	89.71
	冶炼业	1231.55	13.92	1.13	1.13	98.11
	加工业	855.61	11.62	1.36	1.36	98.49

资料来源：云南经济普查年鉴2004、2008。

总体来看，云南资源型工业的科技经费筹集和支出虽然均有了很大的增加，但占其主营业务收入的比例却迅速下降，科技经费投入的增长速度远落后于企业主营业务收入的增长。

总的来说，云南资源型工业的技术人员比例比较多，尤其是云锡集团（5523人）、云冶（10735人），为云南资源型工业发展奠定了较好的人员基础。但是近年来也与全省总体趋势一样，出现了研发人员减少的现象，许多企业，尤其是一些小型私人企业，明显感觉到招聘技术人员的压力，大企业也感觉到了科技人才流失的威胁。

近年来云南资源型工业企业的研发经费投入很大。据不完全统计，2008年云锡集团投入近7000万元，2006~2009年云天化科技投入达21亿元，云南冶金集团2010年研发经费投入5.75亿元，云铜集团在“十五”期间共投入30

多亿元，云南煤化工集团获得680万元的科研经费。大量的研发经费的投入，尤其是一些重大技改、技术引进项目的实施，使云南资源型工业的生产技术水平有了很大的提高，许多企业也尝到了研发投资的甜头，获得了巨额的回报，并取得了丰硕的研发成果。如云锡集团拥有国家级的企业技术中心和全国最大的锡业研究开发机构，拥有世界著名的昆明贵金属研究所；云天化集团技术研究中心被列为2010年国家工程技术研究中心组建项目计划；云南冶金集团拥有一个国家级技术中心、一个国家级国际合作基地、一个国家甲级大型综合设计研究院、三个国家级科研机构，另外还有一个博士后科研工作站、八家国家高新技术企业、一家国家创新型试点企业。

总体看来，云南资源型工业的关键技术拥有很多，但能支撑企业发展战略的核心技术偏少，层次偏低。

云南资源型工业的科技活动主要集中在有色金属工业和冶炼业，近年来黑色金属工业和采选业的科技项目有较大幅度的增加；各主要资源型工业企业均有较好的科技研发能力，有些研发项目被列入国家科技支撑计划，具有全国先进和国际先进水平；但是研发标志性、开创性技术方面还不够强，需要进一步加强投入和完善制度。

云南资源型工业职工水平总体较低，有色金属工业、冶炼业科技人员比例、科学家和工程师的人数相对较高，煤工业、采选业相对较低；企业从事科技活动的比例有所下降，重点在新产品的开发上；具体来看，黑色金属工业企业比例在R&D方面增加较大，有色金属工业企业比例在新产品开发方面增加较大，冶炼业则在R&D和新产品开发方面均有较大的增加。

云南资源型工业各行业和部门的科技经费支出均有不同程度增加，其中增加幅度较大的为有色、磷盐、煤、冶炼，分别增加了4倍、7倍、12倍、5倍；科技活动经费占主营业务收入比例在各行业和部门的下降幅度均较大，特别是金属业、冶炼业、加工业的下降幅度很大；科技活动经费支出以企业内部形式为主，占科技活动经费支出比例多在90%以上。这与各行业的终端产成品的科技含量特点、分布相一致。

2.4.2 技术保护

技术保护指对机器设备、技术成果以及工业、交通、建筑、水利、邮电设施等采取的专门措施而实施的保护。本书所指的技术保护安全是指防范知识产权侵害。

云南省高度重视知识产权保护工作，已建立了包括专利、商标、版权、植物新品种保护等比较完善的知识产权管理体系和行政执法体系，科技、经济、外贸等管理工作中的知识产权保护不断得到加强，除了在专利法、商标法、著作权法等知识产权法律中规定了行政保护途径和措施外，还建立了知识产权司法保护制度，全省公安机关采取一系列举措，严厉打击各类侵犯知识产权犯罪活动。

从调研的几家云南资源型工业公司来看，各个公司都非常重视保护核心技术、专利技术，主要体现在保密安全教育、保密协议、技术所有权、科研人员待遇和保密规章制度等几个方面。

（1）保密安全教育方面，一般主要是针对重点人员、重点时期的重点内容进行针对性的安全思想教育，而大规模、集体的、全员性的保密思想教育还是比较少。比如昆明某研究院，科研人员外出前领导要对其进行谈话，进行专门的保密思想教育。根据调研，由于大部分铝箔加工公司都是自主研发技术，针对技术防外泄的情况，主要从三点来做，首先是接触核心机密的人须签署保密协议，要求离职后不得从事相关的行业，其次是要求平时的发言稿不能涉及敏感技术，最后是技术人员的对外发言稿要经过领导审批。

（2）保密协议签订方面，保密协议是合同的一种，其目的是用来防范协议方的知识产权受到侵害。调研中走访的企事业单位中，所有的研发人员都要求与单位签署保密协议。虽然很多企业签署了保密协议，要求比较严格，但也存在许多难以管理的地方。很多人钻法律空子、打擦边球，把技术换个叫法、重新画图就变成原创，而很多企业也没有精力去监督每个人离职后再干什么，保密协议也就无法很好地履行。要防范知识产权受侵害，主要还是靠公司平时的管理。

（3）科研人员与技术所有权分离方面，几乎所有的单位都规定了科研人员在工作期间内取得的科研成果属于单位，从根本上避免技术外泄纠纷，因为单位才是技术、专利的所有者。

（4）科研人员待遇方面，根据调研主要措施包括：1）为科研人员提供低成本或者零成本住房；2）对个人未来发展做出清晰规划，比如为普通技术人员考取技师职称提供指导和帮助，这样可以提高员工收入也提高了公司的技术水平；3）改善工作环境；4）提高工资待遇，一方面是科研人员的工资本身就高于同级别的平均工资，另一方面是研发成果所获得的额外奖励，虽然获得形式多样、途径不一、不稳定，但是金额相对较多。

一般情况下技术人员离职比较少，企业会按照国家保密法签订保密协议等。技术人员离职会带来一些问题，比如前期的技术资料未留下来就会造成断档，影响进展。一般说来，一个技术不是一两个人就可以搞起来的，除非是核心的技术，很专业的人员。一般培养一个熟练的普通工人要半年左右的时间，而培养一个熟练的博士需要 2 年左右。只要进了企业一般都要和技术人员签署保密协议，人员离职前，主管还是会挽留的。曾有某企业从国企引进一个博士，使用了该国企的技术，目前还在打官司。但是有些大中专学生，先来国企学技术，做几年再跳槽去私企，以得到比较好的待遇，当然也会带来技术的流失。

(5) 本单位范围内的保密条例方面，在所有的单位中，都有针对保密的相关规定，比如冶金研究院就有《对外科技保密办法》，详细规定了本单位的保密制度。有些企业的安保措施做得较好，进入厂区需要由接待室开具访客条，接待室会打电话向拜访对象核实来访人员的数量，并进行身份登记，开具访客条后再过安检才能进入厂区，最后出来的时候还要对全身和物品用金属探测仪进行检测。有的企业保安特别严，人员进去都要很清楚地询问来由和事项，禁止拍照，关键办公室全部采用磁卡锁。

随着国家法律制度的完善和企业对知识产权保护的日益重视，以及单位内部规范的完善，技术保护安全将进一步加强。在实际调研中还没有发现商业间谍等重大违法行为，更多的是合法的公司竞争。技术保护的关键在于思想上的重视，把技术保护安全和职工的切身利益结合起来，有奖有惩，落实现有制度。

综上所述，目前技术保护安全可以认定为安全，虽然从长期来看是一个需完善的过程，但是由于技术本身的模糊性，总体上认为是安全的。

2.4.3 技术转移与引进

技术转移指的是技术成果在不同国家、地区、部门、行业、企业的转移和扩散、推广和移植等活动的过程；技术引进又称“技术输入”，是技术转移的一种形式，是从别的国家或地区有计划、分步骤地输入先进技术成果，并使之得到移植应用的过程。本书所指的技术转移主要是指的不同企业间，技术引进指的是国外来的技术转移。技术转移和技术引进安全主要从两个方面进行判断，首先是相关企业是否进行了技术封锁，其次是转移来本企业的技术能否很好地消化吸收，并且再创新。

根据调研，云锡集团处于世界的领先地位，但是主要是在采选方面，冶炼还是靠引进的澳斯麦特炉。云铜锌业对于电控系统进口的多，主体是国产设备，锌合金生产线从比利时引进，技术也是引进的，在国内制造。云南煤化工集团通过购买英国的一部分知识产权和自己开发一部分知识产权，现在已拥有煤炭气化全部知识产权，并且拥有石油天然气的部分知识产权。云南煤化工集团拥有中化、液化天然气和 MTG 技术，并进行液化天然气和煤制油的生产(表 2-39)。

有的时候，国外公司不愿意卖设备和技术给中国企业，因为中国企业的知识产权保护做得不是很好，很多公司担心被仿制。新立公司的钛白粉等使用的

表 2-39 云南部分企业部分引进技术、设备一览表

企 业	技术引进说明	技改说明
云南铜业	2002 年投资 6.4 亿元，引进澳大利亚芒特·艾萨铜冶炼厂先进的艾萨炼铜技术。将能耗（标煤）降至 0.486 吨/吨，矿产粗铜电单耗降低到 1394 千瓦·时，总硫利用率提高到 95% 以上，烟气得到充分处理，排放尾气量大幅度减少，排放的废渣和废水完全达到国家要求标准	富氧顶吹铜熔池熔炼技术获国家科技进步二等奖，对顶吹熔炼的核心技术、喷枪进行了重大改进，降低了能耗，实现了以煤代油，降低了烟尘率
贵研铂业	从国外引进等离子炉，目前正在规划中	
云南锡业	2002 年引进澳大利亚澳斯麦特公司奥斯麦特炉。投产后 SO_2 排放少，原料要求低，反应快	建立了澳斯麦特炉还原熔炼—烟化炉挥发两段熔炼工艺。主要改进有：发明新渣型取代澳斯麦特公司设计的渣型，采用粉煤作燃料，采用适应云锡集团原料的炼前处理新工艺，采用锡火法熔炼布袋收尘工艺，实现了炼锡澳斯麦特炉烟气余热发电，延长耐火材料寿命并实现国产化，采用动力波技术处理烟气低浓度二氧化硫，熔炼系统实现了 DCS 自动控制等
驰宏锌锗	2005 年引进澳大利亚芒特·艾萨铜冶炼工艺，已投产，世界首创将艾萨炉用于炼铅	自主研发的“富铅渣鼓风炉熔炼技术”与引进的技术装备有机整合，在世界上首次将艾萨炉应用于铅冶炼，形成了新的“IY 铅熔炼技术”
	从日本引进自动剥锌机，投产后降低了劳动强度，较少人工使用	研发成本高，部分配件改制
云南钛业	从德国引进的氯化法，目前已投产。简单技术引进、核心技术保密	
	从美国引进的 EB 炉目前已经投产	
立新有色金属	一座 60 万吨/年的氯化法钛白粉生产厂，从日本引进的氯化法，建设国内最大的氯化法钛白装置，目前已投产	
昆明冶研新材料股份有限公司	从美国和德国引进的西门子法，目前已投产	
虹锦工贸磁选厂	从北京引进的全磁选设备	

续表 2-39

企 业	技术引进说明	技改说明
云南冶炼厂	2007 年从澳大利亚引进艾萨炉、阳极炉、艾萨电解法	部分配件改制
云铜锌业	从国外引进的电控系统	
	与比利时公司合资建设的铅合金生产线	
昆阳磷矿	关键采掘设备均引进自澳大利亚	
	生产设备引进自国外	
云铝	从国外引进连续铸轧技术生产线，当时产品和工艺国内领先	研发出相同的生产线
云煤	从英国引进的 Shell 粉煤气化技术，单系列规模大，气化炉装置操作简便，日处理煤量为2600 吨，冷煤气效率为85%	购买和自主研发并举，已拥有完全知识产权
	与 Advantica 公司共同开发劣质煤种的移动床碎煤熔渣气化技术，提高资源的利用率，降低成本	
	从美国引进的炔醛法 1，4 - 丁二醇（BDO）生产工艺技术，年产 BDO 2.5 万吨；采用世界先进的二氧化碳气体技术，年产尿素 30 万吨；开发大型粉煤气化国产化技术、浆态床甲醇生产工业化技术以及大型气化炉制造工艺技术	

资料来源：据调研报告整理。

氯化钠技术是从日本引进的技术，自己研发不了；目前国际上钛产品技术最高的是美国的杜邦公司，通过技术垄断控制了钛的价格。

技术封锁指在技术转移中存在的阻碍，尤其是蓄意的阻碍。在资源型工业中，部分产品存在天然的技术垄断性，比如说铝箔，铝箔是对铝材的深加工生产出几微米厚的产品，其加工设备是专用的，同样厚度的产品，不同的厂商有不同的技术，也就有不同的设备，因此设备的获取和重新制造的成本不亚于重新研发，这种深加工企业存在天然的技术垄断性。

资源型工业作为一个成熟的或者接近于饱和的行业，其市场竞争相对激烈，一般说来，相关技术都是能引进得到的，刻意的技术封锁、禁止转让技术的行为还是比较少的，一般还是考虑技术引进的成本和收益。只要付出足够高的价格，总能获取到所需的技术，但是关键在于这项技术引进后无法弥补其成本，因为相似的产品不足以撼动原来领导者的市场地位。在购买国外先进设备时，外国公司不是很担心技术泄露的问题，因为这些配件组装的精度等，国内的工业水平目前还没有达到。

从另外一个方面来说，技术的核心因素是人，相关的科研人员一般都签署了保密协议，保密协议里面的一项重要的内容就是禁止在相关企业担任技术研发的职位，这也从一定程度上规避了技术的转移、扩散。

总体说来，资源型工业中部分技术具有天然垄断性，而不断增强的保密意识也加强了知识产权保护，在规范的市场下，技术封锁主要还是来自于成本的考虑。

自主创新是相对于技术引进、模仿而言的一种创造活动，是指通过拥有自主知识产权的独特的核心技术以及在此基础上实现新产品的价值的过程。根据调研，一线的研发力量主要还是自己培养，比如买来技术就送他们去培训，生产过程中遇到的问题通过公司立项进行攻关，有的厂相关分析检测设备齐全，人员素质好就研发力量强。一般自己的研发人员解决不了的问题就通过与外部的科研院所和高校的合作来解决。

贵研铂业的技术力量在国内领先，大部分是自己研发，外面直接购买技术少，外国的先进技术也不会销售，主要还是购买一些通用设备，比如目前正在引进的等离子冶炼炉。贵研铂业也是国内贵金属的行业标准制定者，有比较先进的技术，如高温悬浮氯气浸出富集贵金属，自变介质氧压浸出技术，连续萃取分离贵金属新工业，高品位性贵金属精矿等，有些获得国际科技进步特等奖和国家科技金属一等奖。

云南钛业的研发人员也是自主培养，学历层次偏低，以大专为主，主要是通过实践摸索出科研成果，大概每年可申请几十项专利。

云冶集团 2011 年度获得中国有色金属工业协会和中国有色金属学会评出的中国有色金属科技进步奖 11 项，其中《锰系合金冶炼烟尘等制备复合球团关键技术研究及产业化应用》、《短程快速分离细粒的斜窄流重力过程与单元集成的四种高效设备》两个项目获一等奖。2011 年冶金研究院有两个项目分别获得了中国有色金属协会一等奖、云南省科技进步一等奖。

科研的投入费用也是影响自主创新的一个重要方面，就实际情况来看，首先是企业附属科研院所经费的固定拨款，其次是专项资金的保证，而更重要的是在制度上有相关规定。

总体上看，在云南省科研机构事业单位改制的大背景下，以及各大集团公司对科研愈发重视的情况下，自主创新能力逐步提升，但距全国领先仍有一定差距。

技术的消化吸收指购买的技术是否能很好地创造效益，主要从后勤维修、改制等几个方面考虑。从调研来看，成功的案例是云铝，云铝现在比较成熟的技术是连续铸轧制技术，该技术最初是从国外引进的，后来通过消化吸收建立了两条生产线，一条是引进的，一条是国产的。

一般说来企业的科研机构主要是负责自主研发，而引进技术的消化、改进主要是落在一线工厂的科技部门，相对来说云南资源型工业企业的科研力量是弱于专门科研院所的。从经费的情况来看，企业的外部经费绝对数量不多，从表2-40中也可知占总经费支出的比例一般不超过10%，可见企业与外部科研院所和其他企业的合作较少。从外部合作的构成来看，与研究院和高校的合作占了绝大部分，和企业的科技合作较少。

一项技术是否能很好地消化、吸收、再创新，从结果上就表现为创造预期效益、自主后勤维修能力方面，从原因上来看，主要还是受技术转让方主观阻碍、自己本身科研力量等因素影响。可以判断，一个项目、技术、工艺的引进，前期的考察论证工作是非常重要的，能大大地降低失败的可能性。

表2-40 云南资源型工业科技活动外部经费支出情况

时间	行 业	科技活动经费支出总额（万元）	外部经费支出（万元）	对研究院所及高等学校支出（万元）	对研究院所及高等学校支出占比（%）	对其他企业支出（万元）	外部经费支出占总支出比例（%）
2004	资源型工业	79479	2666.7	1772.0	66.45	632.1	3.36
	黑色金属工业	39255	240.1	150.0	62.47	40.0	0.61
	有色金属工业	25731	1854.3	1227.7	66.21	564.1	7.21
	煤工业	218	38.5	28.5	74.03	10.0	17.70
	磷盐工业	12660	533.8	365.8	68.53	18.0	4.22
	采选业	16902	385.8	354.2	91.81	31.5	2.28
	冶炼业	22713	1542.1	937.0	60.76	542.6	6.79
	加工业	39864	738.8	480.8	65.08	58.0	1.85
2008	资源型工业	293250	8463.1	5704.6	67.41	2667.5	2.89
	黑色金属工业	46141	2160.9	647.0	29.94	1513.9	4.68
	有色金属工业	137127	2950.7	2118.9	71.81	822.7	2.15
	煤工业	2814	253.1	96.0	37.93	157.1	8.99
	磷盐工业	107168	3098.4	2842.7	91.75	173.8	2.89
	采选业	37827	4066.2	2189.0	53.83	1877.1	10.75
	冶炼业	139216	2637.6	1950.9	73.96	677.7	1.89
	加工业	116208	1759.3	1564.7	88.94	112.7	1.51

资料来源：云南经济普查年鉴2004、2008。

3 云南资源型工业市场安全发展研究

市场是买卖双方相互作用并得以决定其交易价格和交易数量的一种组织形式或制度安排，可以从买卖双方供需关系和交易行为来理解。市场是商品经济运行的载体或现实表现，是商品交换顺利进行的条件。通过市场的竞争机制，能实现资源有效率的配置。

市场安全发展可以从两个方面理解，一是买卖双方，即供需关系，二是交易行为。

3.1 供需安全发展

供需即供给和需求。需求是指消费者在一定价格条件下对商品的需要量，包括两个条件，即消费者愿意购买和有支付能力，如果消费者没有支付能力，即使有获得某种使用价值的愿望，也不能形成有效需求；供给是指在某一特定时期内，经营者在一定价格条件下愿意并可能出售的产品量，其中包括新提供的商品和已有的存货。

供需关系是市场关系中最基本的关系，供需关系通过商品的价格来反映，总供需关系也反映了一个国家的宏观经济运行状况。供需安全可从供给安全和需求安全两个方面进行说明，供给安全主要是强调省外、国外对云南省资源型工业的供给，需求安全则是从产业的下游和产品市场的控制力来判断。

云南资源型工业供需安全发展从对外依存度、供给、需求等几个方面来分析，其中供给侧重于原材料的国外供给。

3.1.1 对外依存度

矿产资源作为社会经济发展的原材料，在国民经济中处于基础地位，资源勘查和矿业开发对宏观经济运行能否持续、稳定、协调发展有重要的影响。云南资源丰富，但是难利用的多，部分资源贫劣矿多，少气乏油，需要进口、调入大量矿产品（图3-1）。

从出口对外依存度来看，资源型工业出口对外依存度整体上在逐年下降，主

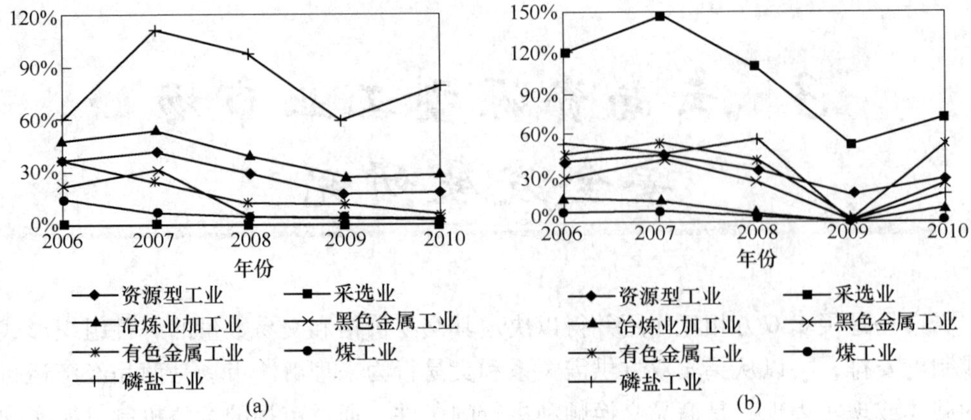

图 3-1 云南资源型工业进出口对外依存度

（a）出口；（b）进口

要是因为国内经济发展对矿业产品需求增加，同时国外爆发金融危机，影响到实体经济，需求减少。分部门来看，采选业出口依存度最小，冶炼加工业次之，主要是意识到矿产资源的稀缺性，控制了矿石，尤其是部分战略性资源的出口。分行业来看，出口依存度最高的是磷盐工业，其次是有色金属、黑色金属和煤工业，主要原因在于国内的需求增长，而致使出口减少。

资源型工业的进口对外依存度逐年下降，主要是因为技术设备等购进随着企业技术水平提高逐渐减少，同时企业也加大了在省内找矿、新建矿山的步伐。分部门来看，采选、冶炼都在减少，但是采选业的对外依存度仍然很高，年均达到了100%，主要是因为云南省的矿产资源储量在逐渐下降，而部分矿种必须外出购买，同时国内对矿业产品的需求持续旺盛，从而导致矿石进口居高不下，尤其是铜矿和铝土矿，基本上靠进口。分行业来看，黑色金属对外依存度变化不大，有色金属稳中有升，煤工业和磷盐工业快速下降，主要是因为云南黑色金属产量相对来说较少，而有色金属、磷盐是云南省主要矿产品之一（表3-1）。

表 3-1 云南资源型工业对外依存度 （%）

类别	年份	资源型工业	采选业	冶炼业加工业	黑色金属工业	有色金属工业	煤工业	磷盐工业
出口	2006	37.20	0.72	48.59	22.03	35.45	13.68	61.39
	2007	40.59	0.49	53.68	31.09	24.17	7.34	112.98
	2008	28.13	0.86	38.93	3.88	12.77	4.81	98.12
	2009	18.17	0.36	26.72	3.62	11.06	1.92	59.04
	2010	19.12	0.28	28.67	3.82	5.79	2.04	77.96

续表 3-1

类别	年份	资源型工业	采选业	冶炼业加工业	黑色金属工业	有色金属工业	煤工业	磷盐工业
进口	2006	41.09	119.36	16.64	28.57	46.74	5.17	53.64
	2007	45.10	145.18	12.44	40.16	55.02	5.31	48.00
	2008	34.05	109.98	3.98	27.42	43.11	0.20	57.66
	2009	17.45	53.81	0.00	0.00	0.00	0.50	0.00
	2010	29.02	73.39	6.53	25.85	53.89	0.44	16.65

资料来源：云南省进出口贸易海关统计（十一五），云南统计年鉴 2012。

注：云南资源型工业对外依存度的计算缺失部分统计数据，其中，黑色金属矿采选业缺失 2008～2010 年出口数据，2009 年进口数据；有色金属矿采选业缺失 2008 年、2010 年出口数据，2009 年进口数据；非金属矿采选业缺失 2008 年进口数据；石油、炼焦及核燃料加工业缺失 2009 年进口数据；黑色冶炼及压延加工业缺失 2009 年进口数据；化学原料及化学制品制造业缺失 2009 年进口数据。

根据调研，驰宏锌锗公司的主要产品是铅锌，在伦敦交易所以期货形式出售。因此易受国际金属价格波动影响，铅锌价格 2006 年、2007 年在 3 万元左右，2008 年、2009 年经济危机，价格大跌，为 1.3 万左右，现在微涨，在 1.7 万元左右。云冶由于资源自给率较高，达到 70%，所以受到的冲击较小。云铜资源自给率虽然只有 20%~30%，但是高于江铜的 18%、铜陵有色的 7%。云铝因为是外向经济，虽然铝土矿在全国居第 7 位，但大量靠进口，若国际价格有变动，受冲击很大。

根据 2007 年云南省投入产出表，云南资源型工业的供给主要来自省内和国外，分别占到了 77% 和 16%，而需求主要来自省外和省内，分别达到了 53% 和 44%。云南资源型工业呈现出依赖省内和国外生产原材料、供给全国的特点，体现出较强的原材料生产能力和薄弱的加工能力（图 3-2）。

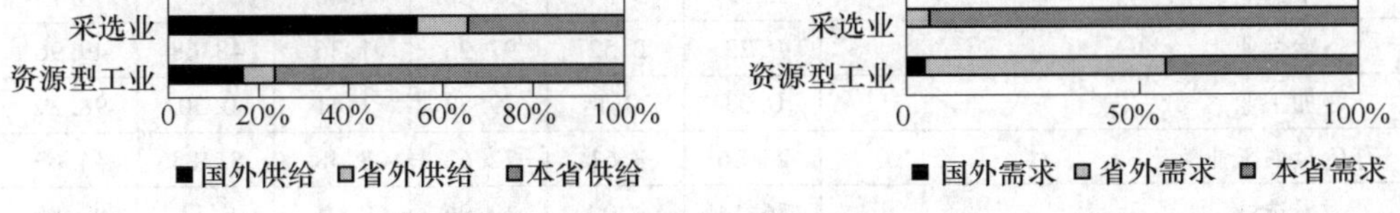

图 3-2 云南资源型工业供需构成

从部门来看，采选业呈现强烈的依赖国外（55%）和省内（35%）供给满足省内需要（95%）的特点；其中供给依赖国外最多的是有色金属采选业（76%），其次是黑色金属采选业（35%）和非金属矿及其他矿采选业（23%），煤炭开采洗选业则对本省的依存度较高（59%）。冶炼业呈现出完全依赖省内供给（96%）主要满足省外需求（80%）的特点；其中铁合金冶炼业、有色金属冶炼及合金制造业均几乎完全依赖省外需求（90%以上），炼铁业将近一半（43%）依赖省外需求，炼焦、炼钢业则主要依靠省内需求。加工业呈现出主要依靠省内供给（89%），主要满足省内需求（70%）的特点；其中有色金属压延加工业对省外的依赖比较高（65%），基础化学原料制造业对省外需求的依赖较高（40%）(表3-2)。

表3-2 云南部分行业供需进出口、调入调出情况 （%）

工业部门	供给			需求		
	国外	省外	本省	国外	省外	本省
资源型工业	15.94	6.99	77.07	3.42	52.79	43.79
采选业	55.31	10.22	34.47	0.01	4.74	95.25
煤炭开采和洗选业	13.97	27.11	58.92	0.00	2.79	97.21
黑色金属矿采选业	35.08	9.34	55.58	0.00	1.22	98.78
有色金属矿采选业	76.14	4.00	19.86	0.03	6.11	93.86
非金属矿及其他矿采选业	22.95	11.75	65.29	0.00	12.57	87.43
冶炼业	0.69	3.13	96.18	1.72	79.84	18.44
炼焦业	0.00	2.23	97.77	0.00	17.97	82.03
炼铁业	0.00	0.29	99.71	0.00	43.78	56.22
炼钢业	0.88	2.68	96.44	5.19	21.47	73.34
铁合金冶炼业	0.00	6.96	93.04	0.00	90.61	9.39
有色金属冶炼及合金制造业	0.83	3.32	95.85	1.96	91.32	6.72
加工业	0.57	10.19	89.23	7.93	22.40	69.67
基础化学原料制造业	2.24	1.81	95.94	4.54	39.77	55.70
肥料制造业	0.59	0.95	98.45	12.38	18.88	68.74
钢压延加工业	0.03	20.14	79.83	1.41	0.30	98.29
有色金属压延加工业	0.34	4.56	95.11	20.57	64.80	14.63
黑色金属工业	4.44	13.71	81.85	1.27	16.99	81.74
采选业	35.08	9.34	55.58	0.00	1.22	98.78
冶炼业	0.23	2.52	97.25	1.36	48.68	49.96
加工业	0.03	20.14	79.83	1.41	0.30	98.29
有色金属工业	23.76	3.61	72.63	3.48	81.83	14.69
采选业	76.14	4.00	19.86	0.03	6.11	93.86
冶炼业	0.83	3.32	95.85	1.96	91.32	6.72
加工业	0.34	4.56	95.11	20.57	64.80	14.63

续表 3-2

工业部门	供给			需求		
	国外	省外	本省	国外	省外	本省
磷盐工业	3.87	2.56	93.57	8.50	25.91	65.59
采选业	22.95	11.75	65.29	0.00	12.57	87.43
加工业	1.25	1.30	97.45	9.28	27.13	63.59
煤工业	8.94	18.15	72.91	0.00	10.12	89.88
采选业	13.97	27.11	58.92	0.00	2.79	97.21
加工业	0.00	2.23	97.77	0.00	17.97	82.03

资料来源：2007 年云南省投入产出表。

从行业上来看，黑色金属工业总体呈现省外供给满足本省需求的特点；其中的采选业对国外供给依赖较高（35%）、冶炼业对省外依赖较高（49%）。有色金属工业呈现依赖省内（73%）和国外（24%）供给，满足省外需求（82%）的特点；其中采选业主要依赖国外供给（76%）、冶炼业主要依赖省外需求（91%）、加工业主要依赖省外（65%）和国外（21%）需求。磷盐工业呈现出依靠省内供给满足全国需求的特点；其中非金属矿采选业对国外供给依赖较高（23%）、化工对省外需求的依赖较高（27%）。煤工业呈现出依靠省内外供给满足省内需求的特点；其中煤炭开采和洗选业对省外供给（27%）的依赖比较高。

总体说来，云南省对外依存度稳中有降，维持在一个相对安全的位置，一方面说明受世界经济波动影响较小，另一方面也说明经济的开放性不高。

3.1.2 供给安全发展

云南资源型工业原材料的国外供给主要是有色金属和黑色金属矿石，区域上主要是巴西、澳大利亚、秘鲁、印度、缅甸、蒙古、墨西哥（表 3-3）。

表 3-3 云南金属进口的来源及比重 （%）

原材料	国家	2006 年	2007 年	2008 年	2009 年	2010 年
黑色金属	巴西	57.78	46.34	38.24	12.39	21.12
	印度	14.18	27.08	29.94	29.65	20.79
	缅甸	5.36	8.12	11.20	19.48	28.60
	越南	7.54	4.23	8.63	9.60	4.99
	澳大利亚	5.11	7.98	8.29	6.11	4.69
	南非（阿扎尼亚）	9.97	6.01	3.14	15.96	5.86
	智利	0.00	0.00	0.00	4.07	6.55
	CR_3	81.93	81.55	79.37	65.09	70.50
	CR_6	99.94	99.76	99.43	93.20	87.91

续表 3-3

原材料	国　家	2006 年	2007 年	2008 年	2009 年	2010 年
有色金属	澳大利亚	38.38	24.87	18.90	34.40	22.03
	秘鲁	11.24	11.92	14.64	14.10	18.87
	蒙古	0.41	0.69	0	0	9.53
	墨西哥	2.55	3.02	5.69	5.37	6.71
	印度尼西亚	8.75	9.32	2.10	8.72	4.67
	智利	10.77	11.71	20.46	4.58	4.50
	越南	2.58	3.24	2.66	3.19	3.56
	缅甸	0.44	3.01	1.21	2.85	2.75
	西班牙	0.00	0	0.05	1.69	2.19
	玻利维亚	0.87	0.64	0.70	2.03	1.80
	亚美尼亚	2.25	2.11	1.24	1.69	1.54
	印度	1.58	3.20	4.11	2.00	1.24
	伊朗	1.81	5.51	3.32	2.75	0.96
	摩洛哥	0.40	0.40	0.50	1.13	0.79
	刚果	0.45	1.34	5.33	0.61	0.72
	牙买加	2.10	0.30	0.58	0.55	0.05
	新加坡	0.67	0.02	0.32	1.49	0
	德国	0.61	1.44	2.83	0.94	0
	加拿大	0	0	4.77	0	0
	坦桑尼亚	5.33	1.88	2.46	0	0
	CR_3	60.39	48.5	54.00	57.23	50.43
	CR_6	77.05	66.57	69.80	70.37	66.32

资料来源：云南省进出口贸易海关统计 2001～2010。

黑色金属的进口主要包括铁矿砂和锰矿砂。黑色金属进口国别集中度很高，但从 2006 年开始，进口国别集中度有所下降，进口额前 3 位国家所占比例从 2006 年 81.93% 下降到 2010 年 70.5%，2009 年集中度最低，仅为 65.09%，主要进口国家变化不大，主要集中在巴西、印度、缅甸，可以看出进口来源较稳定。

2006～2010 年，云南铁矿砂从 14 个国家进口。进口国家主要在缅甸、印度、越南和巴西等国家，进口国家或地区比较集中。2006～2010 年进口产品量前 6 位的国家集中度（CR_6）达到 94% 以上，2006～2010 年前 5 位的集中度（CR_5）分别为 76%、83%、82%、68%、78%。与前几年相比虽然集中度略有下降，但是仍然很高，高集中度预示着进口风险比较大，进口发生波动的可能性大，受其他国家供应的影响大。进口主要国家变化不大，说明进口供应相对较稳定。锰矿主要从13个国家进口，其中缅甸是主要进口国，锰矿砂进口量占云南总进口数量的70%以上，2008年达到93%。

有色金属矿石是云南资源型工业进口的重要矿石之一，主要是矿石原材料和一部分冶炼压延加工产品，主要包括铜矿砂、铝土矿、铅矿砂、锌矿砂、锡矿砂、钼、铌、钽、钒、锆矿砂、精炼铜及未精炼铜、未锻轧的锡及锡合金。2006~2010年，进口额前3位的地区集中度由60%下降到50%左右，有色金属进口国主要集中在澳大利亚、秘鲁和智利，但近年来从智利进口额比例明显下降，增加了从蒙古和印尼的进口比重。

2006~2010年，云南铜矿主要从43个国家进口，其中进口数量前3位的地区集中度由60%下降到50%，进口国主要是智利、秘鲁、澳大利亚。2009年、2010年从智利进口铜矿数量明显减少，墨西哥和蒙古进口数量增多，进口国家更为分散。

云南铝土矿全部从国内外购买，近年来从6个国家进口，其中进口数量比例最大的是澳大利亚，其次是印度，这两个国家进口量几乎占了整个进口市场份额。

根据企业的年度报告及实地调研数据，可知云南资源型工业主要企业的原材料自给情况：2010年云铜的资源自给率大概在30%左右，而江铜的资源自给率为20.8%，精矿自给率为24%。云铜锌业省外购矿地区主要是湖南、四川，占30%左右，进口矿占60%以上，自有矿山少。云冶的资源自给率较高，铅、锌资源自给率由2007年的49%和70%上升到2008年的52%和80%，2009年铅、锌资源自给率达到67%和64%；铝产业目前原材料供给部分依靠对外采购。昆钢集团所需的铁原料过去主要依靠原有四座铁矿山供给，经过几十年开采，四座矿山资源已近枯竭，选矿厂主要依靠收购乡镇民采矿石维持生产。2004年，昆钢集团自产矿仅占11.4%，进口矿占31.9%，省内收购矿占56.7%。云南锗业公司拥有特大优质锗矿，锗原材料外购比例为23.28%。云天化国际的磷矿石自供率约为73.5%；合成氨由本公司配套生产装置供应，自供率约为93%，少量不足部分在云南省内采购。云南煤化工集团有限公司只控制了云南13%的煤炭，煤炭资源不是很充足，很多“十二五”项目到现在还没能启动。云南煤炭产业基本上是自给自足，少量从贵州调入，但是在旱季云南水电供应不足，就需要煤电来提供部分支持，否则就会影响云南经济的正常运行。

云锡集团的锡矿石自给比例约40%，其他有色金属原材料（矿石）自给率达到100%，自给率较高。我国曾经是全球最大的锡精矿出口国，后又转为精锡的主要出口国，而在2008年以后，已经转变为净进口国。这种角色的转换受消费的快速增长和原料短缺的影响。

云锡集团2010年排在前五位的供货商见表3-4。从原料供应商来看，云锡集团的原料供应商主要为几大跨国公司巨头，比如嘉能可、必和必拓、澳洲雷尼森。其中必和必拓是全球最大的资源公司，嘉能可集团是来自瑞士的大宗商品实货交易巨头。

表3-4 云锡集团公司前五位原料供应商和设备供应商

类型	序号	供应商名称	金额（含税）（万元）	占年度原材料采购比例（%）
原材料	1	GLENCORE（嘉能可）	69800	11.37
	2	云南应炜商贸公司	36900	6.01
	3	必和必拓	34000	5.54
	4	澳洲雷尼森	24900	4.06
	5	临武县运佳矿业有限公司	24200	3.94
	合计		189800	30.92
设备	1	云南锡业集团有限责任公司	94609	88.94
	2	云南锡业机械制造有限责任公司	5798	5.46
	3	红河州飞瑞达科技有限公司	385	0.41
	4	云南四联智能技术有限公司	277	0.26
	5	淮北市中芬矿山机械有限责任公司	198	0.19
	合计		101267	95.26

资料来源：云锡集团股份公司2010年年度报告。

从云锡集团的材料、燃料、备品备件及设备供应商的情况来看，云锡集团的设备供应商最大的是在集团内部，把市场交易内部化，从而节约了成本，其次为国内其他厂商。

从云南省资源型工业的供给来看，主要矿产品来源于少数的几个国家和地区，值得肯定的是企业加快了海外找矿步伐，但是不容忽视的是企业海外找矿的严峻形势。首先是好的大的矿山早已经被世界矿业巨头占据，其次是中国企业海外购买矿山时，往往面临着严格的外资审查和漫天要价，根本原因在于矿产资源是稀缺性的、战略性的资源，外国企业巨头和政府联手狙击中国企业外出找矿。因此比较可行的办法就是尽量避免直接在国外找矿和采矿，而是直接买矿，从而避免受到当地政府和企业的阻击。但这需要拥有高技术的冶炼和加工技术，因此提高技术水平，是从根本上解决矿产资源对外依存度的主要途径。

总的来看，矿产资源的全球化贸易是大势所趋，云南资源型工业进口依存度不是很大，但从进口来源国的集中程度来看，集中度过高，存在风险，不安全；同时部分矿产和企业的对外依存度太高，很不安全，主要是铜铝矿石；从供货商的集中程度来看，也存在一定的风险。综合考虑，可以判定云南资源型工业进口基本安全。

3.1.3 需求安全发展

总体上云南资源型工业的出口国别集中度高，受出口国影响大，不安全；同时出口国家更迭频繁，使企业每年都要花费大量资金开辟新市场，导致出口成本增加；另外还受到国际价格波动和国家政策的影响，因此整体上出口不安全。

黑色金属：黑色金属出口产品主要是冶炼加工产品，根据云南海关统计资料，主要出口产品有钢铁锭，钢铁条、杆、角材及异型材。黑色金属出口国家及地区集中度很高，主要集中在缅甸、老挝、越南，出口集中度达到97%以上，出口国家逐渐由越南转向缅甸（表3-5）。

表3-5 云南资源型工业主要产品出口产值去向比重 （%）

产　品	国家和地区	2006年	2007年	2008年	2009年	2010年
黑色金属	缅甸	14.24	5.19	30.42	76.38	77.35
	老挝	0.89	1.43	26.84	19.56	19.18
	越南	80.42	91.29	42.03	1.92	3.27
	赤道几内亚	0	0	0	1.19	0
	CR_3	98.33	97.91	99.29	97.85	99.80
	CR_6	99.98	99.97	99.99	99.50	99.83
有色金属	韩国	9.05	2.00	18.54	0	28.03
	越南	0.66	1.91	6.39	31.27	22.36
	缅甸	1.33	0.81	2.28	11.71	9.63
	新加坡	20.72	25.24	3.31	2.53	8.95
	荷兰	3.73	12.54	3.72	1.27	4.76
	日本	15.31	13.81	29.08	4.73	3.75
	澳门	0.01	0.00	0.20	2.59	3.38
	墨西哥	0.01	1.13	0.52	0	3.20
	中国台湾	3.44	3.12	0.56	33.80	2.64
	美国	12.09	10.31	6.88	1.28	2.54
	马来西亚	1.13	1.64	5.36	2.88	1.68
	中国香港	20.40	13.10	3.59	0.25	1.47

续表 3-5

产　品	国家和地区	2006 年	2007 年	2008 年	2009 年	2010 年
有色金属	意大利	1.06	0.55	0.29	0.51	1.43
	CR_3	56.42	52.15	54.49	76.78	60.02
	CR_6	81.29	79.35	71.37	86.97	77.47
化学肥料	印度	11.60	12.46	23.79	25.96	37.63
	越南	35.41	15.33	6.60	25.93	15.75
	孟加拉国	20.80	4.62	18.87	18.55	9.64
	巴西	6.49	18.16	17.26	5.28	8.43
	阿根廷	1.53	3.87	0.97	0.23	4.32
	印度尼西亚	10.08	2.87	2.91	5.38	3.94
	斯里兰卡	2.15	2.62	2.65	0.81	3.44
	缅甸	1.96	1.64	0.82	1.80	3.40
	泰国	1.97	3.76	1.79	0.83	2.90
	澳大利亚	1.03	3.95	4.94	4.50	2.50
	巴基斯坦	0.00	14.25	6.07	0.00	1.23
	日本	1.42	1.15	1.21	0.74	0.87
	CR_3	67.82	47.74	59.92	70.44	63.02
	CR_6	86.53	70.57	77.54	85.60	79.71
化学制品	日本	23.44	16.08	21.62	16.66	17.75
	韩国	3.48	6.55	4.43	8.12	13.11
	中国台湾	4.03	5.64	6.29	6.49	9.62
	越南	5.57	9.02	5.90	10.24	9.52
	美国	7.57	4.37	6.07	1.85	3.83
	荷兰	2.85	3.10	3.09	2.88	3.74
	马来西亚	1.83	2.32	1.90	3.45	3.72
	意大利	5.19	5.51	5.47	3.40	3.65
	澳大利亚	0.75	1.63	1.27	1.14	3.43
	印度	5.39	5.99	7.91	3.61	3.12
	泰国	5.84	5.96	5.11	3.56	3.11
	印度尼西亚	8.19	5.97	5.56	5.40	2.87
	伊朗	3.39	5.61	2.49	5.62	2.22
	俄罗斯	0.50	0.07	0.88	0.62	2.16
	法国	1.05	1.16	0.30	0.83	2.06
	缅甸	1.46	1.33	0.44	2.12	1.50
	智利	1.32	2.51	1.77	2.79	1.38
	德国	2.57	2.25	5.05	1.25	1.28
	CR_3	39.19	31.65	35.82	35.01	40.49
	CR_6	55.99	49.57	53.35	52.52	57.58

资料来源：云南省进出口贸易海关统计 2001 ~ 2010。

有色金属：主要产品是未炼轧的铝及铝合金、铝制品、未锻轧的铅及铅合金、铅制品、未锻轧的锌及锌合金、锌制品、未锻轧的锡及锡合金、锡制品等有色金属冶炼压延加工产品。有色金属冶炼及加工产品出口国家地区较分散，出口贸易不稳定，出口国别集中度不高。

化学肥料：主要包括磷肥、氮肥、未列名化肥。2006～2010 年，云南氮肥出口到 21 个国家，其中大部分出口给越南，磷肥出口到 36 个国家，主要是孟加拉国、巴西、印度尼西亚，未列名化肥出口到 53 个国家，主要出口地是印度，其次是越南、孟加拉国、巴基斯坦和巴西等地。化学肥料出口地主要集中在印度、越南、孟加拉国、巴西等地，出口额最大的前 3 个国家集中度虽达到 60%，但各地区进口额在云南总出口额中的比重差距不大，不会威胁到云南化肥的出口。由于化肥是农业生产必要的材料，云南具有丰富的磷矿资源，中国占全世界磷矿石储量的 66%，因此不存在威胁。

化学制品：主要包括无机酸及非金属无机氧化物等有机化学品，氯化物、硫化物、磷酸盐、其他无机碱、锌、铬、锰、铁、钛及铅的氧化物、磷、硅、硒、砷等无机化学品。2006～2010 年，磷、硅、硒、砷等化学品出口到 50 个国家及地区，无机酸及非金属无机氧化物出口到 100 个国家及地区，磷酸盐出口到 73 个国家及地区，化学制品出口地区广泛，不存在受个别地区控制的情况。总体来看，化学制品出口国集中度低，不存在个别出口地过度集中的情况。

从主要客户和销售区域来看，云南资源型工业各主要企业各有侧重。

云铜的主要销售区域集中在我国西南地区，其次是华北地区、华东地区，其中西南地区占绝对优势。主要是因为西南地区比较近，能节约运输成本，华北和东北地区有比较大和先进的铜冶炼加工厂。云南铜业目前的销售地比较分散，没有过度集中现象。国内市场主要是针对西南，其中重庆市场占了 60%，定价主要是由长江现货和上海期货、IMB 市场决定。电解铜是卖方市场，深加工的铜是买方市场，但铜产业市场受铜价影响很不稳定，经济危机时铜价从 8 万～9 万元降到 2 万元多，对大部分铜矿企业冲击很大。同时中铝在呈贡投资了铜深加工项目，如果投产，那么云铜生产的原料可能都会用来提供给中铝（表 3-6）。

表 3-6　云铜产品销售地区比较

序号	地　区	2010 年		2009 年	
		收入（亿元）	毛利率（%）	收入（亿元）	毛利率（%）
1	西南地区	80.43	2.41	42.55	11.23
2	华北地区	45.75	4.06	29.69	10.36
3	华东地区	45.15	3.34	28.37	10.33
4	华南地区	31.37	4.02	16.72	10.12
5	东北地区	12.67	3.91	2.3	10.28
6	西北地区	2.25	3.71	1.27	10.6

昆阳磷矿的省内主要买家是云天化、新亿泓磷，省外的主要有广西鹿寨化肥、江西贵溪化肥、江西六国化工、安徽六国化工、重庆川东化工、四川金化几家公司。目前不存在卖不出去的情况；主要是卖原矿，也有些简单的粗加工，比如黄磷矿和矿粉等；在售卖中，通过配矿的方式，把高低品位的矿结合起来，达到一个平均的品位再出售。云铜锌业生产的主要产品是高纯锌锭，其纯度在99.995%以上。铅锭的交易平台是上海有色金属交易所。

云锡集团公司最大的客户在云南省内，其次是华东地区。其中上海毕成金属材料有限公司主要是外贸出口代理商；宝山钢铁主要是进一步深加工(表3-7)。

表3-7　云锡集团、云铝、云煤前五名客户情况

企业	序号	客户名称	销售收入（亿元）	占年度销售总收入的比例（%）
云锡集团	1	云南个旧有色冶化有限公司	55.89	6.03
	2	上海毕成金属材料有限公司	3.19	3.44
	3	宝山钢铁股份有限公司	3.08	3.33
	4	上海复天实业有限公司	1.38	1.49
	5	浙江天能物资贸易有限公司	1.24	1.34
	合计		14.49	15.63
云铝	1	托克贸易（上海）有限公司	4.79	8.32
	2	佛山市成拓有色金属贸易有限公司	4.57	7.93
	3	深圳市北方投资有限公司	2.94	5.1
	4	昆山六丰机械工业有限公司	2.71	4.7
	5	远轻铝业（中国）有限公司	2.20	3.83
	合计		17.21	29.88
云煤	1	徐州市建平化工有限公司	1.03	8.84
	2	云南云天化联合商务有限公司	1.01	8.63
	3	常州市阳城化工有限公司	0.81	6.9
	4	浙江新安化工集团股份有限公司	0.67	5.75
	5	罗地亚—恒昌（张家港）精细化工有限公司	0.45	3.99
	合计		3.98	34

资料来源：云铜股份、云铝股份、云煤能源、云锡集团股份、云天化股份2010年年度报告。

云铝主要还是面向国内市场，最主要的客户托克贸易和佛山成拓有色金属贸易公司是出口代理商，通过代理商可以节约交易成本，防范价格风险，其余为加工企业。

云煤主要面向国内市场，同时主要客户为进一步深加工企业和贸易代理企业。

从以上分析可知，几大企业绝大部分营业收入都来自于国内，国外直接客户较少，客户结构比较单一，分散程度不高；在可见的未来，未见重大利好因素，基本改变不大。总体来看，可算基本安全。就具体的客户公司而言，大部分集中在西南和华东地区，这是因为西南地区的冶炼加工厂从云南省企业购买原材料进一步加工的成本较低；而华东地区出口商和大型加工企业较多。可见，几大主要企业营业范围集中于国内市场，不利于风险规避，同时客户主要集中在加工企业和代理出口企业，意味着本土企业主要是出售原材料等，处于产业链的底端，不利于资源型工业的进一步发展。

3.2 市场结构安全发展

市场结构有狭义和广义之分，狭义是指买方构成市场，卖方构成行业；广义是指一个行业内部买方和卖方的数量及其规模分布、产品差别的程度和新企业进入该行业的难易程度的综合状态，也可以说是某一市场中各种要素之间的内在联系及其特征，包括市场供给者之间（包括替代品）、需求者之间、供给和需求者之间以及市场上现有的供给者、需求者与正在进入该市场的供给者、需求者之间的关系，资本市场主体对象和生产要素制度性安排方式。主要包括市场主体、市场格局、市场集中度三个方面，有完全竞争、垄断竞争、寡头、完全垄断四种结构。一个市场的结构依赖于买者和卖者的数量以及产品差别的大小，可以依照市场上厂商的数量、厂商所提供产品的差异、对价格的影响程度以及进入障碍等特点进行判断。

产业或行业的特点（如天然垄断性）等决定了该产业的市场结构特点，因此符合产业或行业的市场结构有利于产业或者行业的发展，反之亦然。市场结构安全指该产业的市场结构是否符合该产业的特征。一般可以用规模集中度来考察市场的集中度。

为了详细分析云南资源型工业市场结构的安全发展，分别从规模集中度、竞争对手、产品差别等方面进行分析。

3.2.1 规模集中度

规模集中度反映一个行业生产经营的集中程度，是用来测量产业竞争性和垄断性的最简单易行与最常用的指标。其影响因素主要有：（1）该行业内大企业的规模。某行业的市场容量既定，少数大企业的规模越大，集中度就越高。导致企业规模变化的主要因素有企业扩大规模的动机、技术进步、政府经济政策和法律的影响等。(2) 市场容量。市场容量的扩大容易降低集中度，市场容量的缩小或不变，则容易提高集中度。

产业集中度一般以产业内规模最大的若干家厂商的有关指标值占整个市场或行业的份额来衡量。任何行业所属企业规模都是大小不同的，故各企业产量的市场份额也必然不同。显然，该行业中产量最大的少数企业的市场份额，必然在市场占绝对优势。这种优势反映了生产的集中度的高低及竞争力的强弱。其计算公式为：

$$CR_n = \sum_{i=1}^{n} X_i / \sum_{i=1}^{m} X_i$$

式中 CR_n ——产业 m 家企业中，产值最大的 n 个企业产值的市场份额；

X_i ——每个企业的产值。

一般说来，集中度高就表明在特定行业中少数大企业拥有较大的经济支配能力，或者说具备了一定程度的垄断能力。根据 CR_4 将集中类型分为六个等级，即极高寡占型（$CR_4 > 0.75$）、高集中寡占型（$0.65 < CR_4 \leqslant 0.75$）、中（上）集中寡占型（$0.5 < CR_4 \leqslant 0.65$）、中（下）集中寡占型（$0.35 < CR_4 \leqslant 0.5$）、低集中寡占型（$0.3 < CR_4 \leqslant 0.35$）、原子型（$CR_4 \leqslant 0.3$）。

我国实行的社会主义市场经济制度以及资源型工业自身的特点，决定了我国资源型工业市场结构的改进方向和目标应是寡头垄断或接近寡头垄断型市场结构。

根据云南工业经济信息资料，利用主营业务收入计算了云南资源型工业的规模集中度 CR_4，如图 3-3 所示。云南资源型工业的规模集中度从 2001 年开始逐渐下降，到 2004 年降到最低，然后集中度又逐渐提高。总体上云南资源型工业的规模集中度在 0.3 左右，属低集中寡占型。但是过低的规模集中度使得云南资源型工业的对外竞争优势不足（表 3-8）。

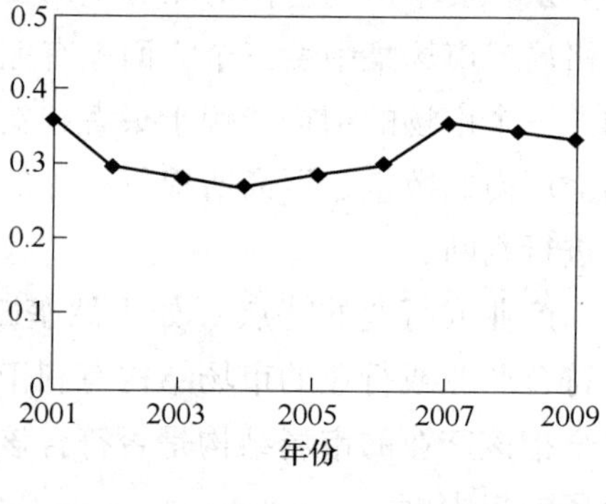

图 3-3 云南资源型工业规模集中度

表 3-8 云南资源型工业规模集中度

年份	企业数（个）	主营业务收入（亿元）	产值最大 4 家企业主营业务收入（亿元）	产值最大 10 家企业主营业务收入（亿元）	CR_4
2001	436	286.18	103.17	137.47	0.36
2002	461	340.59	102.27	140.16	0.30
2003	527	451.41	128.72	176.05	0.29

续表 3-8

年份	企业数（个）	主营业务收入（亿元）	产值最大4家企业主营业务收入（亿元）	产值最大10家企业主营业务收入（亿元）	CR_4
2004	718	765.27	209.15	291.88	0.27
2005	764	1088.69	319.84	420.38	0.29
2006	857	1622.97	484.45	637.41	0.30
2007	959	2211.39	786.88	804.1	0.36
2008	1268	2557.45	631.93	758.23	0.25
2009	1231	2199.82	739.47		0.34

注：2001～2003 年主营业务收入由销售收入代替。

分行业来看，2009 年只有黑色金属工业的规模集中较高，达到 62%；有色金属、磷盐、煤工业的规模集中度均在 30% 以下，规模集中度低。与 2005 年相比，只有黑色金属工业的规模集中度有所提高，其他行业的规模集中度均有所下降（表 3-9）。

表 3-9 云南省 2005 年、2009 年部分工业规模集中度及相关指标

年份	行 业	企业数（个）	主营业务收入（亿元）	产值最大4家企业主营业务收入（亿元）	产值最大10家企业主营业务收入（亿元）	CR_4
2005	黑色金属工业	178	317.23	162.85	197.57	0.51
	有色金属工业	228	459.96	221.02	275.04	0.48
	磷盐工业	194	233.10	59.35	108.28	0.25
	煤工业	156	77.08	27.91	54.63	0.36
2009	黑色金属工业	188	680.46	419.26	529.11	0.62
	有色金属工业	312	797.06	197.51	301.67	0.25
	磷盐工业	226	392.62	85.97	176.07	0.22
	煤工业	490	326.90	86.78	145.03	0.26

资料来源：云南省工业经济信息年鉴 2005、2009。

总的来看，云南资源型工业的规模集中度属于低集中寡占型，集中度还比较低。

3.2.2 竞争对手

竞争对手是那些生产或经营与自己相同、类似或可以相互代替产品的企业。一种产品往往有许多企业生产或经营，各企业为了争取有利的销售市场，彼此间要进行竞争。一般竞争对手的力量越强，对自己的威胁就越大。竞争对手包括现实的竞争对手和潜在的竞争对手两种。现实的竞争对手指的是目前已经存在的生产同类产品的企业；潜在竞争对手指的是将要出现的生产同类产品的企业，如新开办而尚未投产的同类企业，正要转产同类产品的企业等。潜在竞争对手一旦投产就会成为现实的竞争对手。

企业要在变幻莫测的市场中取得或保持竞争优势，就必须重视竞争对手。企业的竞争对手级别决定企业成就的大小。只有在相互竞争的市场中，才能实现资源的有效配置；只有保持对竞争对手的警惕才能使企业处于暂时的安全状态之中。同样，对于一个由企业组成的产业来说，竞争对手的威胁是产业安全必须要考虑的问题。

云南资源型工业存在天然垄断性的特点，因此要适度垄断才能实现资源的有效利用，同时又需要适度的竞争才能保持企业活力。从企业规模和企业实力来划分，云南资源型工业企业要面临三个层次的竞争对手威胁，首先是省内，其次是国内，最后是国外，下面从这三个方面进行分析。

3.2.2.1 省内竞争对手

云南资源型工业的主要代表企业有：云南冶金集团、云南锡业集团、云天化集团、云南煤化工集团、昆明钢铁集团；贵研铂业股份有限公司（云锡集团子公司）、云南铝业股份有限公司（云南冶金集团子公司）、云南云维集团（云南煤化子公司）、云南盐化股份有限公司（云天化集团子公司）、云南磷化集团（云天化集团子公司）、云南驰宏锌锗股份有限公司（云南冶金集团子公司），均为大型国有企业，受云南省国资委直接管辖或控制，除此之外，还有云南铜业集团（中国铝业集团子公司）、云南临沧鑫圆锗业股份有限公司、蒙自矿冶有限责任公司、四川宏达集团，上述企业除云南铜业集团外均为民营企业，云铜集团目前控制人为中国铝业集团，受国家国资委控制。云南资源型工业企业以国有大型企业为主，主要是因为产业本身具有自然垄断性特点以及发展主导产业的需要。

A 企业简介

云南冶金集团是以铝、铅锌、锰、钛、硅五大产业为主，集采选冶、加工、勘探、科研、设计、工程施工、内外贸以及冶金高等教育为一体的国家520户重点企业和云南省政府重点支持的10户大型工业企业，位居中国企业500强第267位、中国制造业企业500强第140位、中国企业效益200佳第120位、中国企业纳税200佳第181位、中国大企业集团竞争力500强第136位、中国有色金属工业销售收入第11位、云南企业百强第9位。云南冶金集团拥有成员单位47个，职工两多万人。公司主要生产铝、铅、锌等有色金属，锗、金、银等稀有贵重金属以及锰系列产品。云南冶金集团已形成铅锌采矿182万吨、选矿238万吨，锰矿采矿43.5万吨、选矿43.5万吨，有色金属冶炼124万吨、深加工42万吨，铁合金29万吨，工业硅4万吨的年生产能力。截至2010年12月31日，云南冶金集团总资产为439亿元，总负债为269亿元，股东权益（含少数股东权益）为170亿元。

云锡集团现有总资产100多亿元，职工3万人，离退休人员3万人。云锡集团产品以精锡、焊锡及锡材、锡化工系列为主，同时生产铜、铅、锌、镍、铟、银、铋、金、铂、钯、铑、铱、钌、锇、贵金属高纯材料，特种功能材料，信息功能材料，环境、催化功能材料及有色化工产品等共20个系列600多个品种，有41种产品和设备出口56个国家和地区，企业自营出口创汇连续多年居云南省第一。主导产品“云锡集团牌”精锡是“中国名牌产品”、国家质量免检产品，在伦敦金属交易所注册“YT”商标，是国际知名品牌，锡铅焊料在国内同类产品中唯一获得国家质量金奖。公司通过了ISO 10012.1计量检测体系认证、ISO 9001质量管理体系认证和ISO 14001环境管理体系认证。截至2009年9月，云南锡业集团有限责任公司总资产为127亿元，所有者权益为33亿元。

云天化集团是一家以化肥为主，以有机化工、玻纤新材料、盐及盐化工、磷化工和磷矿采选为重要发展方向的大型综合性产业集团。截至2011年一季度末，该公司拥有二级子公司27家（全资子公司16家，控股子公司11家），其中包括3家上市公司，即云南云天化股份有限公司、云南马龙产业集团股份有限公司和云南盐化股份有限公司。截至2011年一季度末，云天化公司合并资产总计700亿元，负债总计547亿元，合并所有者权益153亿元。

云南煤化工集团下辖云南云维集团有限公司、云南东源煤电股份有限公司、云南煤化清洁能源开发有限公司等10余家企事业单位，拥有一家上市公司——云南云维股份有限公司。下属单位主要分布在云南昆明、曲靖、红河、昭通等地。现有员工5万余人，总资产为282亿元，净资产为71亿元。

昆钢集团是全国520户国有重点企业之一，也是云南省122户建立现代企业制度重点企业和当前重点支持的10户大企业集团之一。昆钢集团现有9家子公司，其中控股子公司3家，全资子公司6家。目前昆钢集团已形成矿石采选、铁合金、动力能源等产业板块，是最重要的收入和利润来源之一。截至2010年6月末，昆钢集团总资产为180亿元，总负债为88亿元。

云南锗业股份有限公司属民营控股企业，是国内唯一拥有锗矿采选、火法富集、湿法提纯、区熔精炼、精深加工及研发一体化，锗产业链较为完整的高新技术企业；是国内最大的锗系列产品生产商和供应商，2007年锗产品销售量占全国总销量的43%，属国内第一，亚洲之首。主要产品有氧化锗、区熔锗、锗单晶、锗光学元件、光伏级太阳能锗单晶、超高纯锗单晶等。

B　企业竞争范围分析

从企业的主营业务收入构成来看，昆钢集团的主营业务收入是由矿产采选（占37%）、铁合金、动力能源、装备制造、耐火材料构成；云铜集团的主营业务收入由电解铜、铜杆、硫酸、贵金属、铁精矿构成；云锡集团主要是锡锭、锡材、锡化工、铅产品、铜精矿及其他产品构成；云天化集团收入主要分布在化工、建材、商贸、采煤行业，由尿素、玻璃纤维、合成氨、聚甲醛、商贸构成；云南煤化工集团收入分布在化工行业，由黄磷、三聚磷酸钠、磷酸构成；云南冶金集团由铝板块、铅锌板块、锰钛板块、硅板块构成；云南锗业主营业务分布在有色金属行业，由高纯二氧化锗、区熔锗锭、红外锗单晶、红外镜头、锗镜片、其他镜头、有机锗、太阳能锗单晶片、砷化镓晶片、锗加工、砷化镓加工构成；驰宏锌锗公司主要分布在有色金属采选、冶炼、有色金属冶炼受托加工行业，由锌、锗、铅、硫酸、银锭、锌精矿、硫酸锌、硫精矿、铜浮渣构成；四川宏达集团主要是铅锌产品；蒙自矿冶公司为硫酸、锌锭、铟锭。

可见，存在直接竞争关系的是驰宏锌锗公司和云南锗业、云南冶金集团和四川宏达集团、云天化集团和云南煤化工集团、云南冶金集团和蒙自矿冶。

从实际情况来看，驰宏锌锗和云南锗业存在直接的竞争关系，云南冶金集团的铅锌板块和四川宏达集团存在直接的竞争关系，云天化集团和云南煤化工集团在煤化板块上存在重合，云铜集团、云南冶金集团和蒙自矿冶公司在硫酸产品上也存在重合，同时云南冶金集团和蒙自矿冶公司在锌产品上也存在重合（图3-4）。因为硫酸是生产过程中的副产品，因此市场竞争不会很激烈，同时对于云天化集团来说，煤化工板块所占比例相对较小，且是作为其化工产业链的补充，因此与云南煤化工集团的竞争不会很激烈。竞争最激烈的应该是驰宏锌锗和云南锗业、云南冶金集团和四川宏达集团。

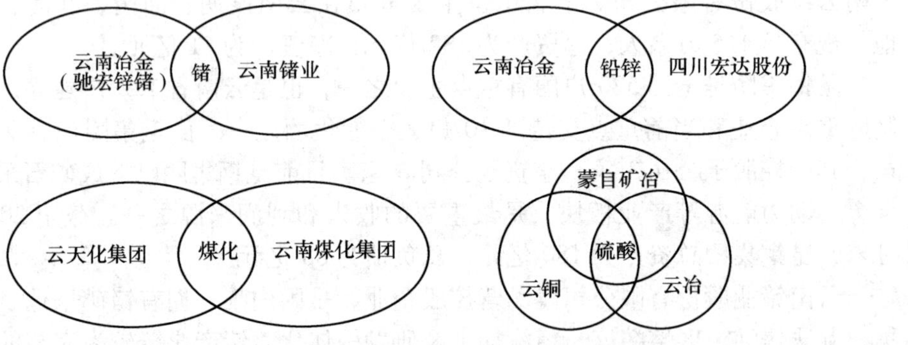

图3-4　云南资源型工业主要企业产品竞争示意图

C　企业竞争优势分析

a　驰宏锌锗和云南锗业

从驰宏锌锗与云南锗业的情况对比（表3-10）中可以看出，驰宏锌锗规模远远大于云南锗业，根据2010年数据，驰宏锌锗总资产为云南锗业的7倍、营业收入为24倍、利润总额为6倍、净利润为6倍；但云南锗业的盈利能力远高

表 3-10 驰宏锌锗和云南锗业近三年基本情况对比

企业	年份	总资产（亿元）	负债（亿元）	营业总收入（亿元）	利润总额（亿元）	净利润（亿元）	资产负债率（%）	净利润率（%）	总资产收益率（%）
云南锗业	2008	3.69	1.73	2.09	0.94	0.81	46.92	38.90	22.07
	2009	4.37	1.84	1.89	0.92	0.78	42.18	41.31	17.86
	2010	12.58	0.28	1.76	0.90	0.77	2.20	43.51	6.09
驰宏锌锗	2008	50.89	27.41	46.44	1.88	1.54	53.86	3.31	3.02
	2009	78.39	36.07	38.24	3.01	2.63	46.01	6.88	3.35
	2010	91.99	48.03	48.52	5.54	4.61	52.21	9.50	5.01

资料来源：云南锗业、驰宏锌锗 2008～2010 年年度报告。

于驰宏锌锗，资产负债率水平也远远低于驰宏锌锗，云南锗业的净利润率为驰宏锌锗的4.5倍，资产负债率远低于驰宏锌锗，总资产收益率也高于驰宏锌锗。单独从锗产品来看，云南锗业的规模要大于驰宏锌锗公司（表3-11）。

表 3-11 驰宏锌锗和云南锗业锗产品收入对比

企业	年份	营业收入（亿元）	营业成本（亿元）	营业毛利率（%）	占营业收入比（%）
驰宏锌锗	2010	1.04	0.89	14.33	2
	2009	0.32	0.27	15.23	1
云南锗业	2010	1.71	—	—	97
	2009	1.86	—	—	98

资料来源：根据云南锗业、驰宏锌锗 2010 年年度报告整理。

驰宏锌锗的锌、铅、锗储量丰富，锗产品产量和质量居全国首位，是全国最大的锗生产出口基地，锗产量约占世界产量10%；而云南锗业已经探明的锗金属保有储量合计达689.55吨，占中国锗金属保有储量的19.7%，全球的8%。驰宏锌锗主要产品为高纯锌、高纯铅、高纯二氧化锗、高纯锗、硫酸锌、锌合金；拥有矿山厂、麒麟厂两座自备矿山，曲靖和会泽两个生产基地，其中麒麟厂矿山资源储量大、品位高，远景储量预计超过600万吨。云南锗业资源储量丰富，自给率在50%以上，拥有大寨锗矿等特大优质锗矿，合计资源储量超过720吨，云南锗业公司原材料外购比例仅为23.28%，也就是说原材料自给率为76.72%，远高于驰宏锌锗。目前驰宏锌锗公司具有年采选矿石60万吨，锌产品16万吨，铅产品5万吨，锗产品30吨的能力；云南锗业截至2009年底，锗金属产能为39吨/年，居国内第一，扩建工程完工后产能将增至47.6金属吨。可见云南锗业在资源储量、资源自给率和产能方面远远超过驰宏锌锗公司。

从从业人员的对比可见（表3-12），驰宏锌锗的员工人数远远高于云南锗

表 3-12 云南锗业和驰宏锌锗员工情况对比

项目	云南锗业			驰宏锌锗		
岗位分布	岗位类别	人数（人）	比例（%）	岗位类别	人数（人）	比例（%）
	生产人员	347	60.65	市场营销人数	107	1.11
	行政人员	43	7.67	专业人员	501	5.19
	技术人员	35	9.23	技术人员	1640	16.98
	研发人员	104	16.05	管理类人员	580	6.00
	销售人员	14	3.84	生产和其他人员	6832	70.72
	财务人员	12	2.56			
	总　计	555	100	总　计	9660	100.00
学历情况	学　历	人数（人）	比例（%）	学　历	人数（人）	比例（%）
	本科以上	55	9.91	本科以上	72	0.43
	大　专	98	17.66	本　科	1435	13.51
	中专及以下	402	72.43	大　专	1951	19.23
	总　计	555	100	大专以下	6202	66.83
				总　计	9660	100
年龄构成	年龄（岁）	人数（人）	比例（%）	年　龄	人数（人）	比例（%）
	30 以下	188	33.87			
	30～40	258	46.49			
	40～50	94	16.94			
	50 以上	15	2.70			
	总　计	555	100.00			

资料来源：云南锗业、驰宏锌锗 2010 年年度报告。

业，生产人员的比例远远高于云南锗业，科技和研发人员比例远低于云南锗业，营销人员比例高于云南锗业。从员工受教育程度来看，本科及本科以上，驰宏锌锗高于云南锗业。总体看来，驰宏锌锗的员工素质好于云南锗业。需要注意的是数据无法反映出高素质人才对企业生产经营的影响。倘若从劳动生产率来看，云南锗业的生产率要高于驰宏锌锗。

从企业结构来看，两者都是上市公司，不同的是云南锗业是民营企业而驰宏锌锗是国有控股企业。两者都采取的是法人治理结构。

从技术情况来看，根据调研报告，云南锗业与驰宏锌锗的技术互有交叉，从生产的产品种类可以看出，云南锗业的部分技术实力要高于驰宏锌锗。

总体说来，在云南省内市场的锗行业竞争中，云南锗业相对于驰宏锌锗公司更具有优势。

b　云南冶金集团和四川宏达集团

通过云南冶金集团和四川宏达集团近三年基本情况的对比，四川宏达整体规模大于云南冶金，根据2010年的数据，总资产为云冶的3倍、营业总收入为云冶的4倍，四川宏达的利润为负，而冶金集团三年持续盈利且利润呈上升趋势。四川宏达股份的资产负债率居高不下，远远高于云南冶金，净利润率三年为负，总资产收益率也为负，相对来说，云南冶金虽然为盈利状态，但净利润率和总资产收益率仍偏低（表3-13）。

表3-13 云南冶金集团和四川宏达股份2008～2010年基本情况对比

企业	年份	总资产（亿元）	负债（亿元）	营业总收入（亿元）	利润总额（亿元）	净利润（亿元）	资产负债率（%）	净利润率（%）	总资产收益率（%）
云南冶金集团	2010	103.18	90.87	41.48	-2.16	-3.58	88.07	-8.63	-3.47
	2009	86.71	70.85	39.87	3.11	1.75	81.71	4.39	2.02
	2008	74.90	52.02	39.80	-6.07	-6.00	69.45	-15.07	-8.01
四川宏达	2010	438.69	269.29	170.47	5.19	3.54	61.38	2.07	0.81
	2009	364.48	213.47	123.23	2.38	1.42	58.57	1.15	0.39
	2008	228.31	137.19	145.07	3.01	2.31	60.09	1.59	1.01

资料来源：云南冶金集团股份有限公司2008年、2009年、2010年度第一期短期融资券募集说明书，宏达股份2008～2010年年度报告。

从铅锌板块的营业收入来看（表3-14），云南冶金集团的规模要大于宏达，并且铅锌板块贡献了毛利的62%，可见铅锌板块是云南冶金集团目前主要的利润来源。

表3-14 2010年云南冶金集团与宏达股份铅锌板块产量和营业情况对比

企业	营业收入		营业成本		毛 利		毛利率（%）
	金额（亿元）	占比（%）	金额（亿元）	占比（%）	金额（亿元）	占比（%）	
云冶	60.42	35.39	43.63	30.38	16.80	61.94	27.8
宏达	29.23	—	23.68	—	5.55	—	29.42

资料来源：云南冶金集团股份有限公司2010年度第一期短期融资券募集说明书，宏达股份2010年年度报告。

云南冶金集团铅锌保有资源储量为3427.3万吨，金属量为322.65万吨，铅平均品位为3.48，锌平均品位为5.93，矿山生产产能为159万吨/年。2011年1～6月公司铅、锌自给率分别达49.56%和61.33%，位居国内前列。较高的铅锌资源自给率也使公司盈利能力高于国内同行业平均水平。四川宏达拥有中国已知最大铅锌矿，位于兰坪县城西北18千米处。矿床规模为特大型，探明铅+锌金属储量为1547.61万吨，其中铅为263.54万吨。对比可知，云南冶金的铅锌资源的拥有高于四川宏达。

由表3-15可知，云南冶金集团的职工人数是四川宏达的3倍，专科以上比例也远高于四川宏达，技术人员的比例也远高于四川宏达。四川宏达为上市公司股份公司，云冶为集团公司，都建立了法人治理结构。总体说来，云南冶金集团存在竞争优势。

表3-15 2010年云南冶金集团和四川宏达股份员工情况对比

项 目	云南冶金集团			宏达股份		
	分 类	人数（人）	占比（%）	分 类	人数（人）	占比（%）
学历构成	大学本科以上	684	2.38	大专以上	1256	11.96
	大学本科	5101	17.78	高中、中专	3572	34.00
	大专学历	6864	23.92	高中以下	5678	54.05
	其他	16042	55.91	—	—	—
职务构成	管理人员	5785	20.16	生产人员	8935	85.05
	技术人员	16926	58.99	供销人员	168	1.60
	销售人员	2185	7.62	技术人员	846	8.05
	其他	3822	13.32	财务人员	97	0.92
	—	—	—	行政人员	460	4.38
年龄构成	50岁以上	2488	8.67	—	—	—
	40~50岁	7750	27.01	—	—	—
	30~40岁	8907	31.04	—	—	—
	30岁以下	9546	33.27	—	—	—
合 计		28691	100.00		10506	100.00

资料来源：云南冶金集团股份有限公司2010年度第一期短期融资券募集说明书，宏达股份2010年年度报告。

从省内来看，云南资源型工业企业的竞争对手主要是在锗、铅锌两个领域，总体来看，竞争对手之间的竞争并非完全竞争，而是部分主要产品相互之间存在一定的交叉性，竞争局限在某几种矿产品上，竞争对手旗鼓相当，竞争程度不太激烈。

3.2.2.2 国内竞争对手

A 企业简介

宝钢集团公司（简称“宝钢”）是中国最大、最现代化的钢铁联合企业。2011年宝钢连续八年进入美国《财富》杂志评选的世界500强企业，列第212位。宝钢是中国最具竞争力的钢铁企业，年产钢能力3000万吨左右，赢利水平居世界领先地位，产品畅销国内外市场。2006年12月14日，标准普尔宣布将宝钢集团和宝钢股份长期信用等级从“BBB+”提升至“A-”。2009年，宝钢产钢3887万吨，位列全球钢铁企业第3位，营业总收入1953亿元，利润总额149

亿元，资产总额4020亿元，净资产2430亿元；宝钢从业人员总数为106914人。

神华集团公司是集煤矿、电力、铁路、港口、煤制油煤化工一体化开发，跨地区、跨行业、多元化经营的特大型能源企业。目前是全国最大煤炭企业、全球最大煤炭供应商。截至2008年年底，共有全资及控股子（分）公司29家，职工15.9万人，总资产4111亿元。神华集团已连续十年保持煤炭产销量千万吨级以上增长。2008年原煤产量2.82亿吨，商品煤销量3.2亿吨。神华集团拥有朔黄、神朔、包神、大准四条自营铁路，总长度1369千米，2008年完成货运周转量1232亿吨千米。自营港口（黄骅港、神华天津煤码头）年吞吐量达1.02亿吨。电力运营装机容量2168万千瓦，2008年发电1132亿千瓦时。

华锡集团现有资产总额达55亿元，下属设立有30个厂矿、分公司、子公司，冶炼产品以产锡为主，综合回收铟、铅、锑、锌、银、镉、铋等多种金属，并建成硫酸亚锡、氯化亚锡、锡锑铅铜合金、铟靶材等冶炼产品深加工项目，已形成年采选250万吨矿石，年冶炼2.5万吨锡、60吨铟、4万吨铅锑、6万吨锌、70吨银的生产能力。2008年销售收入达到53亿元，实现利税费6亿元。现有从业人员11000余人，其中有各类专业技术人员3224人，并建立了博士后工作站。华锡集团拥有得天独厚的矿产资源，已探明和控制的锡、锌、锑、铅、铟、银等矿石量达11.6亿吨，综合金属量超过450万吨，其中：铟储量居世界第一位；锡占广西总量的70%多，约占全国总量的三分之一；锌占广西总量的60%强，居全国第2位；锑名列全国前茅；同时富含铂、钌、钯、镓、锗、铊等可综合回收的稀贵、稀散金属元素。

江西铜业集团公司（简称江铜集团）是中国有色金属行业集铜的采、选、冶、加为一体的特大型联合企业，也是中国最大的铜产品生产基地和重要的硫化工原料及金银产地，现有员工3.4万人，资产总额390多亿元。公司控股的江西铜业股份有限公司分别在伦敦、香港、上海上市（600362）。2007年，公司生产阴极铜55万吨，实现销售收入501亿元，名列中国企业500强第87位。公司主要从事铜、金、银、铅锌、钼等矿产资源的勘查、开采、冶炼、加工及相关有色金属产品的生产、销售，并经营来料加工、对外贸易和转口贸易。

湖北宜化集团是中国石化行业最具影响力十大代表企业之一，旗下拥有40多家法人实体企业，其中包括2家上市公司（湖北宜化、双环科技）、5家中外合资公司，在多地都有研发中心和制造基地，重点发展化肥、化工、矿山开发、商贸和房地产开发五大支柱产业，拥有60多种产品。宜化集团现有总资产400亿元，从业人员5万多人，2009年实现销售收入305亿元，年出口创汇2亿美元，在中国企业五百强中排名180名左右，2010年预计销售收入突破400亿元。

B 竞争范围

从昆钢集团的主营业务收入来看，目前主要是能源动力、铁合金等，主要定位是为武钢集团昆钢股份提供服务，和宝钢集团各方面目前差距甚远。

云南煤化工集团和神华集团从各项指标来看，差距甚远。

云锡集团综合实力在全国和全世界均居前列，从云锡集团和华锡双方的主营业务来看，均以锡产品为主，且锡矿采选占了绝大部分，因此可以认为两家企业存在竞争态势。

江西铜业是国内铜业的老大，在资源、技术、产量各方面都居领先地位，云铜虽然被中铝收购后得到了中铝集团的支持，但是还是落后于江铜。双方在产品和主营业务收入构成上相似性很大，存在竞争态势。

湖北宜化在中国化工500强里面排第一，云天化排第二，双方在产品和主营业务收入构成上相似性很大，存在竞争态势。

综上所述，本书选取云锡集团和华锡、江西铜业和云南铜业、湖北宜化和云天化进行对比分析。

C 竞争优势

a 云锡集团股份和华锡集团

根据云锡和华锡近三年基本情况对比（表3-16），从企业规模来看，云锡集团2010年总资产为华锡2倍，营业收入也为2倍，但利润的差距不大，从各项指标看，云锡集团的资产负债率低于华锡，但云锡集团的净利润率低于华锡。

表3-16 云锡集团和华锡2009～2011年基本情况对比

企业	年份	总资产（亿元）	负债（亿元）	营业总收入（亿元）	利润总额（亿元）	净利润（亿元）	资产负债率（%）	净利润率（%）	总资产收益率（%）
广西华锡	2009	57.84	44.10	46.19	1.57	1.22	76.24	2.64	2.11
	2010	64.74	48.70	54.51	4.77	4.01	75.22	7.35	6.19
	2011	80.73	60.67	55.41	6.21	5.05	75.16	9.11	6.25
云锡集团股份	2009	74.02	48.32	71.55	1.58	1.35	65.29	1.89	1.83
	2010	113.31	66.94	92.67	4.16	3.66	59.08	3.95	3.23
	2011	165.45	112.86	128.42	8.05	7.03	68.22	5.48	4.25

资料来源：云锡集团股份2008～2010年年度报告，广西华锡集团股份有限公司首次公开发行股票招股说明书（申报稿）。

从云锡和华锡的产量对比可以看出，云锡集团锡材、锡化工产品（未计入锡锭）2009年、2010年、2011年的锡产品产量分别为2.49万吨、3.22万吨、3.22万吨，华锡的锡产品产量分别为0.98万吨、1.42万吨、1.55万吨，云锡集团的生产规模为华锡的2倍左右。

云锡集团资源储量占世界锡储量的十分之一，中国锡储量的三分之一，产量居全国首位。目前保有各种级别的有色金属储量180万吨，其中锡56.9万吨、铜 57.5 万吨、铅 38.6 万吨，还有各种级别有色金属远景储量近 100 万吨，老尾矿含锡 19.3 万吨；云南省内 75% 的锡矿资源已整合进入云锡集团，云锡集团的锡矿石自给率在 40% 左右。华锡 2009 年锡锭产量为 10 万吨，其中自产精矿 8.61 万吨，占 86.08%，外购精矿 1.39 万吨，占 13.92%；2010 年华锡自产精矿 7.76 万吨，占 54.37%，外购精矿 6.51 万吨，占 45.64%；华锡集团拥有铜坑矿、高峰矿、佛子冲铅锌矿三大矿山的采矿权，其中铜坑矿保有锡矿石量 3628.18 万吨，金属量 21.53 万吨，高峰矿保有锡矿石量 118.84 万吨，金属量 3.76 万吨。总体看来，云锡集团和华锡产品规模相差不大，华锡锡类主营业务收入 20 亿元，而云锡集团达到了 80 亿元，为华锡的 4 倍。从资源的储量来看，云锡集团近几年加强资源整合，更具资源优势。

从总人数来看，云锡集团和华锡差别不大，华锡技术人员比例是云锡集团的 2 倍，同时华锡的本科以上学历比例也高于云锡集团。云锡集团和华锡都建立了法人治理结构（表 3-17）。

表 3-17　2010 年云南锡业股份和广西华锡集团员工情况对比

项　目	云 锡 集 团			华 锡 集 团		
	分　类	人数（人）	占比（%）	分　类	人数（人）	占比（%）
学历构成	研究生及以上	35	0.23	研究生及以上	47	0.41
	大学本科	825	5.39	大学本科	692	6.03
	大学专科	2001	13.08	大学专科	1105	9.63
	高中及中专	5273	34.47	高中及中专	7554	65.82
	初中及以下	7163	46.83	初中及以下	2079	18.11
职务构成	生产人员	11043	72.19	生产人员	7838	68.29
	技术人员	1313	8.58	技术人员	2261	19.7
	销售人员	121	0.79	销售人员	83	0.72
	财务人员	132	0.86	管理人员	885	7.71
	行政人员	1243	8.13	行政后勤人员	324	2.83
	其他人员	1445	9.45	文职人员	86	0.75
年龄构成	50 岁以上	—	—	50 岁以上	1483	12.92
	40～50 岁	—	—	40～50 岁	4107	35.78
	30～40 岁	—	—	30～40 岁	3289	28.66
	30 岁以下	—	—	30 岁以下	2598	22.64
合　计	合　计	15297	—	合　计	11477	100

资料来源：云锡集团股份 2010 年年度报告、广西华锡集团股份有限公司首次公开发行股票招股说明书（申报稿）。

总体看来，云锡集团相对于华锡在规模、资源、产品和技术积累上有竞争优势，但部分环节的优势比较薄弱。

b 江西铜业和云南铜业

根据江铜和云铜近三年基本情况的对比分析（表3-18），从企业规模来讲，江铜集团略大于云铜集团，营业总收入为云铜的2倍，利润也远远高于云铜。从各项指标来看，资产负债率低于云铜，净利润率和总资产收益率高于云铜。

表3-18 江铜和云铜2008~2010年基本情况对比

企业	年份	总资产（亿元）	负债（亿元）	营业总收入（亿元）	利润总额（亿元）	净利润（亿元）	资产负债率（%）	净利润率（%）	总资产收益率（%）
江铜	2008	341.51	133.98	539.72	29.98	22.85	39.23	4.23	6.69
	2009	380.34	152.20	517.15	31.76	23.49	40.02	4.54	6.18
	2010	548.45	207.22	764.41	59.80	49.07	37.78	6.42	8.95
云铜	2008	216.09	180.84	257.55	-30.76	-28.03	83.69	-10.88	-12.97
	2009	264.80	225.77	161.84	4.69	3.73	85.26	2.31	1.41
	2010	322.26	280.59	317.13	6.79	4.31	87.07	1.36	1.34

资料来源：江西铜业股份、云南铜业股份2008~2010年年度报告。

从铜产品的主营业务收入来看，江铜铜板块收入约为650亿元，云铜约为200亿元，江西铜业为云南铜业的3倍。江铜的毛利率也为云铜的2.5倍左右（表3-19）。

表3-19 2010年云铜股份和江铜股份铜板块营业情况对比

企 业	营业收入（亿元）	营业成本（亿元）	毛利率（%）
云铜股份	217.63	210.48	3.28
江铜股份	653.17	599.76	8.18

资料来源：江铜股份、云铜股份2010年年度报告。

江铜股份拥有丰富的铜资源，是我国铜金属储量最多的企业，2010年其精矿自给率为19.1%。江铜集团拥有包括全国最大的露天铜矿——德兴铜矿在内的6座矿山。截至2010年12月31日，江铜集团100%所有权的查明资源储量中，约包含铜1112万吨（约占全国铜金属储量的1/3）、黄金354吨、银9623吨。联合其他公司所控制的资源按发行人所占权益计算的金属资源储量中，约含铜463万吨、黄金52吨。云铜集团现已保有铜资源储量700万吨。2009年公司原材料的自给率约为34.19%，2010年自给率下降到29.56%。

根据2010年的数据，江铜的铜矿储备为云铜的2倍，自产矿铜为云铜的2倍，但云铜的自给率远高于江铜，2011年江铜的铜矿储备仍然2倍于云铜集团，但江铜的自给率已高于云铜（表3-20）。由表3-21可知，江铜股份的员工人数为云铜的1.3倍，江铜大专以上人员学历的比例低于云铜。

表 3-20 2010 年和 2011 年国内主要铜业企业分类别排名

年份	企业名称	铜矿储备（万吨）	排名	自产铜矿（万吨）	排名	精炼铜（万吨）	自给率（%）	排名
2010	江铜股份	1661	1	17.23	1	90.08	19.1	1
	铜陵有色	324	4	6.2	3	78.83	7.63	2
	云铜集团	700	2	9.72	2	32.98	29.56	4
	金川铜业	343	3	4.15	4	38.54	10.77	3
2011	江铜股份	1496	1	20.80	1	94.00	24	1
	铜陵有色	1478	2	4.85	4	85.44	6.13	2
	云铜集团	766	3	9.59	2	43.74	21.93	4
	金川铜业	343	4	6.32	3	48.35	13.9	3

资料来源：云南铜业（集团）有限公司 2010 年、2011 年度第一期短期融资券募集说明书。

表 3-21 2010 年江西铜业股份和云南铜业集团员工情况对比

企 业	云南铜业集团			江西铜业股份		
	分 类	人数	占比（%）	分 类	人数	占比（%）
学历构成	大专及以上	6656	30.49	大专及以上	7222	25.90
	中专及高中	7292	33.4	中专及高中	12174	43.67
	初中及以下	7880	36.1	初中及以下	8483	30.43
职务构成	生产人员	—	—	生产人员	18146	65.09
	技术人员	—	—	技术人员	1468	5.27
	管理及销售人员	—	—	管理及销售人员	4086	14.66
	其他人员	—	—	其他人员	4179	14.99
年龄构成	51 岁以上	1195	5.47	51 岁以上	—	—
	46~50 岁	2351	10.77	46~50 岁	—	—
	41~45 岁	3216	14.73	41~45 岁	—	—
	36~40 岁	3560	16.31	36~40 岁	—	—
	31~35 岁	3501	16.04	31~35 岁	—	—
	26~30 岁	3528	16.16	26~30 岁	—	—
	25 岁以下	4477	20.51	25 岁以下	—	—
合 计	合 计	21828	100	合 计	27879	100

资料来源：云南铜业（集团）有限公司 2010 年度第一期短期融资券募集说明书，江西铜业股份 2010 年年度报告。

综合来说，江铜的规模和利润均数倍于云铜；但云铜 2010 年的资源自给率高于江铜，技术人员比例高于江铜。总体来看，云铜虽然排名第 3，但远低于江铜，处于竞争劣势。

c 湖北宜化和云天化

根据湖北宜化和云天化2008~2010年基本情况的对比分析（表3-22），企业规模上云天化集团大于湖北宜化，但湖北宜化营业总收入远远大于云天化，利润总额和净利润也大于云天化，从各项资本看，湖北宜化的资产负债率、净利润率和总资产收益率均高于云天化。

表3-22 湖北宜化和云天化2008~2010年基本情况对比

企业	年份	总资产（亿元）	负债（亿元）	营业总收入（亿元）	利润总额（亿元）	净利润（亿元）	资产负债率（%）	净利润率（%）	总资产收益率（%）
湖北宜化	2008	113.41	93.51	71.31	3.87	3.87	82.45	5.43	3.41
	2009	135.16	113.45	87.61	5.44	2.38	83.94	2.71	1.76
	2010	187.46	160.20	115.45	11.60	5.73	85.46	4.96	3.05
云天化	2008	176.56	139.82	77.04	9.04	6.58	79.19	8.54	3.72
	2009	195.04	150.43	60.28	0.30	0.77	77.13	1.28	0.40
	2010	244.33	198.09	71.41	3.70	1.82	81.07	2.55	0.74

资料来源：云天化股份、湖北宜化2008~2010年年度报告。

从化工行业来看，云天化2010年的营业总收入为71.41亿元，湖北宜化的营业收入为115.45亿元，湖北宜化为云天化的1.6倍；2010年云天化的毛利率为2.55%，湖北宜化的毛利率为4.96%，高于云天化。

湖北宜化股份公司目前拥有超过2.7亿吨储量的磷矿资产，其中卡哈洛磷矿区磷矿资源储量12285万吨，规划生产能力为100万吨/年，预计服务年限大于50年。云天化目前拥有磷矿资源储量38.63亿吨，基础储量8.5亿吨，在全国储量的占比分别为23%和21%，目前磷矿石自供率约为73.5%。云天化拥有的资源量大于湖北宜化。

从员工规模来看，云天化为湖北宜化的3倍，二者技术人员比例持平，大学以上人数的比例湖北宜化为云天化的2倍（表3-23）。

表3-23 2010年湖北宜化和云天化员工情况对比

企 业	云天化股份			湖北宜化股份		
学历构成	分 类	人数（人）	占比（%）	分 类	人数（人）	占比（%）
	研究生	52	0.50	研究生	60	1.83
	大学本科	1224	11.66	大学本科	658	20.09
	大学专科	2125	20.24	大学专科	775	23.66
	中专以下	7098	67.61	中专	1782	54.41

续表

企 业	云天化股份			湖北宜化股份		
职务构成	生产人员	8208	78.18	生产人员	2398	73.22
	技术人员	821	7.82	技术人员	268	8.18
	销售人员	388	3.70	销售人员	175	5.34
	财务人员	141	1.34	财务人员	124	3.79
	行政人员	748	7.12	行政人员	310	9.47
	供应人员	193	1.84	—	—	—
合 计	合 计	10499	100.00	合 计	3275	100.00

资料来源：云天化股份、湖北宜化2010年年度报告。

总体看来，湖北宜化的总体规模虽然小于云天化，但盈利能力远超云天化。

从国内的竞争对手来看，云南资源型工业企业均面临强大的竞争对手，其中昆钢集团、云南煤化工集团与全国的竞争对手相比，差距很大。云锡集团相对于华锡在规模、资源、产品和技术积累上有竞争优势，但部分环节的优势比较薄弱。云天化的总体规模虽然大于湖北宜化，但盈利能力远不及湖北宜化。云铜虽然排名第3，但在规模、人员、利润上远低于江铜，处于竞争劣势。

3.2.2.3 国外竞争对手

A 公司简介

米塔尔钢铁公司是世界最大的钢铁企业之一，米塔尔钢铁公司还是钢铁市场占有份额最大的公司。该公司在美国、加拿大和墨西哥等14个国家开展钢铁经营业务，雇员人数将达到16.5万人。米塔尔钢铁公司2004年钢铁出货量为4210万吨，收入为222亿美元。

自由港铜金公司（Freeport-McMoRan Copper & Gold Inc.）是世界上最大的上市铜生产商，铜产量达到139.5万吨、金产量170万盎司，储备额达3375万吨铜矿和4100万盎司金矿。

巴西淡水河谷公司（CVRD）是世界第一大铁矿石生产和出口商，除经营铁矿砂外，还经营锰矿砂、铝矿、金矿等矿产品及纸浆、港口、铁路和能源。其铁矿资源集中在“铁四角”地区和巴西北部的巴拉州，拥有挺博佩贝铁矿、卡潘尼马铁矿、卡拉加斯铁矿等，保有铁矿储量约40亿吨。

必和必拓公司（Broken Hill Proprietary Billiton Ltd.）是以经营石油和矿产为主的著名跨国公司，矿山位于澳大利亚西部皮尔巴拉地区，分别是纽曼、扬迪和戈德沃斯。这3个矿区的总探明储量约为29亿吨，目前铁矿石的年产量为1亿吨。在亚里南部，还有未开发的C采区，保有储量为45亿吨。

PT Timah（Persero）Tbk公司是一家从事锡矿开采的印尼国有企业，2010年精锡产量为4.04万吨。

B 竞争范围

结合前面分析，从竞争范围来看，除了云锡集团在世界范围内存在竞争优势外，云南资源型工业其他企业在世界范围内的竞争优势不明显。马来西亚冶炼厂是世界上最大的稀土冶炼厂，主要冶炼来自澳大利亚的稀土矿；印尼的天马（PT Timah）公司拥有锡矿山，因此在下文的对比中，选取天马公司和云锡集团进行对比（表3-24）。

表3-24 2011年全球锡生产商产量情况对比 （吨）

排名	公司名称	产量	国家
1	云南锡业股份有限公司	56174	中国
2	马来西亚冶炼公司	40267	马来西亚
3	印度尼西亚天马公司	38142	印尼
4	秘鲁明苏尔锡业公司	30205	秘鲁
5	泰国泰萨科锡业公司 Thaisarco	23864	泰国
6	广西华锡集团股份有限公司	15517	中国
7	云南乘风有色金属股份有限公司	15430	中国
8	玻利维亚国有锡业公司 EM Vinto	10960	玻利维亚
9	比利时金属化学公司 Metallo Chimique	10007	比利时
10	个旧自立矿冶有限公司	8600	中国

资料来源：安泰科和ITRI统计资料。

C 竞争优势

下面以云锡集团和天马公司为例进行说明。

从表3-25数据可以看出，云锡集团规模4倍于天马公司，营业收入2倍于天马公司，但利润总额仅为天马的二分之一，净利润也低于天马公司；从经营指标来看，云锡集团的资产负债率高于天马公司，净利润率和总资产收益率大幅低于天马公司。

表3-25 云锡集团与天马公司的基本营业情况对比

企业	年份	总资产（亿元）	负债（亿元）	营业总收入（亿元）	利润总额（亿元）	净利润（亿元）	资产负债率（%）	净利润率（%）	总资产收益率（%）
天马公司	2008	38.98	13.23	60.99	18.32	9.04	28.53	11.37	16.12
	2009	32.71	9.60	51.94	7.77	2.11	29.35	4.07	6.46
	2010	39.62	11.31	56.18	12.96	6.39	33.95	14.83	23.20
云锡集团股份	2009	74.02	48.32	71.55	1.58	1.35	65.29	1.89	1.83
	2010	113.31	66.94	92.67	4.16	3.66	59.08	3.95	3.23
	2011	165.45	112.86	128.42	8.05	7.03	68.22	5.48	4.25

资料来源：云锡集团股份2008～2010年年度报告、PT Timah 2010年年度报告。

注：表中所取分析汇率为1人民币元=1484.2722印度尼西亚盾。

从锡的产量来看，2011 年云锡集团为 5.61 万吨，天马的产量为 3.81 万吨。从拥有的资源储量来看，云锡集团保有锡金属量 56.9 万吨，天马公司保有 37.39 万吨。可见云锡集团在生产规模和资源拥有上都大于天马公司。天马公司在内陆和近海都有采矿权。

从员工总人数来看，天马公司 2010 年有 6821 人，2009 年有 6771 人；相比之下云锡集团有 15297 人，云锡集团的员工规模 2 倍于天马公司。

总体看来，云锡集团整体规模要大于天马公司，但天马公司的盈利状况要好于云锡集团公司。

结合前面分析，从竞争范围来看，除了云锡集团在世界范围内存在竞争优势外，云南资源型工业其他企业基本在世界范围内不存在竞争优势。通过和天马公司进行对比，云锡集团整体规模要大于天马公司，但天马公司的盈利状况要好于云锡集团公司。

3.2.3　产品差别

产品差别指在垄断竞争行业中，众多厂商生产和销售同种但有某种差别的产品这样一种情况。这里的产品差别既可能表现在产品的质量、性能方面（自然差别），也可能表现在包装、商标以及销售服务态度等方面（人为差别）。厂商实行产品差别的主要动机是为了增加自己的市场权力或垄断地位。因为在生产同一种产品的各个厂商中，如果某一厂商使其产品与众不同，便可减少其他产品与其产品的替代性，或其产品消费者对其他厂商的竞争行为的敏感性，这样就会增强他的垄断加价能力。另一方面，如果所有生产同种产品的厂商都实行产品差别，那么在各个厂商垄断地位增强的同时，他们在整个市场上所占的份额也将受到更大限制。

实际上，在现实中实行产品差别的，不仅限于生产同种产品的厂商，一些生产多种产品的厂商特别是大公司也在推行产品多样化，尽管他们已经取得了很高的垄断权力。这是因为在消费者偏好多种多样的情况下，厂商的产品的差别程度越大，他从既定总产量中得到的总收益便越大。

云南资源型工业主要产品为矿产品及其加工产品，并且主要面对生产市场，主要客户是企业，而非直接面对消费市场，因此总体判断产品差别不会太大，主要是在纯度或者化合物上的区别。总体来说，制造出高纯度或者高技术的化合物产品，体现了企业的科技实力，也是企业主要的产品差异。同时，市场特点也决定了高差异性产品的需要相对较小，反而是统一标准的产品需求量大，统一的标准有利于企业节约生产成本和交易成本，过高的标准无法大规模生产。

云锡集团产品以精锡、焊锡及锡材、锡化工系列为主，同时生产铜、铅、锌、镍、铟、银、铋、金、铂、钯、铑、铱、钌、锇、贵金属高纯材料、特种功能材料、信息功能材料、环境、催化功能材料及有色化工产品等共20个系列600多个品种。有41种产品和设备出口56个国家和地区，企业出口创汇连续多年居云南省第一。主导产品“云锡集团牌”精锡在伦敦金属交易所注册了“YT”商标，是国际知名品牌。公司产锡量连续三年位居全球第一，2006~2008年国际市场占有率分别为15.64%、17.40%、18.43%，国内市场占有率分别为34.62%、40.40%、45.38%，国内外市场占有率均呈稳中有升的趋势。云锡集团主导产品“云锡集团牌”精锡精度达到99.9999%，是国家出口免检产品。2004年8月该集团获得国资委、中国证监会、商务部联合签发的从事境外期货业务的资格，增强了集团抵御市场风险的能力。总体来看，云锡集团的生产种类丰富，且能生产高附加值的多种锡产品。

云南冶金集团股份有限公司是以铝、铅锌、锰、钛、硅五大产业为主，生产约30个类别的产品，诸如锗产品、锰矿石、铁合金、硫酸、铅锭、锌锭、还原锗锭、区熔锗锭、高纯二氧化锗、重熔用铝锭、铸造铝合金、电工圆杆铝、铝铸轧卷、冷轧板、预焙阳极炭块、建筑铝型材、铸造铝合金锭、铝合金板材、铝合金带材、精制铝箔、精铋锭、精锡锭、电解铜、电解金属锰、天然放电锰粉、高碳锰铁、高锰酸钾等。公司控股的下属子公司拥有多项产品的优质品牌，为市场认可。驰宏锌锗拥有“银晶牌”锗系列产品、“金沙牌”铅锭、“银鑫牌”锌锭；云铝股份“云海、YL-YL牌”重熔用铝锭、“云海、YL-YL牌”铸造铝合金、“云海、YL-YL牌”铝和铝合金扎制板、带材、电工圆铝杆等获云南省名牌产品，其中，驰宏锌锗的“银鑫牌”锌锭、“金沙牌”铅锭，云铝股份“云海、YL-YL牌”重熔用铝锭获国家免检产品；驰宏锌锗的“银晶牌”锗系列产品、“金沙牌”铅锭、“银鑫牌”锌锭，云铝股份“YL-YL牌”重熔用铝锭获伦敦交易所免检产品。

云南铜业集团共有产品19个系列、120多个品种，诸如高纯阴极铜、电工用铜线环、工业硫酸、金锭、银锭、电工用圆铜线、硫酸铜等主产品，并能综合回收金、银、铝、铋、铂、钯等多种有色金属。云铜集团“铁峰牌”电解铜在2004年就已荣获“中国名牌”称号，为“国家免检产品”。电解铜和黄金、白银在英国伦敦金属交易所（LME）注册，是国内最早在LME注册并挂牌销售产品的企业之一。总体看来，云铜生产的高附加值铜产品不多。

云天化磷化工产品有黄磷、磷酸、三聚磷酸钠（五钠，STPP）、磷酸钙盐、六偏磷酸钠、次磷酸钠、多聚磷酸和盐、食品添加剂磷酸盐。其余还有作为塑料橡胶制品添加剂的增塑剂，如有机磷酯阻燃剂、聚磷腈；水处理剂和稀土萃取剂，如有机磷、ATMP、EDTMP、HEDP、DTPMP等；表面活性剂，如磷酸酯；有机磷农药。

云南盐化生产的产品涉及精制加碘食盐、营养盐、日化盐、工业用盐、化工产品等五个大类的几十种产品。

云南煤化工集团的主要产品有煤炭、焦炭、尿素、合成氨、二甲醚、甲醇、硝酸铵、纯碱、粗苯、聚乙烯醇、醋酸乙烯、电解铝、水泥、电石等30余种，涉及煤焦系列、化肥系列、化工系列、电铝系列。云南煤化工集团获得了一步法甲醇制汽油技术专利，拥有的5.5米侧装捣固焦炉技术、焦炉气制甲醇技术、褐煤液化（煤制油）技术、碎煤熔渣气化技术等一批技术处于国际国内领先地位；高附加值产品比重不断增加；聚甲醛、聚氯乙烯、醋酸乙烯、甲胺、季戊四醇、锡基化工等新材料产能逐步扩大，高浓度化肥比重达到85%，重质纯碱和离子膜烧碱比重达到95%。

昆明钢铁公司生产钢铁产品、炼焦化产品、矿业产品、重型装备、水泥建材、铁合金产品等约60多个种类的产品。铁矿石的开采、洗选是公司主要收入来源。2007年昆钢集团矿石业务收入占比约35%，随产能逐渐释放。此外，集团公司业务还包括铁合金业务、动力能源、机械制造及建安等。公司的铁精矿产品大部分供应昆钢股份，对昆钢股份的矿石售价以市场价格为参考，按照昆钢股份上月所有矿石外购价加权平均确定当月关联交易结算价。昆钢集团的云南钛业股份有限公司是目前国内少数拥有从热轧到冷轧、退火钛带、钛卷生产工艺流程技术的厂家，并研发具有7项自主知识产权的钛带、钛卷生产技术，生产了中国第一条宽幅冷轧钛卷。

在产品差别上，资源型工业同种矿种之间，采选出来的都为原矿，区别不大，比如锡矿、铜矿等，主要还是品位和纯度的差别；最初产成品为锡材、锡锭、铜材等，产品差异不大，主要面向生产消费市场。产品差异不大意味着价格的透明，就是说价格控制力弱。

在冶炼加工后，产品的差别很大，同时由于拥有知识产权，在该产品的细分市场下，能形成独占的垄断优势。在拥有技术产权的情况下，产品差异化较大，已经形成了细分市场下的独占垄断。除非是有合适的替代品出现或者使用成本过于高昂，在该产品的市场中，保持垄断地位的厂商可以获取超额的利润。

综合来看，云南资源型工业的产品差别化较好，是基本安全的。

4 云南资源型工业组织结构安全发展研究

工业的组织结构研究可以分为两个对象、两个部分进行研究。第一个对象就是组织的研究，在管理理论中，组织这一概念有两种含义：（1）人们为了实现一定的目标，依照某种方式结合而成的社会群体，如党团组织、工会组织，等等。（2）为实现某种目标而合理地安排人力、物力，使之结合成具有特定功能的系统性整体的活动及其过程，在这种意义上，它是管理的一项职能，一种手段。就组织研究的对象而言，可以划分为三个层次，第一个是宏观层面的，比如说国家组织，国际组织等；第二个是微观层面的，比如企业组织、团体组织；第三个是中观层面的，就是本书中的产业组织，其对象是一个产业。第二个对象是结构的研究。结构指系统中各组成要素之间相对稳定的联结关系的总和，结构作为系统中各组成要素之间相互联系与相互作用的方式，标志着系统的组织化、有序性的程度。系统的有序性越高，结构越严密。本书的产业结构，即产业内部间要素的连接总和，实质上是指一种工业结构，是相互联系、相互制约的一系列工业部门之间的构成及其比例关系，产业与产业之间的经济技术关系。工业结构的状况，既是工业经济发展水平的标志，又是工业经济发展的决定性因素，所以工业结构的研究对于资源型工业的安全尤为重要。

因此，对于云南省资源型工业的组织结构安全发展研究，可以分产业组织的安全发展、产业结构的安全研究两大部分进行。

4.1 组织安全发展

产业组织，简而言之就是企业间关系的表现形式。在产业组织的一般性研究理论中，一般是从市场结构的角度区分具有竞争关系的企业数量和市场支配力量的对应关系，并由此形成完全竞争型、垄断竞争型、寡头垄断型以及完全垄断型等市场结构模型；另一种是从企业行为入手，分析不同的竞争行为选择对市场行为及市场绩效的影响。

产业组织安全可以从企业的市场行为和市场绩效来研究，通过市场绩效与全国的比较来判断是否（静态）安全，通过市场行为考虑长期（动态）安全。

4.1.1 市场绩效

市场绩效用利润率判断。利润率是反映企业一定时期利润水平的相对指标，既可考核企业利润计划的完成情况，又可比较各企业之间和不同时期的经营管理水平。产品销售利润指企业销售产品和提供劳务等主要经营业务收入扣除其成本、费用、税金后的利润。营业利润指企业生产经营活动所取得的税前利润，包括主营业务利润和其他业务利润。利润总额指企业在一定时期的最终经营成果。净利润是企业在某一会计期间缴纳所得税后的净经营成果。企业在生产经营过程中，通过销售过程将产品卖给购买方，实现收入；收入扣除当初的投入成本以及其他一系列费用，再加减非经营性质的收支及投资收益，即为企业的利润总额(或亏损总额)。具体说来，销售利润、营业利润和利润总额三者之间的关系，构成企业利润的形成过程，用计算公式表示如下：

产品销售利润 = 产品销售收入 - 产品销售成本 - 产品销售费用 - 产品销售税金及附加

营业利润 = 产品销售利润 + 其他业务利润 - 管理费用 - 财务费用

利润总额 = 营业利润 + 投资收益 + 补贴收入 + 营业外收入 - 营业外支出 + 以前年度损益调整

净利润 = 利润总额 - 企业所得税

$$产品销售利润率 = \frac{利润总额}{销售收入(主营业务收入)} \times 100\%$$

$$营业利润率 = \frac{营业利润}{销售收入(主营业务收入)} \times 100\%$$

$$利润率 = \frac{净利润}{销售收入(主营业务收入)} \times 100\%$$

通过几个利润概念的比较，可以知道，产品销售利润率是只扣除了与产品销售相关的成本费用，是毛利率；而营业利润率是在产品销售利润基础上进一步扣除了管理费用和财务费用并增加其他业务收入的比率；利润率则是在营业利润基础上加入营业外收入、投资收入、补贴收入，同时减去了营业外支出的比率，是企业的净利润、纯利润。通过三个不同的利润率比较，可以判断企业或者行业的营业外支出和管理费用和财务费用状况，从而进一步分析其盈利能力。一般说来，应该是产品销售利润率 > 营业利润率 > 利润率。

可见产品销售利润率、营业利润率、利润率三者之间的差别主要在财务费用、管理费用、营业外支出、营业外收入四个方面。财务费用在资本安全发展章节中已进行介绍。管理费用指为开展企业的生产管理活动而开支的费用，一般包括管理人员的工资、津贴、卫生福利费以及与管理部门有关的交际费、差旅费、交通通信费、光热费及消耗品、租、税、折旧费、修缮费、保险费以及不动产租（赁）借费。营业外支出是指不属于企业生产经营费用，与企业生产经营活动没有直接的关系，但应从企业实现的利润总额中扣除的支出，包括固定资产盘亏、报废、毁损、出售的净损失、非季节性和非修理性期间的停工损失、职工子弟学校经费和技工学校经费、非常损失、公益救济性的捐赠、赔偿金、违约金等。营业外收入是指与企业生产经营活动没有直接关系的各种收入，主要包括非流动资产处置利得、非货币性资产交换利得、债务重组利得、政府补助、盘盈利得、捐赠利得等。营业外收入主要是政府补助部分，这部分是属于正常生产活动中的意外所得，能在一定程度上增加企业利润，但是这是无本之源，是不可持续的，企业还是要靠本身的发展，而不能指望依靠政府的补贴来提高企业利润。

本书用利润率来判断市场绩效的安全发展，用云南省资源型工业的利润率是否高于云南省工业来界定其是否安全（表4-1）。

表4-1　云南省分部门、分行业利润率比较　（%）

年　份		2001	2002	2003	2004	2005	2006	2007	2008	2009
产品销售利润率	云南省工业	17.73	16.13	15.35	19.97	17.63	17.25	17.85	16.78	16.63
	资源型工业	10.96	10.71	12.16	16.84	13.59	14.37	14.13	13.16	13.43
	采选业	17.09	16.91	19.42	28.28	31.39	34.37	30.95	30.69	28.62
	冶炼业	11.20	9.50	8.48	10.96	8.35	10.73	11.38	9.61	10.57
	加工业	7.51	7.77	13.52	19.58	14.03	11.14	11.44	10.15	9.23
	黑色金属工业	17.22	12.84	15.58	15.30	8.54	9.14	10.96	10.32	9.62
	采选业	18.94	15.37	18.09	21.16	27.45	36.83	30.13	38.10	27.48
	冶炼业	19.62	14.27	6.77	8.21	2.46	2.43	8.22	9.24	6.09
	加工业	7.19	6.06	19.90	19.12	10.21	9.65	10.16	4.90	7.83
	有色金属工业	9.14	10.02	10.21	13.67	12.76	15.26	14.06	9.39	13.97
	采选业	17.72	16.28	19.35	31.39	31.96	38.58	32.03	24.77	27.00
	冶炼业	7.65	4.10	8.79	11.94	10.49	12.35	12.47	9.11	12.52
	加工业	1.22	4.53	8.66	1.83	2.73	2.87	1.84	0.88	10.73
	煤工业	13.03	13.16	16.79	21.18	18.25	18.52	18.80	23.32	20.66
	采选业	13.62	13.98	17.25	26.14	27.42	22.65	30.22	32.97	30.06
	加工业	6.72	5.30	14.81	11.62	6.57	13.21	9.24	12.54	9.06
	磷盐工业	8.56	9.47	10.86	23.00	20.54	16.94	16.93	17.80	12.92
	采选业	18.15	24.30	25.53	38.90	44.62	36.75	29.76	26.61	28.37
	加工业	7.88	8.26	9.77	21.83	18.54	14.55	15.15	16.54	10.54

续表 4-1

	年 份	2001	2002	2003	2004	2005	2006	2007	2008	2009
营业利润率	云南省工业	7.15	5.90	6.14	8.59	7.63	8.29	8.41	6.00	7.99
	资源型工业	-0.40	0.43	2.71	7.00	5.24	7.40	7.10	4.04	6.12
	采选业	-1.26	0.42	4.46	8.82	14.83	20.28	16.30	14.81	13.19
	冶炼业	1.97	2.85	2.61	4.02	2.14	5.87	6.40	0.20	5.78
	加工业	-4.01	-2.36	2.32	9.70	5.85	3.88	4.00	3.65	2.70
	黑色金属工业	4.08	2.99	5.54	7.51	2.05	2.78	4.47	4.15	5.01
	采选业	1.09	0.98	5.31	-1.55	7.34	19.11	8.95	21.91	15.76
	冶炼业	5.23	3.87	3.01	3.41	-1.55	-1.85	3.85	3.98	2.42
	加工业	0.45	0.25	6.83	12.18	3.92	3.64	4.26	0.27	4.26
	有色金属工业	0.67	1.45	3.08	5.37	5.25	9.69	8.55	-0.24	7.52
	采选业	1.82	2.05	6.60	15.55	19.11	27.95	22.49	12.04	11.73
	冶炼业	0.60	1.43	2.38	4.32	3.42	7.30	7.21	-2.29	7.18
	加工业	-4.09	-0.45	4.21	-0.64	0.37	1.05	0.11	-1.57	3.85
	煤工业	-5.69	-3.96	0.66	6.84	6.86	7.38	7.67	10.10	9.44
	采选业	-6.23	-4.68	-1.00	8.93	10.95	5.81	10.48	14.65	13.12
	加工业	0.11	2.98	7.73	2.84	1.66	9.40	5.31	5.03	4.91
	磷盐工业	-4.78	-2.42	-0.11	9.06	9.08	6.25	6.18	8.16	2.42
	采选业	-5.84	3.52	10.25	10.90	20.81	17.90	15.50	11.80	11.77
	加工业	-4.70	-2.90	-0.88	8.92	8.10	4.85	4.88	7.64	0.98
净利润率	云南省工业	4.69	3.62	4.96	8.34	7.05	7.57	–	4.90	6.08
	资源型工业	0.27	0.29	3.22	9.32	6.28	4.04	–	3.26	4.31
	采选业	0.18	-2.73	4.33	17.80	15.14	19.62	–	12.30	11.14
	冶炼业	2.62	3.24	3.37	4.22	3.19	6.35	–	-0.41	3.81
	加工业	-3.67	-1.78	2.78	12.17	7.15	1.08	–	3.59	1.26
	黑色金属工业	2.77	2.30	5.23	14.15	3.46	3.31	–	3.64	4.46
	采选业	-0.49	-2.37	4.86	38.67	17.83	27.41	–	17.96	12.63
	冶炼业	3.70	8.66	3.36	3.95	-1.16	-1.41	–	3.76	2.56
	加工业	0.06	0.38	6.18	16.38	4.72	2.82	–	0.31	3.84
	有色金属工业	1.80	1.88	3.58	4.88	5.88	9.70	–	-1.07	4.65
	采选业	1.13	1.33	5.47	12.20	17.70	25.66	–	11.29	9.81
	冶炼业	2.14	2.17	3.23	4.15	4.43	7.72	–	-3.26	4.09
	加工业	-3.96	-1.38	3.81	0.17	0.35	1.11	–	-1.11	3.07
	煤工业	-0.49	-9.62	2.90	8.75	7.75	7.66	–	9.12	8.07
	采选业	-0.98	-11.22	1.33	9.61	9.51	5.11	–	12.49	10.91
	加工业	4.82	5.76	9.60	7.08	5.51	10.93	–	5.37	4.57
	磷盐工业	-4.10	-1.99	0.92	10.22	10.46	1.12	–	7.23	0.19
	采选业	-2.17	0.01	7.89	9.71	16.59	14.29	–	6.10	11.70
	加工业	-4.24	-2.15	0.40	10.26	9.95	0.90	–	7.39	-1.58

资料来源：云南工业经济信息资料 2001 ~ 2009。

总体上看，云南资源型工业各行业净利润率大幅低于产品销售利润率、低于营业利润率（图4-1），说明企业的财务费用、管理费用和企业营业外支出过高。

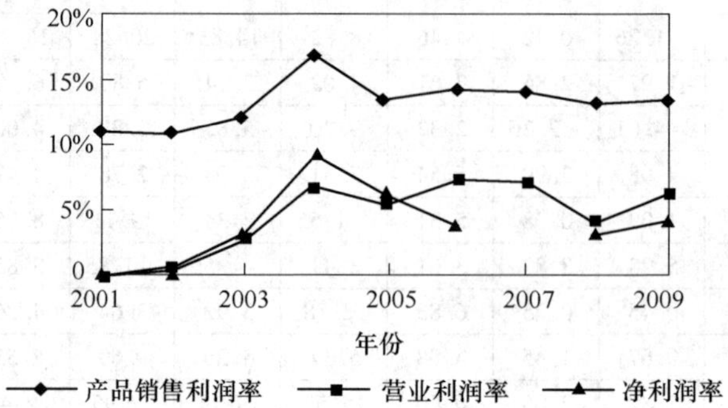

图4-1 云南资源型工业利润率比较

管理费用过高首先是因为国企人员冗杂，存在因人设岗的现象；营业外支出高主要是因为矿业企业面临企业、当地政府和当地居民的利益分配问题，使当地政府和居民共享发展成果，同时保护好环境，实现科学发展。

分部门来看，采选业的净利润率高于冶炼加工业，整体波动起伏不稳定，与前面的资产负债率的分析一致，说明采选业的盈利水平高于冶炼加工业。这主要是因为云南是矿产资源大省，矿产资源丰富，而近几年随着经济的复苏矿石的需求增加，采矿业发展较快；利润率的波动主要是由于前几年金属的价格，尤其是有色金属的价格波动较大，导致采选业的利润呈现波动的特点。冶炼和加工业整体上的利润水平大幅度低于采选业，除了采选业本身发展势头强劲的原因外，还因为冶炼加工业本身发展羸弱。从利润率来看，冶炼年均水平高于加工业，而加工业有几年甚至为亏损状态，可见在三部门中，加工业的处境是最不利的。

分行业来看，综合三个利润率，最高的是煤工业，其次是有色金属工业、黑色金属工业，最低的是磷盐工业。煤工业的利润率最高是因为煤工业主要用于火力发电等，随着经济快速发展，对于电力等煤工业相关产品的需求旺盛，而煤的开采相对容易，成本低；磷盐工业利润率一直较低是因为磷盐工业的主要市场是农业市场，而农业市场本身发展缓慢；有色和黑色金属工业的利润率波动较大，主要是受国际市场价格波动的影响，不利于行业的长期健康发展，也说明云南企业或者行业对于价格没有主导权，只能被动接受其他厂商给出的价格。

以铜工业为例，利润率最高的生产环节是矿山开采，现在从国外进口铜锌矿，是亏损的。主要原因是：一方面国内原材料进口价格参照伦敦交易所，所以偏高；另一方面电解铜限制出口，关税提高，所以一般都在国内交易，而伦敦交易所价格要比国内高，形成高买低卖。所以冶炼和深加工附加值很低，冶炼1吨精矿的利润大概只有100元，利润小于5%。

某冶炼总厂去年销售收入有300亿元，其中原材料的费用占生产成本的90%。高新技术产品主要有阴极铜和金银，其中金银占利润的90%以上。金银产量虽少，但价格高，1吨铜5万元，1吨铜线杆6、7万元，而1克金就300多元，因此利润来源主要是在回收的有价金属上。

某锌冶企业生产锌锭其实是亏本的，盈利主要靠综合回收、杂金属附加产品（由于加工成本高，冶炼锌产品本身是亏损的，综合回收占利润的一半以上），像铜和铟。只有铟、镉可以提炼，其他的铜、钛、铅、金等只能用作中间原材料销售，将杂质富集起来提高品位，再销售出去。

从云南资源型工业主要企业来看，2010年利润率最好的是云天化集团，达到22.26%；其次是驰宏锌锗、昆钢股份和云锡集团，分别达到9.53%、4.81%和3.83%；云南冶金集团、云铜集团、昆钢集团的利润率较低，在2%以下。与2008年相比，利润率均有提高，只有昆钢集团有所反复（表4-2）。

表4-2 云南资源型工业主要企业利润率 （%）

年份	云天化集团	云锡集团	云铜集团	云南冶金集团	驰宏锌锗	昆钢集团	昆钢控股
2010	22.26	3.83	1.55	2.07	9.53	1.04	4.81
2009	15.84	2.22	1.25	1.15	6.85	1.65	4.97
2008	19.11	0.83	-11.28	1.62	3.15	0.94	3.40

资料来源：云天化国际、云锡集团股份、云铜股份、驰宏锌锗、昆钢控股2008~2010年年度报告，云南冶金集团、昆钢集团2008~2010年度审计报告。

总体看来，云南资源型工业的盈利水平不稳定，折射出来的深层次问题是对价格的控制力弱，这和云南作为资源大省的地位不相符：云南拥有大量的资源，却无法主导资源的价格，只能是成为廉价的原材料供应地。云南资源型工业的盈利水平低于全省工业平均水平，这与资源型工业作为主导产业的地位不相符，根本原因在于竞争力不强，特别是目前的利益分配体制不协调，制约了企业的进一步发展。这两个因素倘若处理不好，必将危及资源型工业的安全发展。

采选业的利润率整体上大幅度高于云南省工业、高于资源型工业的利润率，但波动较大，存在某种程度的周期性。采选业利润较高，故企业把重点资源投在采选部门；采选业的价格波动大，说明企业对价格的控制力量弱，只能被动接受市场价格，无法很好地保证自己的利润率处于一个稳定水平；周期性的波动，可能因素是企业的规划不足，没有长远眼光，市场价格一高就过量增加供应，导致来年库存积压。

长期来看，采选业的利润率主要受管理费用和财务费用的影响，且这种影响很大，对采选业组织安全发展不利。这可以通过几个主要资源型工业企业的营业外支出和实地调研的资料得到佐证。冶炼业的利润率和资源型工业持平，高于加工业，低于云南省平均水平，低于采矿业；分行业来看，以黑色金属工业的整体利润水平最高，其次是煤工业、磷盐工业和有色工业。究其原因，一是云南省的冶炼加工业本身发展不好，产品没有竞争力；二是云南省没有区位优势，运输成本高，加工后的产品需要经过长途运输才能到达客户手中，并且是铁路，运费也高于水运，因此与沿海省份的企业相比没有成本优势；三是材料加工费本身不稳定。从整体上看，市场绩效是基本安全的。

4.1.2 市场行为

市场行为是指企业在充分考虑市场的供求条件和其他企业关系的基础上，所采取的各种决策行为；或者说是企业为实现其既定目标而采取的适应市场要求的调整行为。企业市场行为主要包括市场竞争行为和市场协调行为。市场竞争行为包括以控制和影响价格为基本特征的定价行为；以产权变动、组织调整为主要特征的并购行为；以提高竞争力、拓展市场为目的的促销行为等。市场协调行为主要是企业合作竞争行为，包括垄断、企业战略联盟等。

市场行为可以从政府政策与企业战略两个方面来分析。

4.1.2.1 政府政策

政府政策实质上指政府的经济政策，为履行政府的经济职能，克服市场失灵，客观上需要政府通过相应的政策对市场机制进行弥补。政府的经济政策手段多种多样：如防止垄断，保证市场竞争；提供失业和养老等社会保障；强制征收进出口关税；为避免通货膨胀和经济衰退实施财政与货币政策等。政府可以通过直接控制（如配给、计划、许可证），通过对公共事业、对价格和工资的管制等政策，来达到其目标。政府的经济政策概括来说主要有反垄断政策，解决外部效应的政策，进行资源配置、提供公共产品的政策，改变收入不均等的收入政策和保持经济稳定的宏观经济调控政策。

有色金属工业要求利用两种资源，加快资源整合力度；抓好精深加工重大项目；鼓励原始创新、集成创新、引进消化吸收再创新；促进电矿结合，整合资源优势，充分发挥大型有色企业的资金、管理、技术等方面优势，鼓励以多种方式进行上下游、跨行业的重组，完善产业链，实现全省有色行业规模化、集团化；积极引进战略合作伙伴，推动行业重组，发展精深加工，延长产业链条，壮大产业集群；充分发挥收储机制对有色行业产销的调节作用，积极支持重点企业争取国家收储指标；完善省内有色金属储备机制，继续推进有色金属的储备工作。

黑色金属工业要求加大勘探研发投入，加大新区、现有矿山深部及周边资源的勘探力度，促进优势资源向优势企业集中，鼓励并支持有条件的企业到周边国家开展资源勘探、开发和技术合作，独资或合资办矿；重大项目建设方案体现布局优化、设备先进、产品结构调整和优化、资源高效和循环使用、淘汰落后生产能力等调整目标；支持企业采用高新技术、先进适用技术推动技术进步，确保落后装备就地淘汰；推动矿电结合，形成以资产为纽带多种形式的矿电结合；推进省内钢铁产品在省内的使用和延伸加工，鼓励和支持钢铁企业与相关领域用钢企业开展合作，实现钢铁行业与相关产业协调发展。

磷化工、煤化工行业要进一步加大资源整合力度，促进优势资源向优势企业集中，支持有条件的企业到周边国家开展资源勘探、开发和技术合作等；优化生产力布局，实施联合重组，鼓励原始创新、集成创新、引进消化吸收再创新；发挥现有投资平台的作用，支持省内大型企业集团和其他投资人与政府共同组成园区开发投资公司，投资园区公共设施和服务；鼓励企业关停落后生产能力，建立和严格执行淘汰落后产能配套政策和退出机制，严格环境审核制度。

4.1.2.2 企业战略

企业战略又称“公司战略”、“企业经营战略”、“公司经营战略”。指企业面对激烈变化、严峻挑战的竞争环境，为求得长期生存和发展而进行的方向性谋划和制定的全局性指导纲领与原则。企业战略是在符合和保证实现企业使命的条件下，在充分利用环境中存在的各种机会和创造新机会的基础上，确定企业同环境的关系，规定企业从事的事业范围、成长方向和竞争对策，合理地调整企业结构和配置企业的全部资源。从其制定要求看，企业战略就是用机会和风险来评价现在和未来的环境，用优势和劣势来评价企业现状，进而选择和确定企业的总体、长远目标，制定和选择实现目标的行动方案。

对于本书所提的企业战略，指与企业战略发展适应的企业活动，主要是通过企业的战略目标和投资活动来判断企业的发展方向。

对于云南资源型工业来说，企业战略尤其是主导企业的战略很大程度决定了产业的发展方向，因此，合理引导企业行为，完善市场制度，鼓励合适的投资方向具有重要意义。

昆钢集团发展目标：利用好现有矿石资源，提升铁矿石自产能力；积极研究钒钛铁矿的应用与开发；力争在云南及周边国家矿石产能提升到2000万吨/年以上，成品矿石1200万吨/年以上。把提质降硅、降尾增量作为工作首要任务，力争实现自产铁成品矿450万吨/年；重点解决好东川包子铺铁矿的技术攻关、惠民铁矿等难选矿的试验研究，继续加大钒钛资源的开发，加大探矿找矿力度，用多种方式增加保有资源量，延长矿山服务年限（表4-3）。

表4-3 昆钢集团在建项目投资计划

年份	序号	项目	建设规模	计划总投资（万元）
2011	1	大红山浅部熔岩铁矿380万吨/年采矿工程	采矿380万吨/年	6.81
	2	大红山铁矿1号铜矿带及三选厂铜系列150万吨/年采选工程	采选铁铜矿能力150万吨/年	4.87
	3	昆明龙港基地二期技改项目	新建重型机械厂、起重运输机械厂、板材配送中心	5.87
	4	楚雄钛材加工（一期）项目	年产2万吨钛材加工生产线	2.95
	5	昆明焦化制气厂干熄焦项目	1×75吨/小时、1×90吨/小时干熄焦装置等	3.95
	6	师宗98万吨/年焦化项目	年产98万吨焦炭	15.19
	7	大红山管道公司铁精矿管道扩能技术改造	一号泵站增加3台矿浆拌槽和相应的喂料泵系统	1.67
	8	红河紫燕2000吨/天水泥	熟料生产线年产熟料62万吨，水泥95万吨生产线	4.74
		合计		46.06
未来五年	1	大红山铁矿400万吨/年二期采矿工程		18
	2	富源煤资源利用项目		50
	3	攀枝花钒钛磁铁矿选矿厂项目		10
	4	昆明王家营现代物流中心		7
	5	大理滇西物流商贸城		10
		合计		95

资料来源：昆明钢铁控股有限公司2011年度第一期中期票据募集说明书。

云铜集团以提高资源自给率为重点，加快产品产业结构调整步伐，已经拥有金属资源储量2000万吨，自产铜精矿含铜产量20万吨，粗炼产能80万吨，精炼铜产能100万吨，实现销售收入600亿元，利税30亿元。云铜集团将自身发展的比较优势和行业发展机遇有机结合，确立"做大资源，做强矿山，做优冶炼，发展精深加工"的发展思路，确保行业的领先优势（表4-4）。

表4-4 2011～2014年云铜集团主要生产投资计划

序号	名称	总投资（亿元）
1	玉溪矿业大红山铜矿3万吨/年精矿含铜—西部矿段采矿工程	12.92
2	玉溪矿业大红山龙都尾矿库中期中线法堆坝项目	1.51
3	达亚有色金属公司狮子山深部持续工程	0.97
4	星焰公司牟定郝家河铜矿深部（1500吨/天）采矿技改工程	3.38

续表4-4

序号	名　　称	总投资（亿元）
5	凉山矿业铜厂沟采选工程	4.18
6	迪庆有色普朗铜矿一期采选工程	61.39
7	拉萨天利公司西藏尼木铜矿采选项目	60
8	凉山矿业红泥坡—板山头采矿工程	2.22
9	玉溪矿业思茅山铜业持续接替尾矿库工程（肖家坟）	0.68
10	玉溪矿业思茅山水公司四选厂技改项目	2.05
11	易门铜业云南铜业冶炼中试基地技改项目	0.96
12	玉溪矿业大红山铜矿中后期生产废石堆场	0.49
合　计		152.75

资料来源：云南铜业（集团）有限公司2011年度第一期短期融资券募集说明书。

云锡集团的发展战略为（表4-5）:（1）加速资源整合，提升核心竞争力。按照“立足个旧，强化周边，拓展省外，探索国外”的新资源战略以及构建“一体两翼，四面辐射”的开放型发展战略格局要求，整合省内文山都龙、梁河、腾冲、西盟等地锡资源，显著增强对资源和市场的控制力，显著增强抵御市场风险的能力。为了扩大资源储备，云锡集团通过控股参股等资本运作手段，整合湖南郴州地区锡资源，加大了对缅甸、老挝、泰国、越南、印尼、马来西亚等东南亚国家资源的收购、引进和原料加工，国外重点围绕澳大利亚、中亚和印度尼西亚开展工作。为进一步强化新的资源战略的实施，成立了云锡集团资源开发公司，为资源战略的有效推进提供了组织保证。（2）延伸锡产业链，实现产业多元化。在云南省政府的大力支持下，云锡集团公司加大了调整产品结构、优化产业结构的力度，从锡原料生产商向锡材、锡电子和锡化工产品等深加工产业渗透，延伸了锡加工产品产业链。近年来公司以资源利用效益最大化为目标，成立了云锡集团技术研究院，积极推进锡深加工产品投资和科技研发力度，取得科技成果300多项，逐步改变了以锡原料生产销售为主的格局，成为全国最大的锡深加工基地。

表4-5　云锡集团重大投资项目计划

项 目 名 称	总投资（亿元）	起始时间	完成时间	项目进展情况
锡冶炼系统改造	1.70	2008年	2009年	已完成
铅冶炼系统技改工程	12.60	2008年	2010年	设备安装部分
铜冶炼技改工程	19.85	2009年	2010年	进入土建部分
卡房多金属采选工程	1.50	2008年	2009年	已基本完成
老厂3000吨/日硫化矿选厂	1.35	2009年	2010年	前期工程

续表 4-5

项 目 名 称	总投资（亿元）	起始时间	完成时间	项目进展情况
贵金属二次资源利用项目	5.95	2008 年	2010 年	设备安装部分
光电产业项目	11.45	2009 年	2012 年	前期准备
个旧矿区“三大平台”建设	6.00	2007 年	2010 年	已基本完成
尾矿库治理工程	1.58	2009 年	2010 年	正在进行
太阳能产业项目	6.00	2009 年	2011 年	前期工程
合计	67.98			

资料来源：云南锡业集团（控股）有限责任公司 2010 年度第二期中期票据募集说明书。

云天化集团的总体思路是（表 4-6）：通过实施以产业整合为重要手段的低成本扩张战略和以增产降耗为重点的技术创新战略，逐步形成以化肥为主，有机化工、玻纤新材料、盐及盐化工、磷矿采选和磷化工为重要发展方向的产业发展格局。

表 4-6 云天化集团在建项目投资情况

工 程 名 称	开始时间（年份）	竣工时间（年份）	投资总额（亿元）
5080 项目	2008	2011	31.50
水富煤代气技改工程	2008	2011	9.47
磷复肥二期工程	2009	2011	13.52
450 万吨/年采选工程	2007	2011	11.70
18 万~30 万吨磷酸挖潜改造项目	2007	2011	1.99
120 万吨磷铵项目	2006	2011	27.24
10 万吨含硫尾砂综合利用项目	2009	2011	2.07
光卤石工程	2008	2011	3.74
天安液氨输送管线	2003	2008	0.89
尖山磷矿 100 万吨/年采矿工程	2009	2011	4.18

资料来源：云天化集团有限责任公司 2011 年度第二期中期票据募集说明书。

云南煤化工集团的总体战略是：构建一条完整的煤化工产业链；发展两大化工，即煤化工和乙炔化工；依托三大企业，即云维公司、东源公司、解化公司；建设四个基地，即曲靖煤化电冶基地、红河煤化工基地、昆明煤炭及煤液化基地、昭通煤化工基地；做好五个业务板块，即煤炭采选、煤焦化、煤气化液化、煤电铝、煤制烯烃。云煤集团近年来主要重点建设项目有：（1）铝型材加工项目；（2）95 万吨/年焦化项目；（3）20 万吨/年醋酸项目；（4）硝酸铵装置技改项目；（5）甲醇联产合成氨技改；（6）CO 制备及锅炉综合技改项目；（7）30 万吨/年尿素技改项目；（8）12 万吨/年粗苯加氢精制项目；（9）昭通靖安煤矿

项目；（10）尾气增产8万吨/年合成氨项目。（资料来源：云南煤化工集团有限公司2010年度第一期短期融资券募集说明书）

云南冶金集团的远期目标是构筑资源支撑平台，力争实现新增铅锌金属储量超过1200万吨，原料自给率超过60%。在产品结构调整方面，将结合自身的资源优势，加强下游产品的深加工，深加工产品占30%以上，通过多种方式寻求产业链和价值链的深化，不断提高产品档次和附加值（表4-7）。

表4-7 云南冶金集团近三年在建和拟建项目投资情况

序号	所属板块	项目名称	开工-竣工期	概算总投资（亿元）
1	铝	云南文山铝业有限公司80万吨/年氧化铝及配套矿山建设项目	2008~2011年	50.79
2	铝	云南铝业股份有限公司80万吨/年中高强度、宽幅铝合金板带项目	2008~2010年	12.19
3	铝	云铝涌鑫金属加工有限公司年产30万吨铝板带工程	2010~2012年	33.82
4	铝	云南源鑫炭素有限公司60万吨/年炭素项目	2008~2012年	30.42
5	铅锌	云南驰宏会泽6万吨/年粗铅、10万吨/年电锌及渣综合利用项目	2009~2011年	32.5
6	铅锌	呼伦贝尔驰宏矿业开发有限公司20万吨/年电锌项目	2009~2011年	33.98
7	钛	云南新立有色金属有限公司6万吨/年氯化法钛白粉项目	2007~2012年	26.62
8	钛	云南新立有色金属有限公司1万吨/年海绵钛项目	2008~2011年	19.98
9	铅锌	昭通驰宏矿业有限公司锌冶炼工程	2010~2013年	15.81
10	其他	云南冶金重型装备研发制造基地建设工程	2010~2013年	22.99
11	铁合金	云南建水锰矿有限责任公司20万吨/年锰系合金节能新技术新装备示范项目	2008~2011年	7.35
12	铝	云南云铝润鑫铝业有限公司15万吨/年铝钛基合金材料加工项目（翻番工程）	2010~2012年	14.53
13	铝	云南云铝润鑫铝业有限公司年产10万吨铝板带工程（合金棒材）	2009~2012年	3.83
14	铝	年产30万吨哈兹莱特法铝合金板带工艺开发项目	2010~2014年	35.11
15	铝	云南铝业潞西硅铝合金新技术推广示范项目	2010~2013年	27.57
16	铝	云南浩鑫铝箔有限公司搬迁改造项目	2011~2013年	28.26
17	铅锌	大兴安岭云冶矿业开发有限公司塔源二支线1000吨/年铅锌矿采选工程	2010~2012年	1.25

续表 4-7

序号	所属板块	项目名称	开工-竣工期	概算总投资（亿元）
18	铅锌	云南永昌铅锌股份有限公司勐糯铅锌矿矿山接替工程20万吨/年采矿项目	2010～2012 年	1.39
19	铅锌	曲靖仓储中心项目	2010～2012 年	5.98
20	钛	云南新立有色金属有限公司年产1万吨钛加工材项目	2010～2013 年	17.83
21	硅	500兆瓦/年多晶硅、单晶硅片制造项目	2011～2013 年	21.47
22	铁合金	云南永昌硅业股份有限公司10万吨/化学级金属硅项目	2011～2013 年	8.75
23	铁合金	云南永昌硅业股份有限公司电炉烟气余热发电项目	2009～2012 年	1.47
24	其他	云南冶金集团总公司技术中心实验研究基地建设项目	2010～2011 年	2.96
25	其他	云南冶金集团进出口物流股份有限公司建水产业集群基地铁路专用线建设项目		4
26	其他	云南冶金集团进出口物流股份有限公司富源羊尾哨火车站改扩建项目		3

资料来源：云南冶金集团股份有限公司2012年度第一期中期票据募集说明书。

综合以上分析可见，云南资源型工业企业首要任务是找资源，这是关系企业生存的首要问题，企业的投资重心都在矿山上，围绕矿山新建、矿山改进投资，其次是技术改造，包括资源利用和深加工两方面，最后是不同产品和板块之间的整合以及商贸物流。究其原因，目前企业主要利润来源于采选部门，而企业发展方式的转变需要成本，尤其是随着企业规模的扩大，想要转变发展方式存在重重困难。

总的来看，云南资源型工业采选业的政策和企业战略均重点放在了资源勘探和矿山建设上，因此市场行为是安全的。

云南产业规划的重点在资源保障、市场调节、提高技术、延长产业链、深化加工、集中化、规模化、集团化等方面，提出了重要措施，“十二五”期间云南资源型工业的市场结构必将在这些政策的引导下发生巨大的变化，为进一步提高产业安全发展提供保证。

4.2 结构安全发展

产业结构是指各产业的构成及各产业之间的联系和比例关系。产业结构安全发展就是要产业发展在部门上相互之间能够供需均衡，避免大起大落；行业上相互之间规模比例合理，避免过于集中和分散；区域上空间布局合理、产业优势突出、行业互补。

本书结合云南资源型工业的特点，从规模比例和协调能力两个方面对云南资源型工业各部门和行业进行分析。

4.2.1 规模比例安全发展

产业结构的规模比例要求产业内部部门之间的规模比例合理，投入产出均衡，没有过剩或短缺现象，或者过剩、短缺现象不严重，各部门的生产能力能够充分发挥，所需资源可以较好地得到满足，使供需平衡，使经济协调发展，即可认为是合理的规模比例，认为产业结构是安全的。一般可以从社会水平满足程度、部门均衡程度、行业均衡程度三个方面进行分析。其中关于部门均衡程度的分析，在原材料安全发展和供需安全发展部门已进行了论述，这里不进行讨论。

4.2.1.1 产业水平满足率

产业的兴起、发展及衰退，与社会需要密切相关。产业结构的安全发展的评价原则之一就是看能否满足社会的需求，能否不断适应社会需求的变化。若严重供不应求或供大于求，都会为企业的安全发展带来隐患。

产业水平满足率可以通过产业的社会需求和供给之间的比例关系来表示。社会需求是指一个国家或地区在一定时期内（通常 1 年）由社会可用于投资和消费的支出实际形成的对产品和劳务的购买力总量，包括两个部分：一是国内需求，包括投资需求（固定资产投资需求和流动资产投资需求）和消费需求（居民个人消费需求和社会集团消费需求）；二是国外需求，即产品和劳务的输出。社会总供给是指一个国家或地区在一定时期内（通常为 1 年）由社会生产活动实际可以提供给市场的可供最终使用的产品和劳务总量，通常以国民生产总值作为其货币表现形式。

产业水平满足率的计算公式为：

$$R = \frac{S}{Q} \times 100\%$$

式中 R——产业水平满足率；

S——该产业的社会供应量；

Q——该产业的社会需求量。

产业水平满足率越接近 100%，则社会需求和生产供给间越相互满足，不存在过剩或短缺现象，或过剩、短缺现象不严重，各部门生产能力越能够充分发挥，经济能够协调发展，因此越安全。

若将市场视为供需平衡的，则云南资源型工业的满足社会需求量可以由各资源型工业产品部门的货物的最终使用和该产品部门为其他产品本期生产活动所提供的货物的和，再减去省内出口国外的资源型工业产品、调出省外产品以及作为固定资本和存货未被使用的部分来代替。资源型工业产品的生产供给可以用总产出代替。

社会需求量 = 中间使用 + 最终使用 − 出口 − 调出 − 资本形成总额

生产供给量 = 总产出 = 最终使用 + 中间使用 − 进口 − 调入

根据产业水平满足率的定义及计算公式，利用云南投入产出表，计算得到云南资源型工业的产业水平满足率（表4-8）。

表4-8 云南资源型工业产业省内产业水平满足率

项 目	2002年			2007年		
	社会需求（亿元）	生产供给（亿元）	满足率（%）	社会需求（亿元）	生产供给（亿元）	满足率（%）
资源型工业	796.43	634.32	79	2394.58	2608.38	109
采选业	184.13	121.34	66	882.42	299.65	34
冶炼加工业	612.3	512.98	84	1512.16	2308.73	154
金属工业	270.33	310.25	115	1187.44	1811.54	152
非金属工业	526.11	324.07	62	1207.14	796.84	66

资料来源：2002年、2007年云南投入产出表（42部门）。

2002年，资源型工业产业水平满足率是79%，其中采选业和冶炼加工业的产业水平满足率分别是66%和84%。总体来看，云南资源型工业社会需求大于生产供给，呈现供不应求的状况，其中采选业的社会需求远大于社会供给。2007年，资源型工业供需状况发生了转变，资源产业水平满足率为109%，整体上供给略大于需求。但其中采选业与冶炼加工业的供求关系与2002年相比更加失衡，采选业严重供给不足而冶炼加工业严重需求不足，采选业的产业水平满足率很低，只有34%，而冶炼加工业的产业水平满足率很高，达到154%（图4-2）。

分行业看，2002年金属工业产业水平满足率是115%，供大于求；非金属工业产业水平满足率是62%，供小于求。2007年，金属工业社会水平满足率是152%，严重的供大于求；非金属工业社会水平满足率是66%，供小于求。2007年与2002年相比，金属工业供求不平衡更加明显，非金属工业供求不平衡趋势有所缓解。

总的来看，资源型工业供需不平衡趋势有所缓解，由2002年供给明显小于需求变为2007年供给略大于需求。但采选业、冶炼加工业供需不平衡趋势显著增长。云南矿石原材料满足不了云南采选业自身的需求，主要依靠省外购入和国

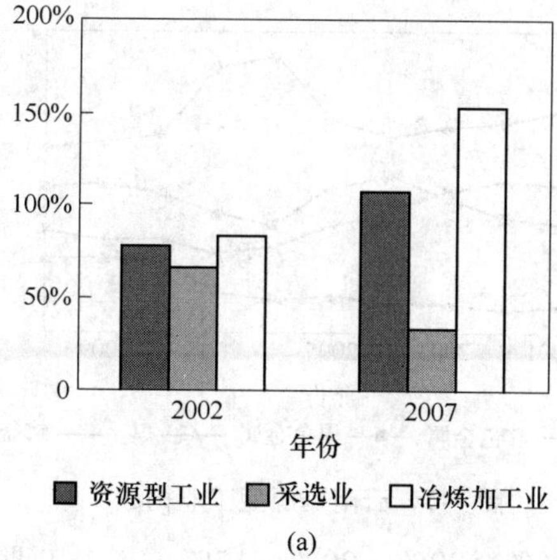

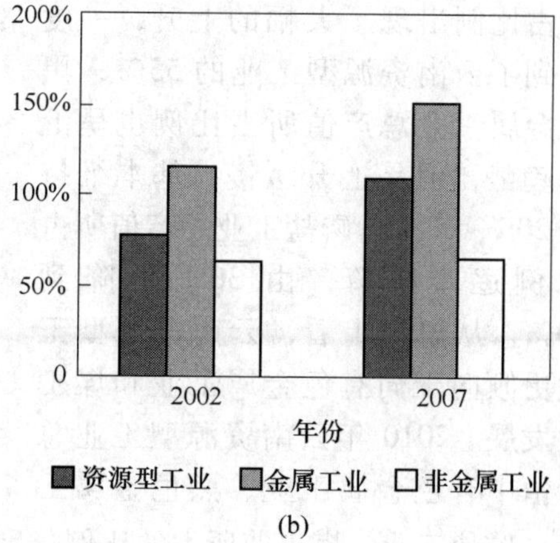

图 4-2　云南资源型工业产业水平满足率

外进口来满足。而冶炼业（主要是金属冶炼业）产能过剩，加大了对矿产原材料的需求，使大量初级矿产品产量过大；同时由于云南加工业技术落后，下游产品需求不足，导致供给远远大于需求，初级矿产品销往省外或国外。综合考虑，产业水平满足率是很安全，但其内部部门供需极不均衡。

4.2.1.2　行业均衡程度

行业均衡程度是产业内部各行业之间的规模比例关系，是衡量产业结构安全发展的重要方面。若行业之间的规模比例过于均衡，则难以发挥有限资源的优势，不利于产业的做大做强，难以抵御威胁；若行业之间的规模比例过于失衡，集中在某一行业上，则不利于其他行业发展和壮大，难以抵御不确定的威胁。

云南资源型工业各行业的均衡程度是指其中的黑色金属工业、有色金属工业、煤工业、磷盐工业在整个资源型工业中的所占的规模比例，以及其间的相互协调程度。资源型工业中所占比重大的行业，在云南资源型工业中的地位高，是主要发展行业，另一方面，从各行业的比例关系可以看出云南资源型工业行业构成情况，若产业多元化，则可避免过分依靠单一产业而带来的风险。各行业的地位用该行业产值占资源型工业总产值的比重来衡量。

从资源型工业的构成来看，2001 年云南有色金属工业、黑色金属工业、磷盐工业、煤工业占资源型工业的比例分别为 44%、22%、29%、5%，金属资源工业和磷盐工业占了很高的比例，尤其是有色金属工业所占比例达到了 44%，各工业之间比例关系极不平衡，煤工业没有得到长足的发展（图 4-3）。2001 ~ 2010 年，煤工业发展最迅速，规模扩张最大；有色金属工业所占比例整体呈下降趋势，但一直是云南资源型工业的主体，所占比例一直高于其他资源型工业，同时表现出很大的波动性，随着国际有色金属价格的快速上扬，2005 ~ 2008 年所占比例出现了大幅的上升，一度达到了云南资源型工业的55%；黑色金属工业总产值所占比例也呈上升趋势，但是上升缓慢，基本维持在20%~30%；磷盐工业总产值所占比例逐步下降，由30%下降到20%。从整体上看，云南资源型工业更倾向于向有色金属工业和煤工业发展。2010年云南资源型工业总产值中有色金属工业、黑色金属工业、磷盐工业、煤工业所占的比例分别为36%、29%、20%、15%，各个工业之间的梯度关系比较明显，基本相差5~10个百分点，煤工业逐步发展，在资源型工业总产值中的比重逐年上升，达到了15%。

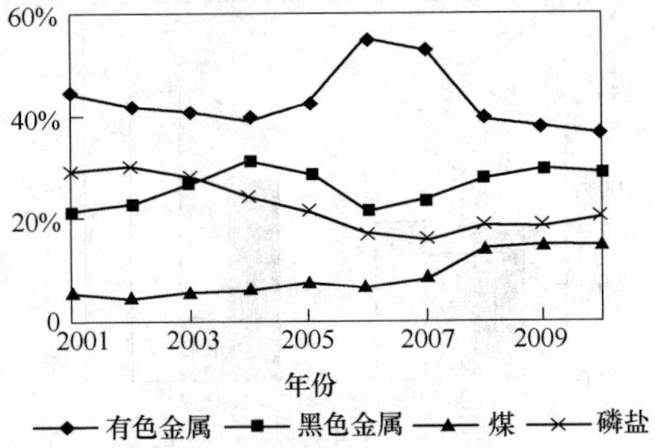

图4-3 云南资源型工业构成

总的来说，云南资源型工业的行业均衡程度很好，主导产业突出，各相关产业梯度排列，是很安全的。

从云南资源型工业的规模比例来看：（1）总体上供需关系趋于合理，但采选业、冶炼加工业供需不平衡趋势显著增长：一方面，自身矿石原材料满足不了采选业的需求，主要依靠省外购入和国外进口；另一方面，冶炼业（主要是金属冶炼业）产能过剩。（2）具体来看，金属工业存在严重的矿产资源不足；冶炼，尤其是其中的铁合金冶炼和有色金属冶炼及合金产出过多；加工业略大于下游深加工的需求，但其中的钢压延加工业不能满足需求，而有色金属压延加工产出过多。从产品来看，主要是锡、铅锌、磷等产品。（3）云南资源型工业的主导行业（主要是有色金属和黑色金属行业）突出且变化稳定，与非金属工业之间的比例关系协调，呈阶梯式结构，具有较好的比例差距。

4.2.2 协调能力安全发展

协调能力是指各产业之间的相互转换能力，和在生产、分配、交换、消费各个环节之间的和谐运动。产业结构协调有静态和动态之分，在静态上是指各产业之间和产业内部各部门之间的内在联系和比例关系以及区域间产业发展上的合理分工；在动态上是指产业内部增长与发展的速度相协调。只有合理的产业结构，才能安全发展。另外协调发展并不是平均发展，经济发展速度快也并不一定意味着产业结构协调。

本书从产业空间区位状况的角度，用区位商、区域基尼系数、区域产业结构趋同化三个指标来分析云南资源型工业地区内及地区间的区域协调能力。区位商反映产业专业化程度，区位基尼系数反映产业空间分布的聚集程度，趋同化系数反映区域内产业结构的差异程度。

4.2.2.1 区位商

区位商（L_Q）也称生产的地区集中度指标，是产业的效率与效益分析的定量工具，是一种较为普遍的集群识别方法，是用来衡量某一产业的某一方面在某一特定区域的相对集中程度，用于衡量地域分工深度或地区专门化程度的指标，可以用产值、产量、就业人数、固定资产等来计算。区位商的计算公式如下：

$$L_Q = \frac{\dfrac{\text{某地区某产业的产值或就业人数}}{\text{该地区总产值或就业人数}}}{\dfrac{\text{全国该产业产值或就业人数}}{\text{全国国内生产总值或总就业人数}}}$$

$L_Q > 1$ 表明该产业在某地区的专业化程度超过全国，其产品自给有余，属于区域专业化行业；$L_Q = 1$ 表明该产业在某地区中的专业化程度与全国一致，其产品自给自足；$L_Q < 1$ 表明该产业在某地区的专业化程度低于全国，其产品需要从区外输入。

区位商值越大，表明其专业化程度越高。一般来讲，如果产业区位商大于1.5，则该产业在当地就具有明显的比较优势；区位商值大于2，则该产业主要为区外服务。从时间上看，区位商的变动方向可以表示产业结构协调能力的大小。

2001 年资源型工业区位商大于1 的为红河、昆明、曲靖、怒江，分布较为分散；2007 年，区位商大于 1 的为红河、怒江、昆明、玉溪、曲靖，2003 ~ 2006 年楚雄区位商也曾出现大于1 的情况（表4-9）；区位商大于1 的地区集中连片分布在滇中、滇西两个地区，区域协调能力明显增强。红河、怒江州的资源型工业区位商较高，怒江区位商有大于2 的情况，说明这个地区的资源型工业主要为区外服务。红河州区位商较大是因为资源丰富，怒江相对其他省份较大是由于 GDP 值过小。红河州的各种矿产资源比较丰富、资源型工业发达，在云南资源型工业中占有重要地位。

2007 年采选业区位商出现大于1 的主要有曲靖、玉溪、昭通、楚雄、文山、丽江、迪庆，其中玉溪、昭通、文山、迪庆区位商增大（表4-9），由于近年对羊拉铜矿进行投产建设，使迪庆采矿区位商增长明显，曲靖的煤矿资源，文山的汞、锑、锡、锌、铜等有色金属，昭通的煤矿、重晶石、石膏等矿产，玉溪的铜矿、铁矿及非金属矿产也使各地区的采矿业得到很好的发展，发挥了地区的资源优势。虽然红河有丰富的锡矿资源，怒江有全国最大的铅锌矿，但长期的开采已使资源耗费巨大，红河、怒江区位商下降，为了节约资源，使其能够长期可持续发展，需要对其进行合理利用，以科学有效的方法来控制开采的速度。

表 4-9 2001～2010 年云南州市资源型工业区位商

部门	地区	2001 年	2002 年	2003 年	2004 年	2005 年	2006 年	2007 年
资源型工业	昆明	1.46	1.40	1.32	1.37	1.43	1.45	1.35
	曲靖	1.32	1.28	1.33	1.18	1.09	1.08	1.09
	玉溪	0.65	0.75	0.89	1.08	1.14	0.99	1.16
	昭通	0.52	0.51	0.54	0.47	0.43	0.48	0.54
	丽江	0.07	0.09	0.41	0.54	0.43	0.31	0.29
	楚雄	0.71	0.75	0.73	0.77	1.63	1.47	0.93
	红河	1.96	1.87	1.75	1.84	1.67	1.57	1.59
	文山	0.41	0.43	0.38	0.60	0.50	0.55	0.68
	大理	0.19	0.22	0.27	0.26	1.00	0.32	0.36
	怒江	1.91	2.45	2.40	1.31	1.34	2.00	1.55
采选业	昆明	0.57	0.59	0.56	0.97	0.72	0.71	0.70
	曲靖	1.25	1.28	1.58	1.33	1.44	0.99	1.02
	玉溪	0.79	1.04	0.65	0.96	1.32	1.22	1.63
	保山	0.13	0.19	0.38	0.53	0.63	0.67	0.67
	昭通	0.33	0.42	0.49	0.42	0.78	1.33	1.83
	楚雄	1.64	1.24	1.51	1.54	1.36	1.33	1.59
	红河	2.56	2.61	2.49	1.34	1.15	0.72	0.71
	文山	1.58	1.54	1.40	1.77	1.39	1.45	2.15
	普洱	1.92	0.48	0.21	0.32	0.37	0.38	0.74
	西双版纳	0.02	0.07	0.08	0.24	0.70	1.04	0.85
	大理	0.46	0.46	0.28	0.35	0.26	0.20	0.31
	丽江	1.21	1.39	1.61	1.48	1.77	1.18	1.26
	怒江	13.04	15.29	17.89	8.46	9.64	13.19	0.19
	迪庆	0.00	0.00	1.60	0.39	1.16	1.44	2.48
冶炼加工业	昆明	1.61	1.53	1.42	1.42	1.53	1.57	1.45
	曲靖	1.34	1.28	1.30	1.16	1.04	1.09	1.10
	玉溪	0.62	0.70	0.92	1.09	1.11	0.95	1.09
	昭通	0.55	0.53	0.55	0.48	0.39	0.34	0.34
	楚雄	0.55	0.68	0.64	0.66	0.83	0.76	0.83
	红河	1.85	1.75	1.66	1.91	1.74	1.72	1.73
	普洱	0.43	0.58	0.42	0.27	0.28	0.22	0.16
	大理	0.15	0.18	0.27	0.25	0.26	0.34	0.36
	怒江	0.00	0.46	0.49	0.33	0.21	0.14	1.76

续表 4-9

部门	地区	2001 年	2002 年	2003 年	2004 年	2005 年	2006 年	2007 年
黑色金属工业	昆明	2.42	2.16	1.78	1.64	1.61	1.50	1.28
	曲靖	0.42	0.44	0.51	0.68	0.62	0.49	0.47
	玉溪	0.48	0.75	1.62	1.94	2.26	2.55	3.07
	丽江	0.00	0.30	0.51	0.89	0.27	0.13	0.07
	楚雄	0.99	1.46	1.39	1.23	1.52	1.58	1.58
	红河	0.19	0.16	0.19	0.23	0.41	0.52	0.67
	文山	0.52	0.64	0.86	1.11	0.66	0.79	0.87
	西双版纳	0.07	0.11	0.23	0.48	0.40	0.73	0.54
	大理	0.10	0.14	0.11	0.15	0.16	0.28	0.32
	迪庆	0.00	0.00	0.28	0.78	0.67	0.28	0.79
有色金属工业	昆明	1.42	1.33	1.24	1.35	1.52	1.53	1.42
	曲靖	1.08	1.01	1.22	0.71	0.57	0.84	0.84
	玉溪	0.39	0.47	0.36	0.43	0.53	0.44	0.51
	保山	0.28	0.39	0.39	0.47	0.50	0.47	0.51
	普洱	0.54	0.50	0.37	0.31	0.35	0.25	0.37
	楚雄	0.65	0.64	0.49	0.60	0.55	0.58	0.72
	红河	2.65	2.61	2.66	3.32	2.69	2.16	2.28
	文山	0.58	0.53	0.62	0.55	0.62	0.60	0.72
	大理	0.40	0.45	0.59	0.53	0.48	0.45	0.53
	德宏	0.69	0.93	0.98	0.74	0.53	0.35	0.39
	怒江	4.65	6.23	6.27	3.49	3.29	3.74	3.04
煤工业	昆明	0.23	0.20	0.20	0.26	0.24	0.22	0.51
	曲靖	3.50	3.57	4.11	4.85	4.57	4.40	4.07
	昭通	0.14	0.18	0.08	0.06	0.12	0.44	1.08
	楚雄	1.55	1.36	1.14	1.02	1.99	1.82	1.33
	红河	3.88	3.60	3.38	2.13	1.31	1.42	1.05
	文山	0.43	0.76	0.67	0.51	0.36	0.41	0.33
	丽江	4.10	4.46	3.54	4.41	3.76	3.26	2.45
磷盐工业	昆明	1.10	1.16	1.23	1.32	1.42	1.55	1.63
	曲靖	1.85	1.82	1.68	1.63	1.47	1.30	1.28
	玉溪	1.09	1.12	1.07	1.23	1.13	1.13	1.06
	昭通	1.33	1.28	1.55	1.51	1.37	1.38	1.39
	楚雄	0.52	0.38	0.44	0.43	0.43	0.49	0.51
	红河	1.92	1.87	1.65	1.51	1.52	1.14	1.04
	普洱	1.08	0.93	0.76	0.50	0.53	0.49	0.23

资料来源：云南统计年鉴 2002 ~ 2008。

2007年冶炼加工业区位商出现大于1的主要有昆明、曲靖、玉溪、红河、怒江（表4-9），昆明有较高的科技水平和生产技术，冶炼加工程度高。玉溪、曲靖临近昆明，有区位优势和资源优势，易获得发展。红河有资源优势，应发展其相关产业。怒江主要是由于其经济总量低，造成冶炼加工业的区位商高。

2007年黑色金属工业中区位商大于1的有玉溪、楚雄、昆明，其中昆明和玉溪有区位商大于2的情况（表4-9），优势地区集中在滇中地区。至2008年为止，玉溪市铁矿储量居全省首位，其次为昆明、楚雄，资源与区位优势的协调能力强。

2007年有色金属工业区位商大于1的有红河、怒江、昆明，并且红河、怒江的区位商大于2（表4-9）。其中，红河钨矿、锡矿、铋矿、银矿、铌钽矿等资源储量居全省首位，铅锌矿、锶矿资源储量怒江居全省首位，资源与区位优势的协调能力强。

2007年煤工业区位商大于1的有曲靖、丽江、红河、楚雄、昭通，其中曲靖、丽江区位商均大于2（表4-9）。曲靖是云南煤矿储量最丰富的地区，其次为红河。资源与区位优势的协调能力强。

2007年磷盐工业区位商大于1的有昆明、曲靖、玉溪、昭通、红河（表4-9）。云南磷矿资源储量大，主要分布在昆明、玉溪、曲靖；盐矿资源主要分布在昆明、普洱和西双版纳。资源与区位优势的协调能力较好。

云南资源型工业各行业区位商分布如图4-4和图4-5所示。

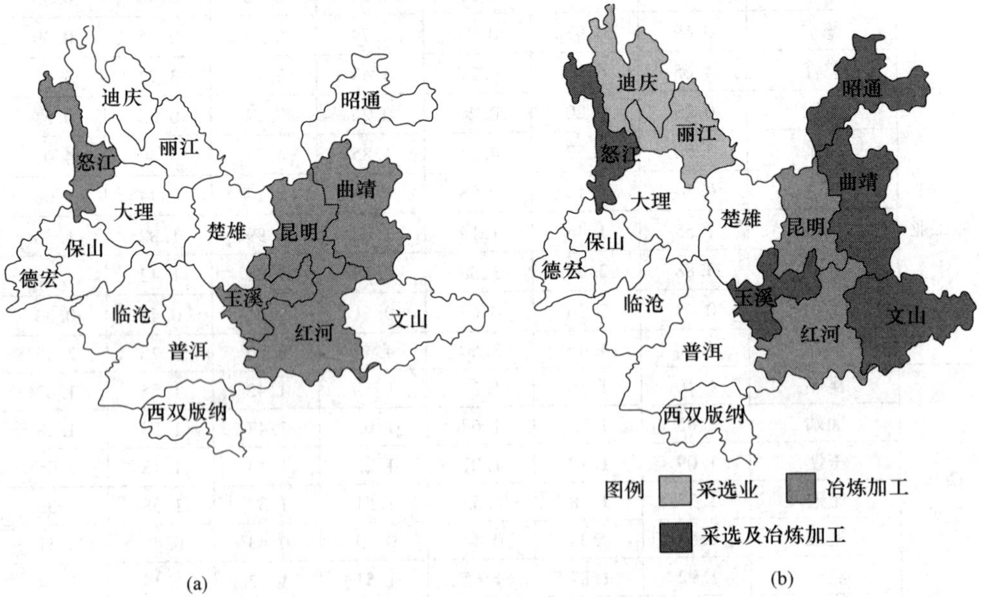

图4-4 云南资源型工业区位商分布示意图

（a）资源型工业；（b）各部门

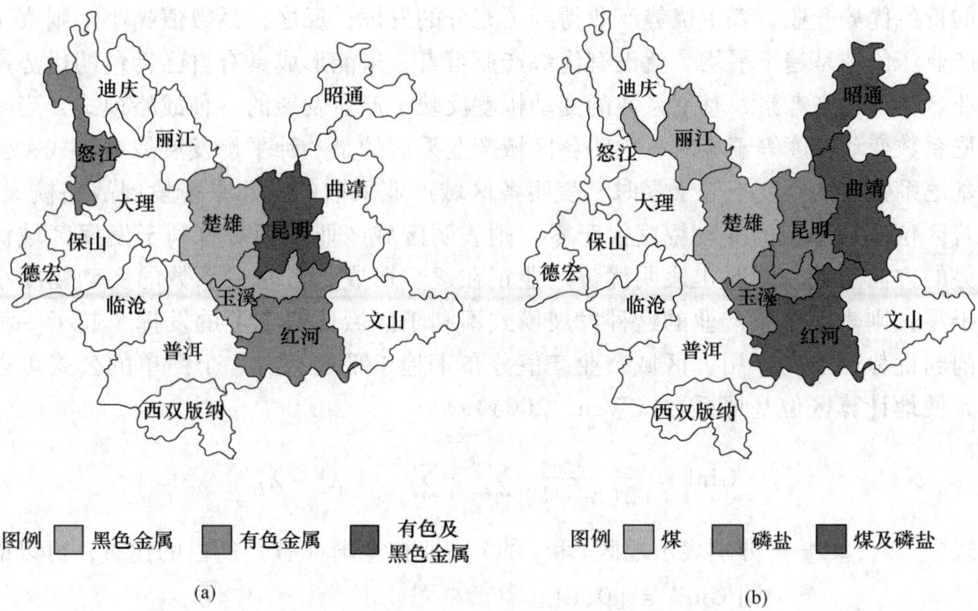

图 4-5 云南资源型工业各行业区位商分布示意图

（a）金属工业；（b）非金属工业

总体来看，云南资源型工业的区位商突出的地区连片集中在滇中的昆明、玉溪、曲靖、红河、楚雄地区和滇西的怒江、大理地区（表 4-9），同时与资源优势分布协调较好，表明云南资源型工业在区位商上是很安全的。

4.2.2.2 区位基尼系数

基尼系数最初被用来衡量收入不均等程度（图 4-6），后来国外学者将其应用于对产业空间分布问题的研究。与收入基尼系数反映收入分配的不均等程度类似，产业区位基尼系数则刻画产业空间分布不均匀程度。它的值越大，表明产业在空间的分布越不均匀。换言之，产业的区位基尼系数越大，产业的空间集聚程度越高。区位基尼系数与区位商指数的性质一样，但是研究角度不一样，区位基尼系数是从行业角度来分析，而区位商是从地区角度来分析。

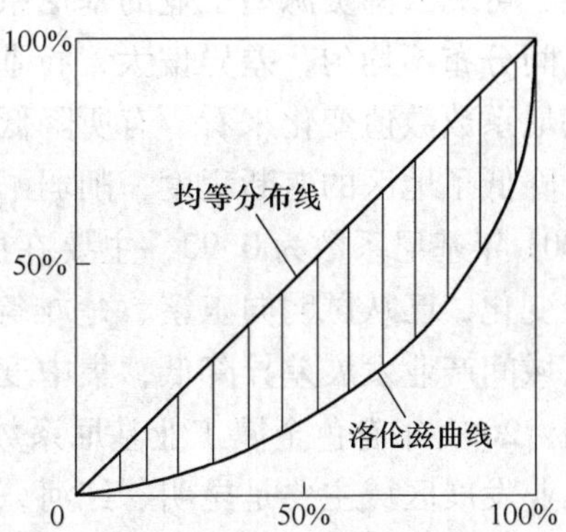

图 4-6 基尼系数计算示意图

从静态考虑时，区位基尼系数反映了产业总值在各区域之间分配的不平等程度，因此，系数值越大，产业产值就越不平等，对于一个区域来说，其就是自己的特色优势产业，表示优势产业得到了充分的发挥；反之，系数值越小，则表示产业产值越是趋于平均，就没有优势产业可言，未能形成具有自己特色的优势产业。从动态来考察，基尼系数的变动幅度反映了产业发展的一种战略模式，当基尼系数变动幅度等于零时，表明各区域产业采取的是一种平衡发展战略模式；当基尼系数变动幅度不等于零时，表明各区域产业采取的是非平衡发展战略模式。若区位基尼系数的变动幅度大于零，则表明区域产业正朝着有利于发挥区域优势的方向发展，同时也表明优势产业正在逐步形成；若基尼系数的变动幅度小于零，则表明区域产业的这种发展模式不利于区域优势产业的发挥，起了一种削弱优势产业的作用，区域产业产值分布正趋于平均。有一个简单的公式可以方便地计算区位基尼系数（Wen，2004）：

$$\mathrm{Gini}^s = \frac{1}{2(N-1)}\sum_{i=1}^{N}\sum_{j=1}^{N}|\lambda_i^s - \lambda_j^s|$$

式中 λ_i^s, λ_j^s——分别表示地区 i 和 j 的 s 产业在全国（省）所占的比重，可以证明 $\mathrm{Gini}^s \in [0,1]$。

按照国际惯例，基尼系数在 0.2 以下，表示收入分配“绝对平均”；在 0.2 ~0.3之间表示“相对平均”；在 0.3 ~0.4 之间表示“比较合理”；在 0.4 ~ 0.5 之间表示“差异偏大”；在 0.5 以上表示“高度不平均”。

我国，尤其是云南，目前的经济发展还处于转型阶段，同时由于资源型工业强烈依赖的矿产资源具有天然的时空不均匀性，决定了对于资源型工业只能采取差异化集中发展。本书利用工业总产值计算了云南的资源型工业的区位基尼系数，可见云南资源型工业的基尼系数整体上在 0.7 以上（表 4-10），各地区产业空间分布不均匀，差异偏大，行业存在很较高的区域垄断，但从 2001 ~2007 年基尼系数数值变化来看，有所降低，各地更趋向一个平衡的发展模式，一定程度上降低了地区的垄断程度，削弱了各地区的产业优势作用。其中，黑色金属工业 2001 年基尼系数为 0.92，主要在昆明发展，专业化程度很高，经过近几年的发展变化，已从昆明向玉溪、楚雄等周边城市发展，2007 年基尼系数降低到 0.8，区域间产业发展差异降低，集中度下降，但又没有过度分散，区域间协调能力增强。2001 年有色金属工业基尼系数为 0.78，2007 年系数下降到 0.73，有色金属工业发展区域主要是昆明、红河，昆明是云南省会，有较高的科研水平、生产技术工艺和很强的经济实力，能够很好地发展下游的冶炼加工工业，红河具有丰富的锡矿资源，可充分发挥其天然的资源优势，基尼系数虽然有所下降，但仍可以充分发挥其区域优势。煤工业和磷盐工业基尼系数都有一定程度的增长，2007 年煤工业基尼系数为 0.84，地区发展更集中，由原来具有优势的曲靖、红河、丽江地区逐渐变为以发展曲靖为主，由于近年来电力、建材等行业发展的需要，并

表 4-10 云南资源型工业产值的基尼系数

年份	资源型工业	黑色金属工业	有色金属工业	煤工业	磷盐工业	采选业	冶炼加工业
2001	0.78	0.92	0.78	0.80	0.78	0.58	0.83
2002	0.77	0.89	0.76	0.80	0.79	0.62	0.80
2003	0.76	0.87	0.75	0.84	0.80	0.62	0.78
2004	0.76	0.83	0.78	0.86	0.81	0.64	0.78
2005	0.76	0.83	0.77	0.85	0.81	0.57	0.79
2006	0.74	0.82	0.76	0.85	0.81	0.53	0.80
2007	0.73	0.80	0.73	0.84	0.81	0.55	0.77

资料来源：云南统计年鉴 2002 ~ 2008。

且云南是个少油少气的地区，而煤化工产品可替代石油产品，从而加大了对煤工业的需要，增大的基尼系数表明煤工业更集中，对于这种急需的能源能够更好地控制其使用，使发展更协调。磷盐工业基尼系数上升到0.81，磷盐工业主要分布在昆明、曲靖、玉溪、昭通、红河，基尼系数虽然变大，但各区域发展变化不大。

采选业和冶炼加工业基尼系数都有所降低，采选业主要依靠资源本身所在地的自然条件发展，冶炼加工业主要依靠技术和资金。采选业基尼系数下降，意味着更多的地区勘探出了新资源，或者在原有技术条件未被利用的资源获得了重新利用，提高了资源利用率，同时又避免了过度采挖同一地区资源，造成资源枯竭，较低的基尼系数使区域间发展更趋于平衡。冶炼加工业基尼系数下降，产业分布分散，但由于该产业需要大量的资金、技术，过度分散的小厂会使资源得不到充分的利用，造成资源的浪费，区域发展协调能力变差。

综合来看，云南资源型工业的区位基尼系数很大，各年份均在0.7以上；黑色、有色、煤、磷盐工业的区位基尼系数均很高；有色金属由于其资源分布的分散型，导致其区位基尼系数相对较低；同时冶炼加工业的区位基尼系数很高（在0.77以上），采选的区位基尼系数相对较低（在0.55左右），较好地突出了采选分散、冶炼集中的生产布局。因此整体上云南资源型工业的区位基尼系数是很安全的。但是冶炼加工业，尤其是加工业还可以进一步区域集中，以便充分利用资源，研发先进产品，提高竞争力。

4.2.2.3 产业结构趋同化

产业趋同化是指地区间的产业发展出现趋同的现象。包括地区之间产业雷同、结构重复、规模相似以及同时存在隔离的情况，是产业结构不合理的现象。产业趋同化是由于过分强调各地区的自给自足，于是各地区追求产业的门类齐全、自成体系，而不考虑专业化协作的结果。产业趋同化造成了生产规模小、产品成本高、质量低劣等后果，并且使地区经济封锁，也破坏了有效的产品竞争，使资源得不到合理的配置。

判断产业结构趋同与否的方法，除了用霍夫曼的工业系数之外，还可以采用产业结构相似系数来测定，计算公式如下：

$$S_{ij} = \frac{\sum x_{ik} x_{jk}}{\sqrt{\sum x_{ik}^2 \sum x_{jk}^2}}$$

式中 i，j——表示两个区域；

x_{ik}，x_{jk}——分别表示部门（产业或行业）k 在区域 i 和区域 j 的产值比重；

S_{ij}——两区域间产业结构相似系数，其阈值为 $0 \leqslant S_{ij} \leqslant 1$。

当 $S_{ij}=1$ 时，表明两区域产业结构完全相同；当 $S_{ij}=0$ 时，说明两区域产业结构完全不同。换句话说，S_{ij}越接近于 1，区域间产业结构的差异性越小，同构化程度越高，竞争越激烈，地区间的产业互补性越低；反之，S_{ij}越接近于 0，则区域间产业结构差异性越大，同构化程度越低，地区间的产业互补性越强。

根据黑色、有色、煤、磷盐四个行业的产值计算了云南 16 个地州的资源型工业相似系数（表 4-11）。整体上看，2001 年丽江、西双版纳、昭通与其他州市的相似系数低，多在 0.55 以下，资源型工业的互补性强，联系紧密；2005 年丽江、西双版纳、玉溪、昭通与其他州市的相似系数低，资源型工业的互补性强，联系紧密；2007 年丽江、西双版纳与其他州市的相似系数低，资源型工业的互补性强，联系紧密。丽江、西双版纳的资源型工业与其他州市的互补性很强，联系紧密，而玉溪和昭通则随着资源型工业的发展，逐渐融入了与其他州市同质发展的序列。

而大多数区域之间的相似系数均较大，在 0.7 以上，表明这些区域的资源型工业具有很大同构性和竞争性，不利于云南资源型工业的发展。这主要是由于技术的落后，目前云南资源型工业的发展主要依赖于矿产资源本身，而矿产资源本身的空间分布分散性导致资源型工业的分散布局。

从云南目前已建设的与资源型工业相关的园区分布来看（图 4-7，表 4-12），有色金属、煤、磷盐的工业园区均比较分散，尤其是有色金属的分布很分散，只有黑色金属工业园区的分布比较集中。资源型工业园区的分布与矿产资源的分布一致，说明目前云南资源型工业主要还是依靠资源而不是技术。应该说目前的工业园区建设考虑了城市布局、资源优势、区位优势，但体现的是区域综合性和特色性，表现出产业杂乱选择、企业简单聚集的特点，产业选择缺乏主体性和关联

表 4-11 2007 年、2005 年、2001 年云南各地区资源型工业相似系数

2007 年	昆明	曲靖	玉溪	保山	昭通	楚雄	红河	文山	普洱	西双版纳	大理	德宏	丽江	怒江	迪庆	临沧
昆明	1	0.85	0.70	0.92	0.80	0.90	0.95	0.98	0.93	0.44	0.94	0.87	0.21	0.87	0.91	0.94
曲靖		1	0.50	0.75	0.87	0.79	0.82	0.81	0.80	0.26	0.76	0.72	0.67	0.72	0.69	0.78
玉溪			1	0.50	0.40	0.89	0.48	0.76	0.39	0.95	0.57	0.33	0.17	0.33	0.80	0.47
保山				1	0.61	0.80	0.99	0.94	0.97	0.26	1.00	0.98	0.05	0.98	0.91	0.99
昭通					1	0.60	0.73	0.68	0.75	0.10	0.62	0.60	0.51	0.60	0.50	0.68
楚雄						1	0.80	0.95	0.72	0.74	0.85	0.69	0.31	0.69	0.95	0.78
红河							1	0.94	0.99	0.21	0.98	0.98	0.15	0.98	0.87	1.00
文山								1	0.89	0.54	0.96	0.86	0.18	0.86	0.97	0.93
普洱									1	0.10	0.96	0.98	0.12	0.98	0.80	0.99
西双版纳										1	0.34	0.08	0.10	0.08	0.64	0.21
大理											1	0.96	0.06	0.96	0.94	0.99
德宏												1	0.02	1.00	0.82	0.99
丽江													1	0.02	0.07	0.08
怒江														1	0.82	0.99
迪庆															1	0.88
临沧																1
2005 年	昆明	曲靖	玉溪	保山	昭通	楚雄	红河	文山	普洱	西双版纳	大理	德宏	丽江	怒江	迪庆	临沧
昆明	1	0.74	0.85	0.86	0.60	0.86	0.88	0.95	0.86	0.61	0.86	0.74	0.28	0.74	0.88	0.87
曲靖		1	0.65	0.49	0.73	0.73	0.66	0.63	0.76	0.38	0.52	0.42	0.80	0.42	0.50	0.53
玉溪			1	0.52	0.44	0.94	0.49	0.79	0.53	0.92	0.51	0.30	0.36	0.30	0.88	0.54
保山				1	0.30	0.64	0.94	0.93	0.75	0.31	1.00	0.97	0.09	0.97	0.80	1.00
昭通					1	0.33	0.57	0.33	0.85	0.09	0.34	0.29	0.29	0.29	0.18	0.32
楚雄						1	0.58	0.88	0.53	0.87	0.63	0.44	0.54	0.44	0.92	0.66
红河							1	0.85	0.92	0.18	0.96	0.94	0.21	0.94	0.66	0.95
文山								1	0.71	0.63	0.92	0.80	0.27	0.80	0.95	0.93
普洱									1	0.17	0.78	0.74	0.25	0.74	0.51	0.76
西双版纳										1	0.28	0.06	0.28	0.06	0.82	0.32
大理											1	0.97	0.11	0.97	0.78	1.00
德宏												1	0.02	1.00	0.62	0.96
丽江													1	0.02	0.21	0.13
怒江														1	0.62	0.96
迪庆															1	0.80
临沧																1

续表 4-11

2001 年	昆明	曲靖	玉溪	保山	昭通	楚雄	红河	文山	普洱	西双版纳	大理	德宏	丽江	怒江	迪庆	临沧
昆明	1	0.80	0.80	0.89	0.52	0.99	0.83	0.93	0.77	0.64	0.77	0.68	0.16	0.68	—	0.75
曲靖		1	0.96	0.72	0.86	0.85	0.91	0.71	0.99	0.19	0.61	0.55	0.39	0.55	—	0.68
玉溪			1	0.61	0.93	0.81	0.80	0.61	0.98	0.27	0.45	0.38	0.24	0.38	—	0.52
保山				1	0.32	0.89	0.91	0.99	0.68	0.36	0.97	0.94	0.12	0.94	—	0.96
昭通					1	0.54	0.61	0.29	0.91	0.01	0.16	0.10	0.22	0.11	—	0.26
楚雄						1	0.87	0.93	0.79	0.61	0.78	0.69	0.32	0.69	—	0.76
红河							1	0.88	0.88	0.14	0.87	0.84	0.30	0.84	—	0.92
文山								1	0.64	0.50	0.95	0.90	0.18	0.90	—	0.92
普洱									1	0.12	0.55	0.50	0.26	0.51	—	0.64
西双版纳										1	0.23	0.12	0.13	0.11	—	0.11
大理											1	0.99	0.10	0.99	—	0.99
德宏												1	0.11	1.00	—	0.99
丽江													1	0.08	—	0.14
怒江														1	—	0.99
迪庆																
临沧																1

资料来源：云南统计年鉴 2002 ~2008。

性，难以发挥园区促进产业融合的优势，仅在基础设施的集中利用方面发挥了园区的作用。

整体来看，云南资源型工业区域同构性大，相似系数在 0.7 以上，不太合理，属于不安全。

总体来看，云南区位商突出的地区连片集中在滇中的昆明、玉溪、曲靖、红河、楚雄地区和滇西的怒江、大理地区，同时与资源优势分布协调较好，表明云南资源型工业的优势主要源于资源优势；只有昭通的磷盐化工产值区位优势与资源优势不一致，其区位优势源于技术。云南冶炼加工业的区位基尼系数很高（在 0.77 以上），而采选的区位基尼系数则相对较低（在 0.55 左右），较好地突出了采选分散、冶炼集中的生产布局。云南大多数区域之间的相似系数均较大，在 0.7 以上，具有很大同构性和竞争性，不利于云南资源型工业的发展；只有丽江、西双版纳的资源型工业与其他州市的互补性很强，联系紧密。综合来看，云南资源型工业的发展还依赖于矿产资源本身而不是技术。

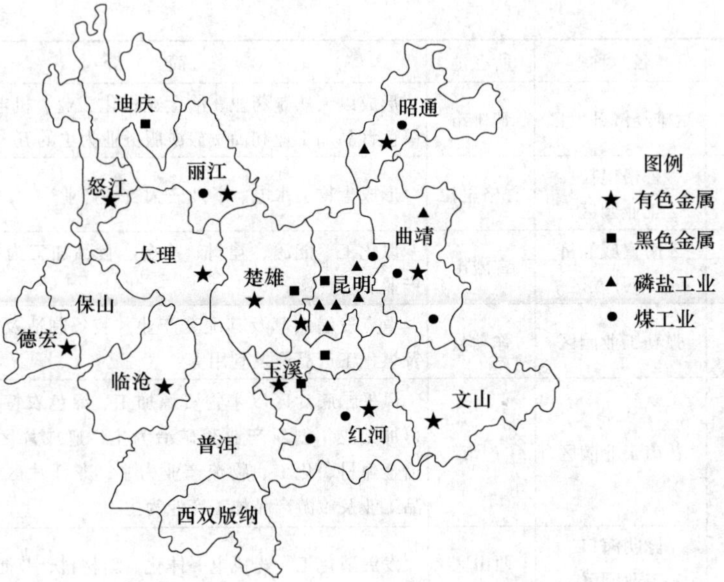

图 4-7 云南省资源型工业相关园区分布示意图

表 4-12 云南省资源型工业园区概况

序号	类型	名 称	所在地	简 介
1	有色	曲靖经济技术开发区	麒麟区	发展有色金属、光伏电子、汽车及装备制造、轻工和生物五大产业
2	黑色	研和工业园区	红塔区	培育钢铁及压延加工、装备制造、新能源、现代服务业、特色中小企业创业基地五大产业集群
3	有色、煤	红河工业园区	蒙自市、个旧市、开远市	按一园五区（即冶金材料加工区、生物资源加工区、化学工业区、高新技术开发区、出口加工区）和三片一体（蒙自片区、个旧大屯—蒙自雨过铺片区、开远片区）进行架构
4	磷盐	安宁工业园区	安宁市	发展新型重工业为主导，建成西南地区重要的磷化工和钢铁生产基地
5	黑色	禄丰工业园区	禄丰县	园区规划定位为以冶金、建材产业为主体，配套发展化工、机电、新材料及高新技术等产业的现代化工业聚集区
6	其他	保山工业园区	隆阳区	大小堡子工贸片区、板桥轻工片区、瓦窑矿电片区
7	煤	昭阳工业园区	昭阳区	形成农特产品加工、生物制药、建筑建材、褐煤化工、矿冶加工、轻纺工业等主导产业
8	有色	临沧工业园区	临翔区	以锗为主的矿产业集群、林浆纸一体化产业集群、电力能源产业集群、纺织服装为主的制造产业集群、优质农产品深加工产业集群、新型建材产业集群、畜禽产品深加工产业集群、生物制药产业集群和生产性服务产业集群

续表 4-12

序号	类型	名 称	所在地	简 介
9	有色	楚雄经济开发区	楚雄市	形成以天然制药业、冶金建材化工业、机电制造加工业、绿色食品加工业和商贸旅游服务业为主的五大产业体系
10	黑色	香格里拉工业园区	香格里拉	形成生物、水电、矿业三大支柱产业
11	磷盐	云南宣威经济技术开发区	宣威市	以化工、能源、建材、冶金、食品加工为主的五大支柱产业
12	煤	弥勒工业园区	弥勒县	重点发展烟草及其配套产业、装备制造及机械加工、煤及煤化工产品开发利用等
13	有色	芒市工业园区	芒市	风平帕底片区以生物资源加工、绿色农特产品加工、出口加工业、创新产业和矿冶为主；遮放片区以机电加工、冶金建材、化工、物流产业为主；龙江片区以林产品、食品工业及旅游产品加工产业为主
14	磷盐	昆明海口工业园区	西山区	发展磷化工、光机电一体化、新材料、节能环保等产业
15	煤、磷盐	寻甸特色产业园区	寻甸县	重点发展煤磷化工、新能源、装备制造，培育煤化工产业集群，打造煤化工新型工业化产业示范基地
16	磷盐	晋宁工业园区	晋宁县	发展精细磷化工、城市轨道交通及汽车零配件、新型建材和农产食品工业等产业
17	黑色、磷盐	富民工业园区	富民县	重点发展钛盐化工、机械制造、新型建材、清洁能源、环保科技、食品加工等产业，全力打造昆明特色的景观生态工业园
18	煤	曲靖煤化工工业园区	沾益县	以煤化工及其延伸产业、冶金、能源为主，以新型建材、机械制造安装、生物资源加工为辅，物流业协同配套发展
19	煤	师宗县工业园区	师宗县	紧紧围绕煤化工、冶金、建材三个主导产业，通过改造提升冶金和煤化工产业、发展壮大能源产业、做精做深农特产品加工业、加快发展新兴产业，建成云南省重要的循环经济示范园区
20	其他	陆良工业园区	陆良县	纺织轻工、新型建材、硅化工三个主导产业
21	有色	易门工业园区	易门县	围绕矿冶、陶瓷建材、食品加工三个主导产业
22	黑色、有色	新平工业园区	新平县	以矿山采掘、钢铁、有色金属深加工及制造，农产品加工为主导产业
23	有色、磷盐	鲁甸工业园区	鲁甸县	现已形成“五大重点产业”，即能源、矿冶、化工、建材和农特产品加工业
24	煤、有色	丽江永胜工业园区	永胜县	中心片区以农特产品加工为主，仁和工业片区以煤化工、有色金属加工、建材加工为主，程海流域经济试验区·云南绿A生物产业园区以微藻养殖及精深加工为主，南部片区以建材、农特产品加工为主，北部园区以新能源、有色金属加工为主

续表 4-12

序号	类型	名 称	所在地	简 介
25	煤	泸西工业园区	泸西县	集煤化工、冶金、建材、生物资源开发、农特产品加工等产业为主，多种产业并举的新型工业化园区
26	有色	文山马塘工业园区	文山市	形成以铝工业为主导的产业集群
27	有色	祥云财富工业园区	祥云县	形成了以矿冶、化工、制造加工及农副产品为主导的发展格局
28	有色	兰坪工业园区	兰坪县	以发展锌业及其相关产业，强化提升建材、化工等配套产业

资料来源：云南网 http：//www. yunnan. cn。

5 结 语

本书分析云南省资源型工业的安全发展现状、存在的问题，并做出适度的预测，同时与我国相似省份（如湖南、广西、陕西、江西、甘肃、青海等）进行对比分析。

通过查阅国家知识基础设施（CNKI）、施普林格全文数据库（Springer Link）、省市和高校图书馆、亚洲发展银行、世界银行等网络数据，到相关国家政府机关和资源型企业进行调研，以及向高校、政府、企业、行业协会等部门的专家进行咨询和调查，应用定性分析与定量分析、比较分析等方法，可以判断出并认清云南资源型工业在全国和世界的位置，判断是否安全。

5.1 生产要素安全发展

云南资源型工业生产要素安全发展从原材料、劳动力、资本、技术四个要素进行分析。

从原材料来看，主要包括资源储量、矿石、材料三个方面。

在资源及分布上，云南成矿地质条件好，西部处于三江成矿省核心区，东部处于上扬子成矿省西部，成矿潜力巨大；矿产资源蕴藏非常丰富，资源总量大，富集区相对集中，矿产资源配置组合关联度好；矿产资源种类多，有142种，其中62种固体矿产保有资源储量排在全国前十位；但部分矿种不能自给，难利用矿产种类多、资源储量大。经过长期的开发，同时由于矿产资源开采的浪费和地质储量补充不足，云南许多矿产资源都被大量消耗，有的甚至几乎消耗殆尽。但从总体来看，无论从成矿潜力、矿产资源种类，还是从矿产资源储量来看，云南资源型工业的矿产资源储量都比较安全。

在开采运输上，云南交通基础设施与开采技术基础均较好，矿产资源与交通设施耦合度高，整体开采运输条件较好。不足之处是云南地处偏远、地形陡峻，提高了矿产资源外运的成本。综合来看，由于这里主要强调省内的开采运输，因此云南资源型工业的矿产资源开采运输是安全的。

在资源储量上，综合考虑储量及分布、开采运输，目前基本上是安全的，整体供应和物流不至于制约产业的发展；从长期来看，资源本身是不可能增多的，但是现在也加快了找矿的步伐和替代品的研发，因此长期的基本面判断不变。

在矿石上，云南资源型工业的采选业既有充足的资源储量供应，又有强劲的矿石产品需求，是很安全的；而冶炼业则由于矿石的供给波动和供不应求，在矿石供应上是不安全的。总的来看，矿石供应不稳定，部分矿种波动较大；矿石供应量远远满足不了需求，尤其是有色金属矿石供不应求。从目前来看，矿石供应进一步提升的空间有限，而且新发现矿床到投产需要一个周期过程，因此是不安全的；但是从长远来看，企业海外、外省找矿步伐加快，资源使用效率进一步提高、技术的发展等，仍处于基本安全状态。

在材料上，冶炼业供给的材料过多，可以充分满足下游加工业的需求，尤其是铁合金冶炼和有色金属冶炼以及合金产生过多；加工业略大于下游深加工的需求，其中钢压延加工业不能满足需求，有色金属压延加工产出过多。从部门来看，冶炼业的矿石供应不充足，基本安全；材料产品需求旺盛，是安全的；总体上可看作是基本安全。而对省内加工业来说，材料供给是安全。总的来说，云南资源型工业的材料可以远远满足云南的需求，但省内需求不足，主要是供给省外或国外，是安全的。

从劳动力来看，主要包括劳动力总体供给（人口老龄化）、素质（受教育程度）、效率（劳动生产率）安全、初级劳动力安全（其他地区、行业吸引力）、高级劳动力安全（离职率）。

总体供给上，云南人口老龄化的速度明显加快，部分地区已进入“老年型中期”行列，从整体上影响劳动力的安全发展。云南省的乡村人口的老龄化高于城镇人口，特别是云南资源型工业聚集的滇中、滇南、滇西地区的人口老龄化突出，从区域分布上影响劳动力的安全发展。同时老年人口高龄化趋势开始明显，间接影响劳动力安全发展。

劳动力素质上，资源型工业企业的高管受教育程度普遍较高，总体员工受教育程度相对较高，采掘业员工受教育程度较低，从劳动力素质上影响劳动力安全发展。

劳动效率上，云南资源型工业的劳动生产率低，从劳动熟练程度上影响劳动力的安全发展。

初级劳动力安全上，资源型工业目前的工资水平能够从其他地区、行业吸引足够的劳动力，是安全的；但长期来看存在较大的隐患，而且这种隐患目前已经有爆发的苗头。

高级劳动力安全上，云南资源型工业的主要企业都是国企，其政府背景决定了企业组织管理人员，尤其是高管人员的稳定性，离职率不高甚至偏低。总体来看，老龄化的趋势不可避免，将导致劳动力的减少，这需要一个较长的时间才能体现出来，目前劳动力，尤其是初级劳动力的供给还是过剩的，因此较安全。

劳动力熟练程度整体上不高，长此以往，企业竞争力缺乏，必然导致劳动力的使用量进一步下降，从而导致劳动力外流，数量减少，又进一步使企业无法招到合适和足够的员工，提高企业成本，形成恶性循环；从受教育程度来看，采矿业教育水平偏低，集中在小学和初中，从长期来看，受教育水平会不断提高。从其他地区产业的吸引力来说，云南省工资水平低于全国，并且在选取的几个对照的省份中，排倒数二三位，这意味着劳动力有外流的趋势；同时考察本省几个不同行业，可以发现采矿业的工资水平是高于农林牧副渔的，意味着大量的从事传统农业的劳动力能转移到该行业中去；从离职率来看，资源型工业的主要企业均为国企，国企的浓厚行政色彩，决定了中高层管理人员的稳定性。

从资本来看，主要可以从债务资本、权益资本和资本成本三个方面来分析。

债务资本上，云南资源型工业的负债总额近 10 年间增加了 3.7 倍，负债总额的增速大幅高于全国和云南省工业的平均水平。主要是因为资源型工业在全国经济快速发展的背景下不断地扩大产能，行业规模扩大，发展迅速，从而导致投资增加，借贷增多。在部门上，负债总额集中在采选业和有色金属业。从负债总额的增速上看，主要是煤工业的增幅最大，达到 6.67 倍。

在资产负债率上，云南资源型工业的负债率约为 60%，高于全国和全省的平均水平，部分年份甚至高出 10 个百分点。主要是因为资源型工业的投资大，周期长，必然借贷规模相对于其他的工业部门要高；同时结合负债总额，可以看到，债务快速增加但是资产负债率却增幅不大甚至下降，说明资产总额增加的比例和债务增加的比例相对持平，甚至快于债务增加的比例；而从绝对数来看，同比例增长下，资产增加的额度为负债的数倍，意味着投资的快速增加，行业整体发展迅速，前景看好。采选业的资产负债率整体上呈现出降低趋势，如前所述，采选业的负债总额十年间增加了 4.5 倍，除了表明采选业的快速发展投资增加之外，更加重要的是体现了采选业的利润水平很高，对债务的偿还能力高，这也是吸引投资快速增加的重要因素。有色金属工业的年均资产负债率最高，发展最快，同样是因为债务规模的快速增长但是负债率的提升不大；但是磷盐工业的负债率大幅增加，债务规模增长有限，这说明磷盐工业有债务偿还能力，即盈利能力下降，行业发展情况变差；煤工业债务规模的增长是最大的，增加了 6.67 倍，但是资产负债率是比较低的，说明煤工业在几个行业里面的发展最好。

财务费用率上，2009 年云南资源型工业的财务费用率整体处于低水平，是安全的。但是从财务费用与利润的比较来看，财务费用整体偏高，资本不安全，这说明资源型工业的销售收入很高，但是利润低，一方面说明资源型工业的生产成本过高，一方面说明资源型工业的产品附加值低。其中的磷盐工业的利润甚至是负值，处于亏损状态。由于影响财务费用率的主要因素是利息支出，近年来银行贷款利率波动较大且总体上涨，加大了资本成本。

权益资本上，云南资源型工业的权益资本中私人资本比例不太高，整体约为 20% 左右，但其中煤工业的私人资本比例较高，达到了 40%；港澳台和外国资本的比例很小，不到3%；主要资源型工业企业均为国有或省内国有资本控制。煤工业的私人投资是几个行业中最高的，尤其是在煤工业的采选环节，约占四成的比例。煤的开采往往是私人矿老板的小煤窑，易发生安全事故，造成资源浪费，不利于环境保护，需要整合、关停。对于整个资源型工业来说，私人资本所占的比例过低，意味着产业发展壮大的主要资本来源于政府，但是政府能投入到某个特定产业的资金是有限的，远不如民间资本来的广阔，倘若能吸引民间资本进入资源型工业，无疑将极快促进产业发展。

资本成本上，云南资源型工业的机会成本总体上较大，利润率和投资回报率均低于银行最低贷款利率，只有有色金属和煤工业的投资回报率高于银行最低贷款利率。资金的机会成本过大，意味着该产业无法有效吸引资本的流入，也就无法快速发展，甚至原有的资本都会撤出到其他回报率更高的行业。

从技术来看，可以从技术研发、技术保护、技术转移与引进三个方面进行分析。

技术研发上，云南资源型工业的关键技术拥有很多，但能支撑企业发展战略的核心技术偏少，层次偏低。科技活动主要集中在有色金属工业和冶炼业，各主要资源型工业企业均有较好的科技研发能力，有些研发项目被列入国家科技支撑计划，具有全国先进和国际先进水平，但是研发标志性、开创性技术方面还不够强。职工水平总体较低，企业从事科技活动的比例有所下降，重点在新产品的开发上；黑色金属工业企业比例在 R&D 方面增加较大，有色金属工业企业比例在新产品开发方面增加较大，冶炼业则在 R&D 和新产品开发方面均有较大的增加。科技活动经费支出以企业内部形式为主，科技经费支出均有不同程度增加，但是科技活动经费占主营业务收入比例在各行业和部门的下降幅度均较大。

技术保护上，国家对知识产权行为的保护越来越重视，相关法律法规越来越完善，对侵害知识产权行为的打击力度越来越大；企业对知识产权的保护也越来越重视，在保密安全教育、保密协议、技术所有权、科研人员待遇和保密规章制度等方面都做了大量的工作；商业间谍等重大违法行为在实际调研中并没有发现，更多的是合法的公司竞争。技术保护的关键在于思想上的重视，把技术保护安全和职工的切身利益结合起来，有奖有惩，落实现有制度。

技术引进与吸收上，在资源型工业竞争日益激烈情况下，相关技术都是能引进得到的，刻意的技术封锁、禁止转让技术的行为比较少，一般还是考虑技术引进的成本和收益；只要付出足够高的价格，总能获取到所需的技术，但是关键在于这项技术引进后无法弥补其成本，因为相似的产品不足以撼动原来领导者的市场地位，销售等也是非常关键的方面。在云南省科研机构事业单位改制的大背景下，以及各大集团公司对科研愈发重视的情况下，自主创新能力逐步提升，但距全国领先仍有一定差距。引进技术消化吸收只要事先论证好、加强一线工厂的科技部门，一般都可以较好地消化吸收。

5.2 市场安全发展

从供需和市场结构两个方面对云南资源型工业市场安全发展进行了分析。

对外依存度上，云南资源型工业对外依存度稳中有降，维持在一个相对安全的位置，说明受世界经济波动影响较小，也说明经济的开放性不高。

从供给来看，云南资源型工业进口依存度不太大。但从进口来源国的集中程度来看，集中度过高，存在风险，不安全；同时部分矿产和企业的对外依存度太高，很不安全，主要是铜铝矿石；从供货商的集中程度来看，也存在一定的风险。

从需求来看，云南资源型工业主要企业的绝大部分营业收入来自于国内，国外直接客户较少，客户结构比较单一，分散程度不高。就具体的客户公司而言，大部分集中在西南和华东地区，这是因为西南地区的冶炼加工厂从云南省企业购买原材料进一步加工的，成本较低；而华东地区出口商和大型加工企业较多。可见，几大主要企业营业范围集中于国内市场，不利于风险规避，同时客户主要集中在加工企业和代理出口企业，意味着本土企业主要是出售原材料等，处于产业链的底端，不利于资源型工业的进一步发展。

规模集中度上，云南资源型工业的规模集中度属于低集中寡占型，集中度还比较低。

行业准入上，通过对行业标准的修改以及加强，阻止了一批技术、环保等不达标的小企业进入矿业，大中型矿业企业的资源保障能力和资源利用率进一步提高，增强了大企业对矿产资源和原料的控制能力。

竞争对手上，云南资源型工业面临强大的竞争对手，省内主要是在锗、铅锌两个领域，竞争对手之间竞争程度不太激烈；国内面临强大的竞争对手，其中昆钢集团、云南煤化工集团与全国的竞争对手相比差距太大，云锡集团相对于华锡在规模、资源、产品和技术积累上有竞争优势，但部分环节的优势比较薄弱，云天化的总体规模虽然大于湖北宜化，但盈利能力远不及湖北宜化，云铜在规模、人员、利润上远低于江铜，处于竞争劣势；除了云锡集团在世界范围内存在竞争优势外，云南资源型工业其他企业基本在世界范围内不存在竞争优势，通过和印尼天马公司（PT Timah）进行对比，云锡集团整体规模要大于天马公司，但天马公司的盈利状况要好于云锡集团公司。

5.3 组织结构安全发展

云南资源型工业组织结构安全发展从组织和结构两个方面进行分析。

组织安全发展方面，总体来看云南资源型工业的盈利水平不稳定，与云南作为资源大省的地位不相符，无法主导资源的价格，只能成为廉价的原材料供应地。云南资源型工业的盈利水平低于全省工业平均水平，与资源型工业作为主导产业的地位不相符，根本原因在于竞争力不强，特别是目前的利益分配体制不协调，制约了企业的进一步发展。这两个因素倘若处理不好，必将危及资源型工业的安全发展。

采选业的利润率整体上大幅度高于云南省工业及资源型工业，但波动较大，存在某种程度的周期性。采选业利润较高，故企业把重点资源投在采选部门；采选业的价格波动大，说明企业对价格的控制力量弱，只能被动接受市场价格，无法很好地保证自己的利润率处于一个稳定水平；周期性的波动，可能因素是企业的规划不足，没有长远眼光，市场价格一高就过量增加供应，导致来年库存积压。

长期来看，采选业的利润率主要受管理费用和财务费用的影响，且这种影响很大，对采选业组织安全发展不利。冶炼业的利润率和资源型工业持平，高于加工业，低于云南省平均水平，低于采矿业；分行业来看，黑色金属工业的整体利润水平最高，其次是煤工业、磷盐工业和有色工业。究其原因，一是云南省的冶炼加工业本身发展不好，产品没有竞争力；二是云南省没有区位优势，运输成本高，而加工后的产品需要经过长途运输才能到客户手中，并且是铁路，运费也高于水运，因此与沿海省份的企业相比没有成本优势；三是材料加工费本身不稳定。

在市场行为的政府政策和企业战略上，云南资源型工业的重点放在了资源勘探和矿山建设。云南产业规划的重点在资源保障、市场调节、提高技术、延长产业链、深化加工、集中化、规模化、集团化等方面，提出了重要措施，"十二五"期间云南资源型工业的市场结构必将在这些政策的引导下发生巨大的变化，为进一步提高产业安全发展提供保证。云南资源型工业企业首要任务是找资源；其次是技术改造，包括资源利用和深加工两方面；最后是不同产品和板块之间的整合以及商贸物流。

结构安全发展方面，从规模比例、协调能力两个方面的分析。

在规模比例上，云南资源型工业（1）总体供需关系趋于合理，但采选业、冶炼加工业供需不平衡趋势显著增长：一方面自身矿石原材料满足不了采选业的需求，主要依靠省外购入和国外进口；另一方面冶炼业（主要是金属冶炼业）产能过剩。（2）具体来看，金属工业存在严重的矿产资源不足；冶炼，尤其是其中的铁合金冶炼和有色金属冶炼及合金产出过多；加工业略大于下游深加工的需求，但其中的钢压延加工业不能满足需求，而有色金属压延加工产出过多。产品来看，主要是锡、铅锌、磷等产品。（3）云南资源型工业的主导行业（主要是有色金属和黑色金属行业）突出且变化稳定，与非金属工业之间的比例关系协调，呈阶梯式结构，具有较好的比例差距。

在区域协调能力上，云南区位突出的地区连片集中在滇中的昆明、玉溪、曲靖、红河、楚雄地区和滇西的怒江、大理地区，同时与资源优势分布协调较好，表明云南资源型工业的优势主要源于资源优势。云南资源型工业的区位基尼系数很高，高于全国水平；同时冶炼加工业的区位基尼系数很高（在0.77以上），而采选的区位基尼系数则相对较低（在0.55左右），较好地突出了采选分散、冶炼集中的生产布局。云南大多数区域之间的相似系数均较大，在0.7以上，具有很大同构性和竞争性，不利于云南资源型工业的发展；只有丽江、西双版纳的资源型工业与其他州市的互补性很强，联系紧密。综合来看，云南资源型工业的发展还依赖于矿产资源本身而不是技术。

5.4 云南资源型工业安全发展思考

（1）矿产资源是现阶段资源型工业的核心和关键，是影响其安全发展的首要制约因素。因此要稳定采选业的矿石供给，减少矿石供给波动给资源型工业安全发展带来的影响，一是要加大勘探力度，二是要在采选的过程中提高效率、减少浪费，三是要加强政府调控，影响市场信号。

要加大勘探力度，一是要构建促进勘探投入增加的制度机制，鼓励民营资本的进入；二是加大国内外找矿力度，拓展更多的海外矿石来源市场，加大国外，尤其是云南周边国家地区（如老挝、缅甸等）的矿石购买，支持企业（特别是民营企业）境外找矿、开采、选矿，降低对单一国家或企业的矿石依存度；三是要加强省内、国内企业联合，增强国际矿石价格谈判话语权。

要提高采选效率、减少浪费，一是要结合云南陡峻的地形，推广使用平坑开采和管（索）道运输矿石，减少道路运输带来的环境、安全和浪费问题，矿产资源开采的后续部门尽量选择建在开采矿区附近；二是协调好企业和当地政府、居民的矛盾，禁止私采滥挖，注重环境保护和资源的可持续开发利用，减少资源的浪费；三是要加强矿山企业整合，进一步提高行业准入门槛，加大主要矿产资源的整合力度，特别是那些大型多金属矿山，应该按矿区（甚至是矿带）进行整合，主要可以依靠提高私人可以进入资源型工业的资本标准、环境要求等政策来提高“三率”，提高矿产资源利用率。

要加强政府调控，一是要提高资源整合力度，增强市场价格定价权，减少资源型工业利润率的波动；二是要加大采选业产能储备和兼并，同时对矿石进行政府收储，增加矿石供应的能力，调节矿石供应波动的影响；三是要发挥资源优势，提高技术水平，出台提高矿产资源综合利用的技术引进和研发政策，引导资源型工业的资源优势转变为经济优势和技术优势。

（2）冶炼加工业是未来资源型工业实现安全发展的重中之重，因此首先要提高冶炼加工业的集中度，其次是促进产业链向高附加值移动。

要提高冶炼加工业的集中度，一是要取缔小炼厂，兼并组合相似、相近的资源型工业企业，适当调整冶炼业，尤其是金属冶炼业的规模和产品结构比例，形成3～5家主要企业，使资源型工业在冶炼行业相对集中，在加工业高度集中；二是要进一步严格市场准入条件（尤其是在环保方面和省外企业并购云南企业方面），同时淘汰低端产业，把资源型工业的重点向后续产业延伸；三是政府政策应该鼓励技术相似的冶炼、加工企业的整合兼并，组建大型企业集团，或成立松散的矿业联合企业，强强联合，提高产值。

要促进产业链向高附加值移动，一是要提高冶炼和加工技术水平，同时促进加工业的规模化发展和技术工艺的提高，发展高新产品，提高利润率和竞争力；二是要为高新材料需求开辟省内市场，扩展产业集群和产业链，利用好省内的消费市场来拉动工业市场；三是要注重职工技能培训，发展高劳动生产率的冶炼加工业。

（3）云南资源型工业要实现安全发展，首先要提升自身的管理和技术水平，其次要创造有利的外部条件。

要提升自身水平，一是要实现内涵发展，大力发展产品深加工，逐步放弃在初级产品上依靠数量的竞争，提高工艺、技术水平，提高产品科技含量，优化管理，从而提高盈利能力，尤其是在国际上具有一定竞争能力的企业应该充分学习国际矿业巨头的矿业操作模式，加强对资源、技术的控制能力，同时加强管理、精简机构、减少管理费用和财务费用，降低成本，从而整体提升利润率和竞争力；二是提高资源型工业的自动化程度，减少对劳动力的依赖，提高机械化作业程度，减少重体力劳动对初级劳动力的依赖，同时要培养一批高素质企业家，引进职业经理人，适度提高离职率，激活员工竞争意识；三是提高技术水平，通过技术的独占性实现产品的独占性，获取超额利润，同时积极开拓国内外市场，提高客户质量，积极走出去，参与大范围竞争，竞争中实现从产业链底端到高端的移动。

要创造有利的外部条件，一是要引导省内处于竞争对手的企业在竞争产品的生产、定价、销售上联合，提高共同应对省外竞争的能力；二是加强与银行的战略合作，获得优惠贷款，通过多种渠道进行融资借贷，吸引各种资本参与资源型工业，尤其是吸引到加工业的发展中，但特别注意外资借贷安全性，谨防外资通过投而不建、短期操作等手段影响资源型工业未来的发展，以及通过把实物资本虚拟化攫取暴利等行为。

（4）科研技术是资源型工业实现产业链价值移动的主要手段和关键，同时也关系到云南资源型工业是否会沦为原材料供给地。要提升科研技术，一是要加大科研的投入、引进和吸收，二是吸引高级科研技术人才，三是鼓励企业联盟间的技术交换和流动。

要加大投入、引进和吸收，一是要加大资金的投入和相关配套政策的支持，鼓励企业开展科技活动，尤其是那些不能给企业迅速带来收益的基础科技活动，资助专门从事 R&D 活动的科研机构持续开展研究，提高企业研发经费投入在主营业务收入中的比例；二是要加大技术引进的事前论证，引导企业引进技术的自我消化和再创新，加大重点人员、重点技术的保护措施，加大技术消化的科研投入；三是加快专业技术人员引进，加强技术人员的培训，提高云南资源型工业的科技人员比例，在不放松重点人才的引进前提下，整体提高职工受教育程度；四是健全风险投资机制，覆盖技术研发风险，降低技术研发失败给企业带来的冲击和影响。

要鼓励企业建立松散的技术联盟，一是可以建立专利交流信息平台，实现技术共享；二是可以加强研发机构的合作乃至合并，实现研发投入环节的共同合作；三是可以共享可利用的生产线，实现新专利的快速转换和新产品的快速市场投入。

（5）区位优势是云南资源型工业安全发展的重要因素，加强区位优势一是要加强产业集群和协调产业分布，二是加强交通基础设施建设。

要加强产业集群，一是要对资源型工业规模小的地区，尽快发展其他产业，资源型工业同构性大的地区，分析本区域的资源型工业的优势，重点突破，实现优势行业的提升，避免多数资源型工业均处于竞争劣势；二是建立矿产资源专题技术园区，进一步促进产业的区域集中化，尤其是加大促进加工业发展的政策力度；三是引导促进资源的充分利用，降低成本，把规模转换为经济效益。

要加强交通基础设施建设，一是要完善现有的交通基础设施，如加强连接北部湾出海口的南昆线运输能力建设；二是考虑发挥澜沧江—湄公河水运的作用，直接进入周边国家市场或连入海运，降低运输成本；三是建立公路、铁路、海运一体化联运机制，解决从点到点以及运输的“最后一公里”问题，构建便利的交通网络。

参考文献

[1] MILL J S. Principles of political economy with some of their applications to social philosophy [M]. Montana: NABUPR, 2010.
[2] 白澎. 中国产业安全的实证研究 [J]. 山西财经大学学报, 2010, 32 (8): 65~76.
[3] 毕治. FDI与中国产业安全问题研究 [J]. 思想战线, 2011, 37 (6): 79~84.
[4] 曹秋菊, 唐新明. 开放经济下中国产业安全测度 [J]. 统计与决策, 2009 (17): 82~84.
[5] 陈枫楠, 沈镭. 基于期刊文献检索的国内资源经济学研究述评 [J]. 资源科学, 2013, 35 (7): 1339~1346.
[6] 陈洪涛, 潘素昆. 外商直接投资对中国产业安全的影响研究: 基于溢出效应视角 [J]. 中国管理科学, 2012 (s1): 300~303.
[7] 陈佳贵. 企业管理学大辞典 [M]. 北京: 经济科学出版社, 2000.
[8] 成思危, 李孟刚. 产业安全名家论 [M]. 北京: 经济科学出版社, 2011.
[9] 程新, 沈镭, 高天明. 中南半岛五国矿产资源开发现状及中国的投资取向 [J]. 资源科学, 2011, 33 (10): 1847~1854.
[10] 崔健, 刘忠华. 外国直接投资对东亚和拉美国家经济安全影响的制度分析 [J]. 东北亚论坛, 2004, 13 (1): 19~23.
[11] 戴越. 资源与环境约束下的产业结构优化研究 [J]. 学术交流, 2014 (2): 126~129.
[12] 邓崎琳. 提升钢铁产业核心竞争力 [J]. 求是, 2010 (21): 22~23.
[13] 邓志勇. 产业安全的生态学评价指标体系的设计与应用研究 [D]. 海口: 海南大学, 2008.
[14] 杜恩社, 郑有业. 西藏自然资源产业化开发战略探讨 [J]. 资源科学, 2008, 30 (7): 1018~1023.
[15] 冯进城. 中国金属矿产资源安全战略研究 [D]. 北京: 中国地质大学, 2010.
[16] 傅夏仙. WTO与中国经济——对入世后我国相关产业的分析 [M]. 杭州: 浙江大学出版社, 2004.
[17] 干春晖, 郑若谷, 余典范. 中国产业结构变迁对经济增长和波动的影响 [J]. 经济研究, 2011, 46 (5): 4~16, 31.
[18] 高新才, 周一欣. 甘肃省资源型产业发展研究 [J]. 兰州大学学报 (社会科学版), 2011, 39 (6): 83~86.
[19] 顾颖, 陈馨. 中国产业结构升级的产业关联效应——基于投入产出的实证分析 [J]. 云南社会科学, 2012 (3): 82~85.
[20] 广西壮族自治区统计局. 广西统计年鉴2006 [M]. 北京: 中国统计出版社, 2006.
[21] 郭少新. 西部经济发展: 从比较优势到竞争优势 [J]. 西北大学学报 (哲学社会科学版), 2004, 34 (4): 41~46.
[22] 国家统计局工业统计司. 中国工业经济统计年鉴2010 [M]. 北京: 中国统计出版社, 2011.
[23] 国家统计局国民经济核算司. 中国投入产出表2007 [M]. 北京: 中国统计出版社, 2009.
[24] 国务院发展研究中心课题组. 产业集聚及其对经济发展的意义 [J]. 经济学动态, 2003 (8): 28~31.
[25] 何盛明. 财经大辞典 (上卷)[M]. 北京: 中国财政经济出版社, 1990.
[26] 何维达, 何昌. 当前中国三大产业安全的初步估算 [J]. 中国工业经济, 2002 (2): 25~32.
[27] 何维达, 李冬梅. 我国产业安全理论研究综述 [J]. 经济纵横, 2006 (8): 74~77.
[28] 何维达, 潘玉璋, 吴玉萍. 中国石化产业安全分析与定量估算 [J]. 经济与管理研究, 2009 (3): 61~65.
[29] 何维达, 宋胜洲. 开放市场下的产业安全与政府规制 [M]. 南昌: 江西人民出版社, 2003.

[30] 和占琼，等. 论云南人才发展环境的建设 [J]. 昆明理工大学学报（社会科学版），2007，7（8）：79～83.
[31] 贺永德，等. 中国盐化工发展现状及前景展望 [J]. 工业技术经济，2006，26（9）：367～380.
[32] 胡代光，高鸿业. 西方经济学大辞典 [M]. 北京：经济科学出版社，2000.
[33] 黄建军. 中国的产业安全问题 [J]. 财经科学，2001（6）：1～8.
[34] 黄群慧，等. 中国工业化进程与安全生产 [M]. 北京：中国财政经济出版社，2009.
[35] 黄溶冰，胡运权. 产业结构有序度的测算方法——基于熵的视角 [J]. 中国管理科学，2006，14（1）：122～128.
[36] 黄盛初，周心权，张斌川. 安全生产与经济社会发展多元回归分析 [J]. 煤炭学报，2005，30（5）：38～42.
[37] 黄运武. 新编财政大辞典 [M]. 沈阳：辽宁人民出版社，1992.
[38] 吉林工业大学管理学院. 现代管理辞典 [M]. 沈阳：辽宁人民出版社，1987.
[39] 简新华，于波. 可持续发展与产业结构优化 [J]. 中国人口·资源与环境，2001，11（1）：30～33.
[40] 江西省统计局，国家统计局江西调查总队. 江西统计年鉴 2004-2011 [M]. 北京：中国统计出版社，2012.
[41] 姜巍. 西部地区自然资源开发状态及其效益评价 [J]. 地域研究与开发，2007，26（2）：26～30.
[42] 蒋兴明. 产业转型升级内涵路径研究 [J]. 经济问题探索，2014（2）：43～49.
[43] 蒋兴明. 桥头堡战略下的云南经济发展研究 [J]. 云南师范大学学报（哲学社会科学版），2011，43（6）：14～121.
[44] 蒋兴明. 水力电能密集型工业发展论 [J]. 经济问题探索，2012（5）：149～154.
[45] 蒋兴明. 稀贵金属产业发展 [M]. 北京：冶金工业出版社，2014.
[46] 金炳华. 马克思主义哲学大辞典 [M]. 上海：上海辞书出版社，2003.
[47] 金成晓，俞婷婷. 我国产业安全监测预警指数的构建及其应用 [J]. 吉林大学社会科学学报，2009（4）：125～132，160.
[48] 景玉琴. 产业安全评价指标体系研究 [J]. 经济学家，2006（2）：70～76.
[49] 景玉琴. 关于产业安全问题的经济思想钩沉 [J]. 江汉论坛，2005（10）：13～17.
[50] 景玉琴. 开放、保护与产业安全 [J]. 财经问题研究，2005（5）：32～37.
[51] 景玉琴. 开放、保护与产业安全 [M]. 北京：经济科学出版社，2006.
[52] 李博，胡进. 中国产业结构优化升级的测度和比较分析 [J]. 管理科学，2008，21（2）：86～93.
[53] 李琮. 世界经济学大辞典 [M]. 北京：经济科学出版社，2000.
[54] 李冬梅. 产业安全的多层次综合评价研究 [J]. 科技管理研究，2007，27（6）：93～95.
[55] 李冬梅，等. 煤炭产业安全概念及评价指标体系的初步研究 [J]. 中国矿业，2011，20（5）：38～40.
[56] 李光泗，朱丽莉，孙文华. 基于政府调控能力视角的中国粮食安全测度与评价 [J]. 软科学，2011，25（3）：74～78.
[57] 李江涛. "十二五"：提高我国产业核心竞争力的总体路径和措施选择 [J]. 国家行政学院学报，2011（1）：83～87.
[58] 李娟，费宇，关赟. 云南省产业结构优化研究 [J]. 思想战线，2011（3）：143～144.
[59] 李康昱. 稀缺资源型企业核心能力的内涵与识别 [J]. 求索，2006（12）：60～64.
[60] 李孟刚，蒋志敏. 产业经济学 [M]. 北京：高等教育出版社，2008.
[61] 李孟刚. 产业安全理论的研究 [D]. 北京：北京交通大学，2006.
[62] 李孟刚. 产业安全理论研究 [M]. 北京：经济科学出版社，2010.

[63] 李孟刚．中国产业安全报告［M］．北京：社会科学文献出版社，2011.
[64] 李鹏飞，杨丹辉，渠慎宁，等．稀有矿产资源的战略性评估：基于战略性新兴产业发展的视角［J］．中国工业经济，2014（7）：44～57.
[65]（德）李斯特．政治经济学的国民体系［M］．北京：华夏出版社，2009.
[66] 李伟民．金融大辞典［M］．哈尔滨：黑龙江人民出版社，2002.
[67] 李向东，岳良运．我国高新技术产业安全物元评价及其对策［J］．科技进步与对策，2010，27（1）：72～77.
[68] 李扬．西部地区产业集聚水平测度的实证研究［J］．南开经济研究，2009（4）：144～151.
[69] 李泳，王爱玲．中国重点行业安全评价指标体系［J］．研究财经研究，2006，32（10）：48～59，70.
[70] 李勇进．资源型工业区域的企业网络与产业生态学实践——以白银市为例［D］．兰州：兰州大学，2006.
[71] 李钟山，杨永强，王晓亮．统筹国内外钾盐资源扭转我国钾肥供需态势［J］．中国人口·资源与环境，2012，22（5）：319～321.
[72] 林崇德，等．中国成人教育百科全书·经济·管理［M］．海口：南海出版公司，1994.
[73] 刘炳瑛，等．马克思主义原理辞典［M］．杭州：浙江人民出版社，1988.
[74] 刘福仁，等．现代农村经济辞典［M］．沈阳：辽宁人民出版社，1991.
[75] 刘海藩，等．领导全书·第一册新世纪与新领导卷［M］．北京：九州出版社，2001.
[76] 刘海藩，等．现代领导百科全书·经济与管理卷［M］．北京：中共中央党校出版社，2008.
[77] 刘劲松．中国石油产业强盛度研究［J］．财经问题研究，2011（2）：34～43.
[78] 刘诗白，邹广严．新世纪企业家百科全书［M］．第3卷．北京：中国言实出版社，2000.
[79] 刘媛媛，孙慧，张娜娜．石油、天然气能源产业集聚与区域产业结构优化——以新疆为例的研究［J］．经济管理，2013（2）：29～40.
[80] 刘钊．现代产业体系的内涵与特征［J］．山东社会科学，2011（5）：160～162.
[81] 柳坤，申玉铭，张旺，等．河南省产业关联效应研究［J］．地域研究与开发，2013，32（1）：29～34.
[82] 罗辉，宦吉娥．矿产资源安全研究述评［J］．中国地质大学学报：社会科学版，2010，10（3）：43～46.
[83] 吕时达，等．简明经济学辞典［M］．兰州：甘肃人民出版社，1986.
[84]（德）马丁，等．全球化陷阱：对民主和福利的进攻［M］．张世鹏，等译．北京：中央编译出版社，2001.
[85] 马伟东．金属矿产资源安全与发展战略研究［D］．长沙：中南大学，2008.
[86] 马文军，李孟刚．新垄断竞争理论——产业集中、市场竞争与企业规模的最优度测算及中国钢铁产业组织安全的实证［M］．北京：经济科学出版社，2010.
[87] 马有才，赵映超．产业安全理论研究综述——兼论高新技术产业安全的特点［J］．科技管理研究，2009（12）：301～303.
[88] 年志远，李丹．国家经济安全预警指标体系的构建［J］．东北亚论坛，2008，17（6）：75～76.
[89] 庞元正，丁冬红．当代西方社会发展理论新词典［M］．长春：吉林人民出版社，2001.
[90] 彭克宏．社会科学大词典［M］．北京：中国国际广播出版社，1989.
[91] 彭兴庭．论现代产业体系的构建［J］．华北电力大学学报（社会科学版），2009（5）：11～15.
[92] 蒲业潇．理解区位基尼系数：局限性与基准分布的选择［J］．统计研究，2011，28（9）：101～109.
[93] 青海省统计局，国家统计局青海调查总队．青海统计年鉴2010-2011［M］．北京：中国统计出版

社，2012.
[94] 青海省统计局．青海统计年鉴 2007-2009 [M]．北京：中国统计出版社，2010.
[95] 汝信．中国工人阶级大百科 [M]．北京：中国国际广播出版社，1992.
[96] 陕西省统计局，国家统计局陕西调查总队．陕西统计年鉴 2009-2011 [M]．北京：中国统计出版社，2012.
[97] 陕西省统计局．陕西统计年鉴 2007-2008 [M]．北京：中国统计出版社，2009.
[98] 尚晓慧，等．技术转移理论与实践 [M]．昆明：云南科技出版社，2009.
[99] 生奇志．资源型工业基地国际经验比较与东北振兴对策 [J]．科技管理研究，2006 (10)：17~20.
[100] 史忠良，郭旭红．入世过渡期结束后中国保险监管制度的完善 [J]．江西财经大学学报，2007 (1)：24~28.
[101] 史忠良，孟浩．市场开放后江西保险监管问题研究 [J]．当代财经，2005 (4)：84~87.
[102] 史忠良．市场经济条件下经济主体诚信问题的思考 [J]．当代财经，2003 (3)：5~8.
[103] 宋健坤，王稼琼．中国矿产资源的保障能力及其可持续发展的制约要素分析 [J]．生产力研究，2007 (16)：85~86.
[104] 宋书文．管理心理学词典 [M]．兰州：甘肃人民出版社，1989.
[105] 宋伟良，方梦佳．中国农业产业安全防范体系建立的政策研究 [J]．宏观经济研究，2013 (11)：21~26，119.
[106] 宋则行．现代西方经济学辞典 [M]．沈阳：辽宁人民出版社，1995.
[107] 宋志平．发展决不能以牺牲人的生命为代价：安全生产，企业才有核心竞争力 [J]．求是，2013 (14)：37~38.
[108] 宋周莺，刘卫东．西部地区产业结构优化路径分析 [J]．中国人口·资源与环境，2013，23 (10)：31~37.
[109] 孙瑞华，刘广生．产业安全：概念评析、界定及模型解释 [J]．中国石油大学学报（社会科学版），2006，22 (5)：11~15.
[110] 孙瑞华，刘广生．产业安全评价指标体系的构建研究 [J]．科技进步与对策，2006，23 (5)：138~140.
[111] 佟东．中日经济相互依赖性对中国产业安全的影响研究 [J]．东北亚论坛，2011，20 (6)：68~75.
[112] 王昌林．提升我国高技术产业核心竞争力的思路与政策建议 [J]．宏观经济研究，2008 (4)：3~11.
[113] 王昶，黄健柏．中国金属资源战略形势变化及其产业政策调整研究 [J]．中国人口·资源与环境，2014，24 (11)：391~394.
[114] 王金龙．反倾销视角下我国产业安全的维护 [J]．当代经济研究，2004 (11)：64~67.
[115] 王靖，蔡永民．跨国并购对中国产业安全的影响及对策研究 [J]．江海学刊，2007 (6)：216~219.
[116] 王莉．外国直接投资对中国产业安全的影响研究：以汽车、电子信息产业为例 [D]．昆明：云南大学，2011.
[117] 王天义，张建忠．唐山钢铁产业群发展前景分析 [J]．中国工业经济，2002 (9)：32~37.
[118] 王文创．我国矿业企业"走出去"模式研究 [J]．国家行政学院学报，2006 (4)：73~76.
[119] 王义保，李爱彬．制度视角下的矿业安全思考 [J]．社会科学辑刊，2007 (1)：80~84.
[120] 王毅．中国产业安全报告预警与风险化解 [M]．北京：红旗出版社，2009.

[121] 王瑛，邵亚良．经济高速增长下的产业安全分析［J］．财贸经济，2005（12）：61～64.
[122] 王瑛．论产业竞争优势与产业安全［J］．江汉论坛，2006（2）：49～52.
[123] 王志刚．推进文化科技创新加强文化与科技融合［J］．求是，2012（2）：54～56.
[124] 王子龙，谭清美，许箫迪．产业集聚水平测度的实证研究［J］．中国软科学，2006（3）：109～116.
[125] 魏喜成，袁芸．资源型城市产业结构优化升级的对策研究［J］．天府新论，2009（1）：54～56.
[126] 吴珊．中国品牌外资控制状况研究：基于产业安全理论视角的研究综述［J］．宁夏社会科学，2011（3）：39～42.
[127] 吴玉萍．"十一五"期间中国煤炭产业安全分析与定量估算［J］．软科学，2007，21（2）：34～38.
[128] 吴玉萍．煤炭产业安全的基本内涵及评价指标体系研究［J］．生产力研究，2008（8）：104～105.
[129] 夏兴园，王瑛．国际投资自由化对我国产业安全的影响［J］．中南财经大学学报，2001（2）：37～42.
[130] 向洪．国情教育大辞典［M］．成都：成都科技大学出版社，1990.
[131] 向洪．当代科学学辞典［M］．成都：成都科技大学出版社，1987.
[132] 肖国兴．能源发展转型的法律路径：从资源优势走向竞争优势［J］．中州学刊，2013（11）：44～50.
[133] 许芳，等．产业安全的生态学评价指标体系研究［J］．生态经济，2008（4）：55～58.
[134] 许征帆．马克思主义辞典［M］．长春：吉林大学出版社，1987.
[135] 杨国亮．新时期产业安全评价指标体系构建研究［J］．马克思主义研究，2010（6）：63～71.
[136] 叶卫平．国家经济安全定义与评价指标体系再研究［J］．中国人民大学学报，2010，24（4）：93～98.
[137] 易明，等．资源环境约束与产业安全评价指标体系重构［J］．工业技术经济，2007，26（9）：119～122.
[138] 于根元．现代汉语新词词典［M］．北京：北京语言学院出版社，1994.
[139] 于谨凯，杨志坤，单春红．基于可拓物元模型的我国海洋油气业安全评价及预警机制研究［J］．软科学，2011，25（8）：22～26.
[140] 余秉坚．中国会计百科全书［M］．沈阳：辽宁人民出版社，1999.
[141] 余源培．邓小平理论辞典［M］．上海：上海辞书出版社，2004.
[142] 余治利．警惕"产业空洞化"——对我国产业安全的思考［J］．世界经济研究，2000（5）：22～27.
[143] 禹智潭，刘国华．战略联盟、竞争力与有色金属产业安全［J］．生产力研究，2007（2）：105～107.
[144] 云南省国土资源厅．云南矿业30年辉煌［M］．昆明：云南人民出版社，2008.
[145] 云南省人口普查办公室．云南省2000年人口普查资料［M］．昆明：云南科技出版社，2002.
[146] 云南省人民政府第二次全国经济普查领导小组办公室，云南省统计局．云南经济普查年鉴2008［M］．北京：中国统计出版社，2011.
[147] 云南省人民政府第一次全国经济普查领导小组办公室．云南经济普查年鉴2004［M］．北京：中国统计出版社，2007.
[148] 云南省人民政府主办．云南年鉴2008-2011［M］．昆明：云南年鉴社，2012.
[149] 云南省统计局，国家统计局云南调查总队编．云南统计年鉴2009-2011［M］．北京：中国统计出版社，2012.
[150] 云南省统计局编．云南工业经济信息资料2001-2009［M］．昆明：云南科技出版社，2010.

[151] 云南省统计局编．云南统计年鉴 2002-2008 [M]．北京：中国统计出版社，2009.
[152] 云南省政府研究室，中共云南省委办公厅．云南支柱产业论 [M]．昆明：云南人民出版社，1997.
[153] 张殿发．西部矿业开发应对 WTO 挑战的研究经济地理 [J]．经济地理，2003，23（1）：28～32.
[154] 张欢，成金华，王来峰．中国工业化进程与能源矿产供需均衡的研究 [J]．中国人口·资源与环境，2011，21（3）：165～170.
[155] 张可，高庆昆．基于突破性技术创新的企业核心竞争力构建研究 [J]．管理世界，2013（6）：180～181.
[156] 张立．维护我国产业安全的制度变迁模式初探 [J]．天府新论，2002（4）：3～12.
[157] 张钦礼，等．矿产资源评估学 [M]．长沙：中南大学出版社，2007.
[158] 张清源．现代汉语常用词词典 [M]．成都：四川人民出版社，1992.
[159] 张荣华．我国粮食产业安全研究 [D]．上海：上海师范大学，2011.
[160] 张世英．黑格尔辞典 [M]．长春：吉林人民出版社，1991.
[161] 张淑荣，魏秀芬．我国棉花产业安全状况评价 [J]．农业技术经济，2011（2）：92～95.
[162] 张文奎．人文地理学词典 [M]．西安：陕西人民出版社，1990.
[163] 张希，陈文俊，刘小庆．市场化程度影响我国矿业科学发展的实证研究 [J]．经济地理，2012（11）：94～99.
[164] 赵林如．市场经济学大辞典 [M]．北京：经济科学出版社，1999.
[165] 赵英．产业国际竞争力与国家经济安全 [J]．经济管理，1997（2）：25～30.
[166] 赵英．产业国际竞争力与国家经济安全 [J]．经济管理，1997（3）：22～28.
[167] 赵英．产业国际竞争力与国家经济安全 [J]．经济管理，1997（4）：36～52.
[168] 郑家亨．统计大辞典 [M]．北京：中国统计出版社，1995.
[169] 中国百科大辞典编撰委员会．中国百科大辞典 [M]．北京：中国大百科全书出版社，1990.
[170] 中国有色金属工业协会，中国有色金属工业年鉴编辑委员会．中国有色金属工业年鉴 2002-2004 [R]．2005.
[171] 中华人民共和国国家统计局编．中国统计年鉴 2002-2011 [M]．北京：中国统计出版社，2012.
[172] 周琛影，王宏．品牌视角下的比较优势原则 [J]．中央财经大学学报，2007（1）：80～86.
[173] 周京英，孙延绵，付水兴．中国主要有色金属矿产的供需形势 [J]．地质通报，2009，28（2）：171～176.
[174] 朱建民，魏大鹏．我国产业安全评价指标体系的再构建与实证研究 [J]．科研管理，2013，34（7）：146～153.
[175] 朱贻庭．伦理学大辞典 [M]．上海：上海辞书出版社，2002.
[176] Mei Wen. Relocation and agglomeration of Chinese industry [J]. Journal of Development Economics，2004，73（1）：329～347.
[177] 刘海民，等．试论企业综合效益评价指标：谈销售收入成本率、管理费用率和财务费用率等三项指标的提出与应用 [J]．冶金财会，2000（3）：29～32.
[178] 芮夕捷，白华．矿产资源规划中供需形势分析的方法论 [J]．长安大学学报，2010，12（4）：117～122.
[179] 陈甲斌．2008 年世界铜资源供需形势分析 [J]．西部资源，2009（3）：10～12.